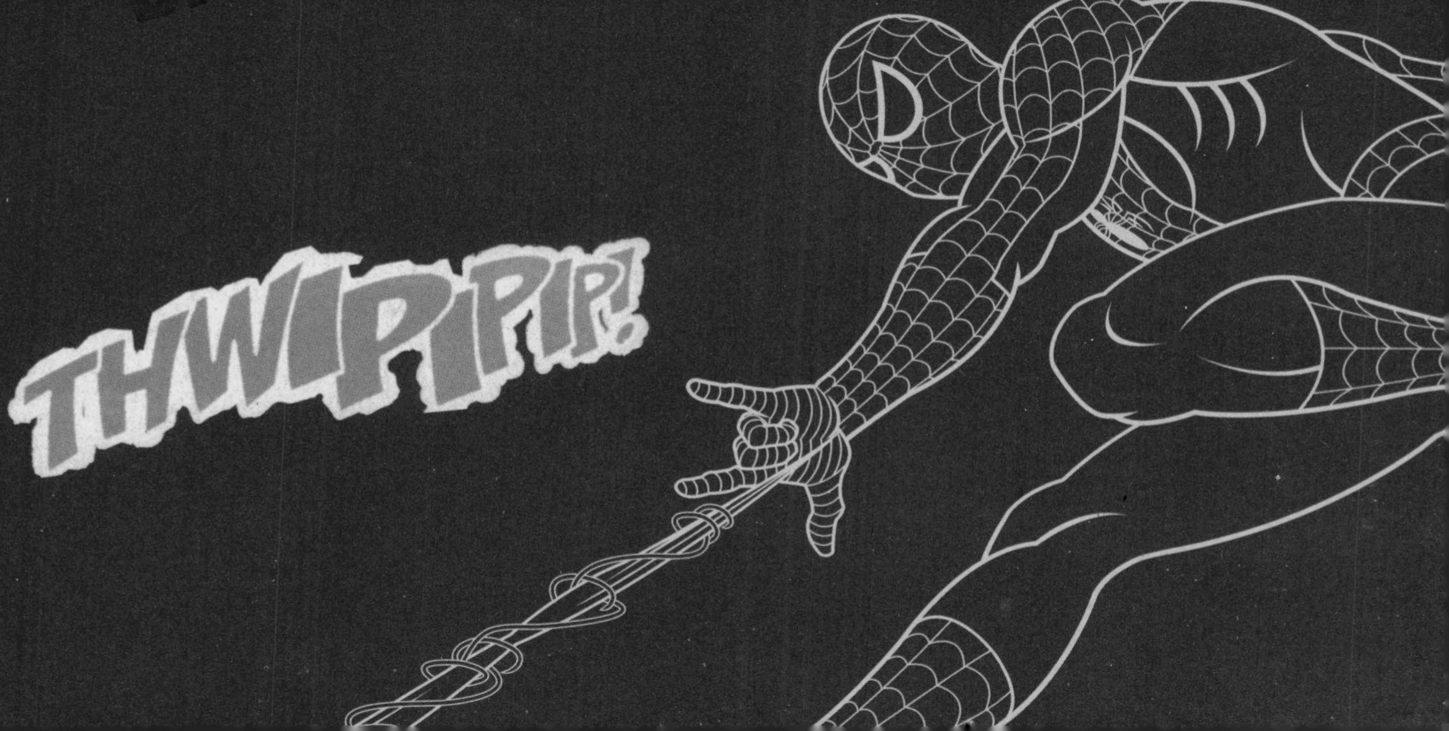
THWIPIPIP!

the AMAZING SPIDER-MAN

MARVEL COMICS GROUP

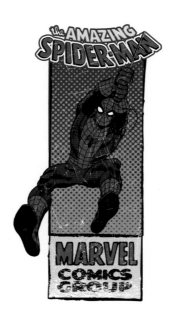

Edición sénior Cefn Ridout
Diseño Chris Gould
Producción sénior Mary Slater
Preproducción Kavita Varma
Coordinación editorial Sadie Smith
Coordinación de arte Ron Stobbart
Dirección de arte Lisa Lanzarini
Coordinación de publicaciones Julie Ferris
Dirección de publicaciones Simon Beecroft

Edición adicional
Laura Gilbert, Emma Grange y Helen Murray

Diseño adicional
Nico Alba, Owen Bennett, Rosamund Bird, Guy Harvey,
Robert Perry, Lisa Sodeau, Rhys Thomas y Abi Wright

Iconografía
Alexander Evangeli y Joseph Stewart

marvel.com
© 2017 MARVEL

Publicado originalmente en Gran Bretaña
en 2008 por Dorling Kindersley Limited
80 Strand, London WC2R 0RL

Parte de Penguin Random House

Título original: *Spider-Man. Inside the World
of Your Friendly Neighbourhood Hero*

Primera edición 2017

Servicios editoriales deleatur, s.l.
Traducción Carmen Gómez Aragón
y José Luis López Angón

ISBN: 978-1-4654-7164-2

Impreso y encuadernado en China

UN MUNDO DE IDEAS
www.dkespañol.com

MARVEL
SPIDER-MAN ™
TU AMIGO Y VECINO

MATTHEW K. MANNING
en colaboración con Tom DeFalco

Contenido

A lo largo de los años, cientos de artistas han prestado su talento a las páginas de los cómics de Spiderman. Cada uno ha aportado una interpretación nueva y diferente del mundialmente famoso trepamuros.

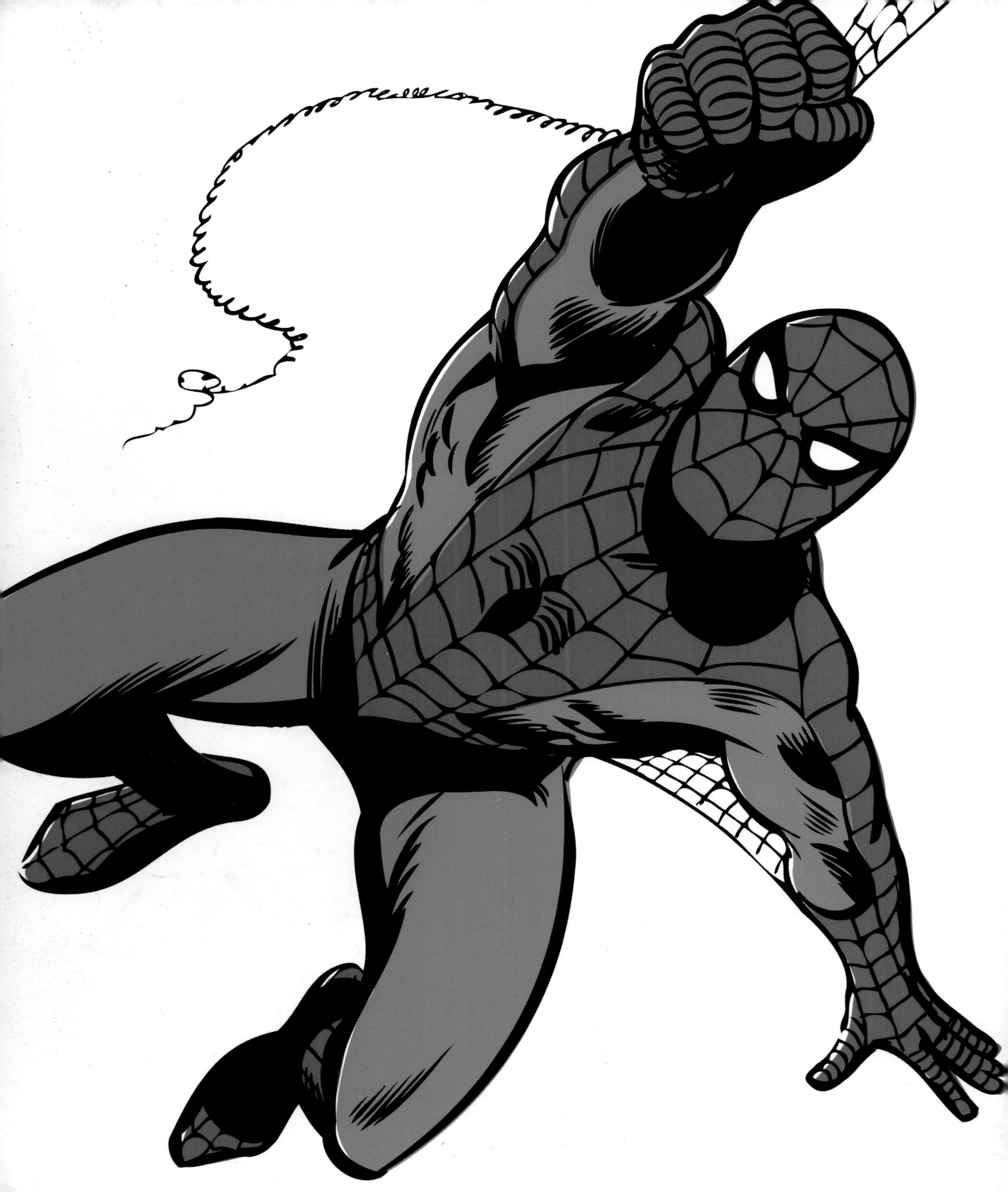

PRÓLOGO

¡LA VIDA ES DIVERTIDA! (por si no lo sabías). No quiero decir «¡Ja, ja, ja!…, ¡qué guay!». Lo digo en el sentido de que es curiosa, peculiar, rara.

Probablemente te estés preguntando qué tiene que ver eso con Spiderman. Bueno, pues me alegro de que te lo preguntes.

Verás, antes de llegar con la idea del lanzarredes favorito de todos, yo ya había creado a los 4 Fantásticos y al increíble Hulk. Y después de fabricar a Spiderman, Marvel y yo ofrecimos generosamente un admirable universo de personajes como la Patrulla-X, Daredevil, Iron Man, los Vengadores… Bien, creo que captas la idea.

Y así llegamos a la cuestión: cada nueva persona que me encuentro me pregunta algo así como «¡Eh, ¿no eres tú el que escribió Spiderman?». Es decir, raramente me preguntan si soy el autor de Hulk o Estela Plateada, o ni siquiera el de Sargento Furia y los Comandos Aulladores (para aquellos de vosotros que tengáis una memoria realmente buena). No, la gente siempre me pregunta: «¿No eres tú el autor de Spiderman?».

Cosas así me hacen pensar. ¿Por qué es Spiderman el primer personaje que viene a la mente cuando alguien se refiere a Marvel o a mí? A lo largo de los años he desarrollado una teoría sobre el tema. Y ahora, dada mi justamente famosa generosidad, quiero compartirla contigo.

Creo que Spidey ha causado una impresión tan duradera porque posiblemente sea el más humano de todos los superhéroes. Siempre anda mal de dinero o agobiado por problemas personales, y el mundo no aplaude sus proezas; de hecho, mucha gente tiende a sospechar y desconfiar de él. En resumen: se parece un montón a ti o a mí.

Y sucede otra cosa con Peter Parker y su *alter ego* arácnido. Cuando empezó su serie, allá por 1963, Peter era un adolescente, aún en el instituto. La mayoría de los lectores de cómics también eran adolescentes, así que les resultó realmente fácil identificarse con él. Ya sabes, en esa época, todos los superhéroes de cómic eran adultos. Los únicos adolescentes eran los compañeros de los héroes. Y yo me pregunté: «¿Dónde está escrito que los adolescentes solo puedan ser acompañantes?». La respuesta, por supuesto, fue: «¡En ninguna parte!». Así que, probablemente, Spidey fue el primer héroe de cómic con el que los propios adolescentes pudieron identificarse.

¡Espera! Creo que he omitido otro asunto importante. Ya habrás observado que Parker nunca vivió en Gotham City, Metrópolis o cualquier otro lugar que fuera evidentemente una ciudad ficticia. No, su primera aventura lo plantó en Forest Hills, un barrio neoyorkino. Así que los lectores podían visualizarlo columpiándose por las calles de Nueva York y sus alrededores. Este fue otro elemento que dio a Spidey una sensación de realismo, aun cuando formaba parte de un universo imaginario de cómic.

Y, por último, está el humor. Intenté asegurarme de que a nuestro maravilloso cabeza de red no le faltara nunca alguna broma o réplica aguda, sin importar lo tensa que pudiera ser la situación. Eso también fue un esfuerzo por ser realista, porque, como ya sabes, la mayoría de la gente joven tiene una forma poco seria de hablar. Nunca son tan correctos y pedantes como se retrata a tantos otros héroes. De hecho, y que quede entre tú y yo, Spidey habla casi igual que yo. O tal vez yo hable como él. Pasado el tiempo, ¡me es difícil decir quién imita a quién!

Así que, aquí la tienes. Esa es mi opinión sobre por qué Spiderman parece haberse fijado de forma tan sólida en las mentes y las emociones de tantos lectores. Aun cuando yo esté igualmente orgulloso de los muchos otros personajes con los que se nos ha asociado a la poderosa escudería Marvel y a mí a lo largo de los años, ahora creo entender por qué nuestro extraordinario trepamuros es el primero en el que piensa la gente cuando habla de cómics conmigo. Y espero haber logrado aclarártelo también a ti.

Si no lo he conseguido, no pasa nada. Eso me hará parecerme aún más al pobre Peter Parker. ¡Ninguno de los dos parece hacer nada del todo bien!

Pero no pierdas el tiempo preocupándote por nosotros. Hay un montón de historias esperándote en las páginas siguientes. Así que mece esas redes y lánzate. ¡Ya sabes cómo odia quedarse a la espera tu amistoso vecino Spiderman!

Excelsior!

Spiderman, uno de los superhéroes más simbólicos de todos los tiempos, ha saltado de las páginas del cómic a la cultura general. Desde filmes de gran presupuesto hasta figuras de acción, desde camisetas hasta atracciones de parques temáticos, desde dibujos animados hasta un musical de Broadway, su popularidad es un hecho indiscutible, igual que su estatus de creación más notable de Marvel.

PRESENTANDO A...

SPIDERMAN

Se columpia por los aires sujeto tan solo a una fina tela de araña. Puede escalar por la pared de un edificio con la misma facilidad con que camina por la calle. Debido a la picadura de una araña radiactiva, tiene la fuerza proporcional de un arácnido, y puede levantar sin mayor esfuerzo casi diez toneladas. Posee un inexplicable sentido precognitivo cuando se aproxima un peligro. Sus reflejos, agilidad y resistencia hacen palidecer los logros del atleta más disciplinado: es el asombroso Spiderman. Pero, aunque Spiderman posee más poder del que podría soñar la mayoría de la gente, su *alter ego* Peter Parker es solo un tipo normal intentando llegar a fin de mes. Imbuido de un estricto código moral y de un elevado sentido de la responsabilidad, Peter siempre se está esforzando por hacer lo correcto, sin importar el sacrificio que implique. Más que de la simple suma de sus capacidades, la fuerza y la longevidad de Spiderman proceden del hombre bajo la máscara, un hombre cuyo conocido mantra dicta cada una de sus decisiones: «Un gran poder… conlleva una gran responsabilidad».

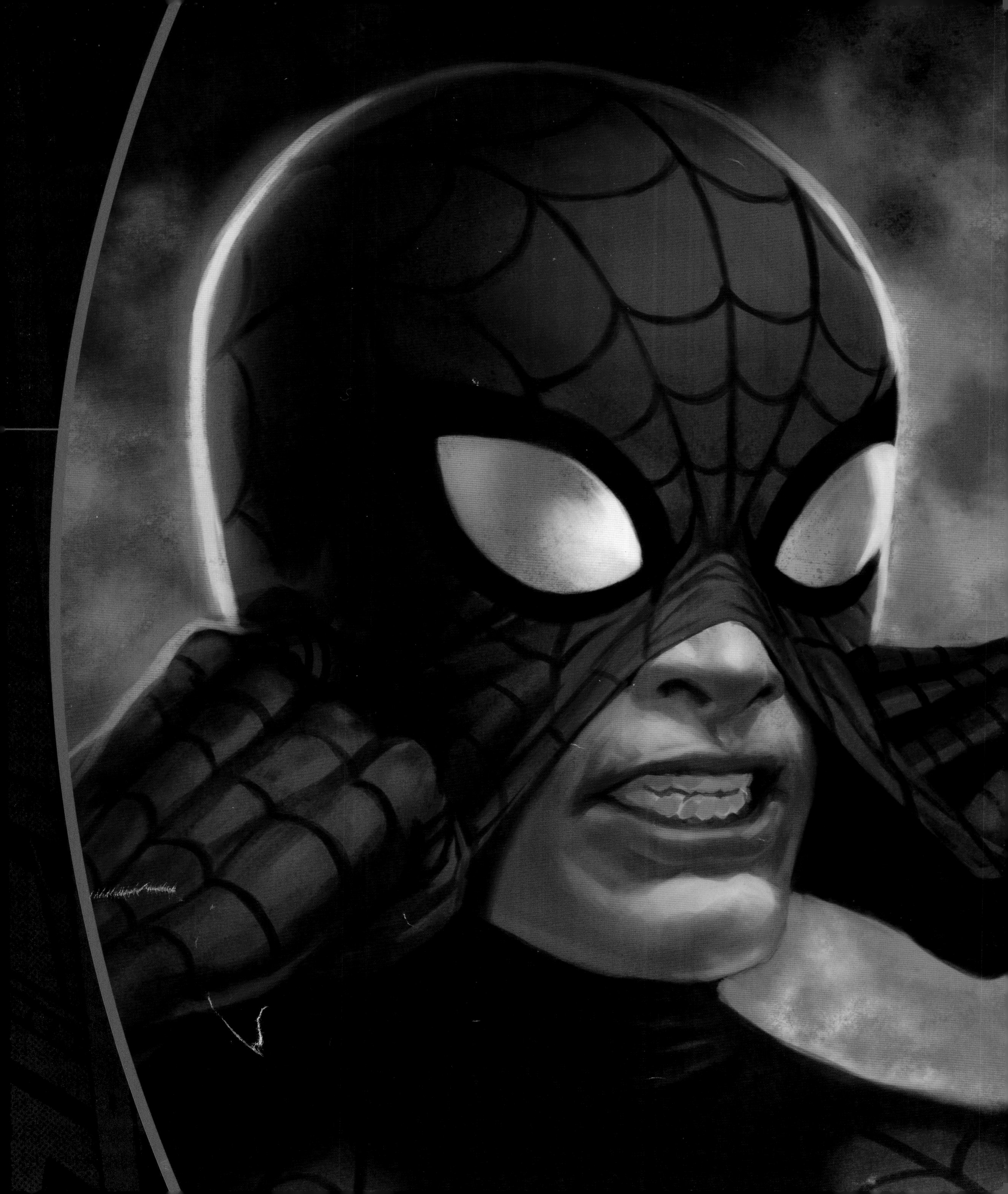

«¡ESTO MOLA MÁS QUE ESPERAR EL AUTOBÚS!»

Stan Lee se planteaba dejar los cómics. Harto del estancado formato de superhéroes, decidió que, antes de dejarlo, intentaría escribir cómics a su manera. A partir de esa simple idea surgió la Era Marvel de los cómics, así como su principal atracción: Spiderman.

Stan Lee supo que se había topado con algo especial cuando esbozó la idea del superhéroe Spiderman y su *alter ego* adolescente Peter Parker. Hasta entonces, prácticamente todos los adolescentes del cómic eran acompañantes. Con ellos se pretendía mostrar una voz juvenil con la que pudieran identificarse los chavales para disfrutar más de las aventuras de la estrella del cómic. A Stan nunca le habían gustado los acompañantes, pero veía potencial en la idea de tener un personaje principal joven que una nueva generación pudiera reclamar como propio. Así que plantó a Peter Parker directamente en el instituto, y, yendo aún más allá, decidió hacerlo un poco ratón de biblioteca, lo cual también hizo aún más fácil identificarse con él. Peter Parker no era el tipo de estudiante que hace las pruebas para el equipo de fútbol americano, sino más bien el que está más cómodo sentado en la grada, leyendo un buen libro… o un cómic, como puede ser el caso.

Consciente de tener un caballo ganador entre manos, Stan Lee prestó gran interés a decidir con qué dibujante se asociaría. Aunque normalmente formaba pareja con el legendario Jack Kirby, después de ver los bocetos de este para Spiderman decidió que presentaban un personaje demasiado heroico, y no el perdedor que Lee deseaba retratar. Mientras Jack abocetaba la portada, Lee se dirigió al brillante Steve Ditko para los interiores, y todo fue encajando con fluidez. Con su debut en *Amazing Fantasy* #15, de agosto de 1962, el mundo conoció al asombroso Spiderman.

¿EL HOMBRE-ARAÑA?
Marvel ya había jugado antes con la idea de un Hombre Araña. En una historia dibujada por Jack Kirby, titulada «Where will you be, when… the spider strikes!» y publicada en *Journey Into Mystery* #73 (octubre 1961), una araña doméstica era expuesta a radiación y obtenía capacidades humanas. Esta araña monstruosa incluso disparaba telarañas, igual que Spiderman; sin embargo, era muy distinta al lanzarredes que tanto conocemos y queremos.

LOS CREADORES

«Y AHORA, MACARRA ELECTRIFICADO, ¡TE VOY A DAR ALGO PARA QUE HABLES CUANDO TE SIENTES EN TU CELDA! ¡PUEDES CONTARLES A LOS OTROS PRESOS CÓMO SIENTA RECIBIR UN MAMPORRO DEMOLEDOR DE TU AMISTOSO VECINO SPIDERMAN!»

SPIDERMAN A ELECTRO

STAN LEE
Puede que Stan «The Man» Lee sea la mayor celebridad del mundo del cómic. Responsable de renovar la cara de Marvel, así como de toda la industria del cómic en la década de 1960, Lee ha sido cocreador de cientos de personajes junto a artistas de referencia como Jack Kirby y Steve Ditko. Autor responsable de casi todos los héroes más simbólicos de Marvel, desde los 4 Fantásticos y Spiderman hasta Hulk, Lee trabajó en Marvel como guionista, editor, director y presidente. Incluso cuando dejó de actuar como fuerza motriz de Marvel, ha seguido sirviendo de inspiración para la empresa.

Agosto 1962

AMAZING FANTASY #15

«¡Okey, mundo! ¡Aquí viene **Spiderman**... Agarraos fuerte!»

PETER PARKER

EDITOR JEFE
Stan Lee

PORTADA
Jack Kirby y Steve Ditko

GUION
Stan Lee

DIBUJO
Steve Ditko

ENTINTADO
Steve Ditko

ROTULACIÓN
Art Simek

PERSONAJES PRINCIPALES: Spiderman; tía May Parker; tío Ben Parker; el ladrón
PERSONAJES SECUNDARIOS: Sally; Flash Thompson; Triturador Hogan
ESCENARIOS PRINCIPALES: Instituto Midtown; casa de los Parker; exposición de ciencias; Nueva York; ring de lucha en Nueva York; estudio de televisión en Nueva York; almacenes de Acme en Queens (Nueva York)

EN CONTEXTO

Enfrentado a la perspectiva de la cancelación, el editor de *Amazing Fantasy*, una cabecera cargada de historias de extraterrestres y monstruos, no tenía nada que perder cuando aceptó que Stan Lee y Steve Ditko presentaran al mundo un nuevo superhéroe nada convencional. En tan solo once páginas, Stan Lee y Steve Ditko hilaron un relato que a la mayoría de los autores del momento les habría llevado seis entregas tejer. Este iba a convertirse en el relato más famoso en la historia de Spiderman: su origen.

Lee y Ditko prepararon el terreno para la carrera de Spiderman centrándose en el verdadero protagonista, Peter Parker. A diferencia de muchos otros cómics de la época, que dependían de la superheroicidad para atraer lectores, Lee buscaba en su protagonista un tipo corriente, un estudiante con el que fuera fácil identificarse y que, al margen del mundo de la lucha contra el crimen, afrontara los problemas típicos de un adolescente.

Y Lee y Ditko tuvieron razón. Algo en esta pulcra piececita de narrativa y dibujo tocó la fibra de los lectores y, aunque este fue el último número de *Amazing Fantasy*, el lanzarredes resultó tan popular que, en menos de un año, obtuvo su propia cabecera permanente: *The Amazing Spider-Man*.

LA HISTORIA

Tras ser picado por una araña radiactiva en una exposición de ciencias, el empollón Peter Parker se transformó en el misterioso portento adolescente conocido como Spiderman.

Sus compañeros de clase le llamaban «sujetavasos profesional». Las chicas lo rechazaban, y los chicos lo ridiculizaban y humillaban a la menor oportunidad. Poco podían suponer los estudiantes del Instituto Midtown que, en breve, llamarían «asombroso» a Peter Parker.

Pero la vida de Peter no era tan mala. Cuando regresaba a su modesto hogar de Forest Hills, Parker tenía el apoyo de sus tíos, Ben y May (**1**): su bondad lo era todo para él, y, con su guía, se sumergía en sus tareas escolares, haciendo lo posible por ignorar las burlas de sus compañeros (**2**).

Un buen día, Peter decidió evadirse de sus preocupaciones acudiendo a una exposición científica sobre radiactividad en Nueva York. Sin saberlo el joven, una araña que colgaba en medio de un experimento en marcha recibió una dosis de rayos radiactivos, y luego le picó a Peter en la mano (**3**). Sintiéndose raro, Peter dejó la exposición y vagó por las calles. De repente, un coche se precipitó hacia él y, como por instinto, el joven lo esquivó súbitamente y se adhirió a la pared de un edificio cercano (**4**).

Tras estrujar accidentalmente con sus manos un tubo de acero como si fuera papel, Peter comprendió que la araña debía de haberle conferido habilidades increíbles (**5**). Era la oportunidad que había estado esperando toda su vida. Enseguida empezó a aprovechar sus nuevos poderes, y se inscribió en un reto abierto de combates de lucha libre contra un gigante llamado Triturador Hogan (**6**). Puesto que no quería revelar su identidad al público, Peter se puso una máscara como disfraz, y, con aire fanfarrón, derrotó fácilmente al luchador. El combate le reportó el premio en efectivo, lo que llevó a Peter a ser captado por un agente de publicidad, el cual, a su vez, lo llevó hacia el siguiente gran capítulo de su vida.

Peter se hizo entonces un traje deslumbrante y aprovechó sus conocimientos científicos para inventar un adhesivo revolucionario similar a una telaraña y unos disparadores de pulsera (**7**). Se dio el nombre de Spiderman y, al poco, estaba protagonizando su propio programa especial de televisión. Caminando despreocupado por la parte trasera del plató en su primer día de filmación, Peter pasó por alto los gritos de un policía cercano que pedía ayuda y permitió que un ladrón pasara corriendo por su lado sin mayor apuro (**8**). Fue un incidente sin importancia, y Peter no lo consideró un problema.

Una noche, cuando regresaba a casa después de una aparición como Spiderman, se sobresaltó al ver un coche de policía aparcado frente a su casa. El joven no tardó en saber que su tío Ben había sido asesinado (**9**) y que el culpable estaba acorralado en los almacenes de Acme, en el puerto. En un arrebato de furia, Peter se puso el traje de Spiderman y atravesó volando la ciudad hasta el viejo edificio. El almacén estaba rodeado por la policía, pero estos parecían impotentes: el asesino tenía montones de sitios donde ocultarse, y podría abatirlos uno a uno si entraban. Sabiendo que solo era cuestión de tiempo que la oscuridad fuera total, Spidey entró en acción. Rápidamente empleó sus poderes para capturar al criminal (**10**), y entonces descubrió que era el mismo ladrón al que había dejado escapar del estudio de televisión pocos días antes.

Tras inmovilizar al criminal para que la policía lo pudiera detener, Peter Parker se alejó lentamente bajo la luz de la luna, abrumado por la pena y la culpabilidad (**11**) al haber aprendido la mayor lección de su vida: «Un gran poder… supone una gran responsabilidad».

> «¡Si le hubiese detenido cuando **pude hacerlo**...! Pero **no lo hice**, y ahora ¡el tío Ben ha muerto!»
>
> **PETER PARKER**

EL TRAJE

Originalmente se suponía que era un simple disfraz. Pero, cuando Spiderman hizo la transición de personaje del espectáculo a superhéroe, su famoso atuendo rojo y azul no tardó en ser uno de los trajes más reconocibles y famosos del mundo. Peter Parker usó su pericia científica para crear un ingenioso uniforme con complejos lanzatelarañas y una máscara, y un cinturón lleno de artefactos vitales.

Hoy Peter usa una versión blindada de su traje clásico. Conserva gran parte de los elementos de su emblemático diseño original, junto a tecnología punta, cortesía de Industrias Parker.

EL PRIMER TRAJE DE SPIDEY

Cuando Parker diseñó su primer traje, no lo hizo para luchar contra el crimen. Lo que necesitaba, esencialmente, era un aspecto excitante para sus actuaciones. Al enterarse de que en el aula de danza de Midtown estaban desechando mallas viejas, se coló de noche en la escuela y encontró unas que le quedaban bien. Unas horas después había serigrafiado un diseño de telaraña sobre el traje y se había hecho unos guantes y botas ajustados: había nacido Spiderman.

Como se pudo comprobar, el sentido del diseño de Peter rivalizaba con su talento científico.

Peter Parker creó los oculares con espejos unidireccionales que encontró en una caja de accesorios en el aula de teatro del instituto. Estos ocultaban su identidad sin entorpecer su visión.

Aunque la máscara completa oculta la cara de Peter al mundo, también siembra una semilla de desconfianza en la mente del público.

LA MÁSCARA

Recurso imprescindible para ocultar su identidad, puede que la máscara de Spiderman sea la parte más importante de su uniforme. Es ligera, confeccionada con un tejido elástico sintético a juego con el resto del traje. Aunque la ligereza del material puede ser conveniente en días cálidos de verano, también es propenso a desgarrarse, algo que Peter debe tener siempre en cuenta mientras pelea. Un encuentro cercano con las garras de Lagarto o con el cuchillo de Kraven el Cazador pueden exponer su identidad ante el mundo, y poner así en peligro la vida de sus seres queridos.

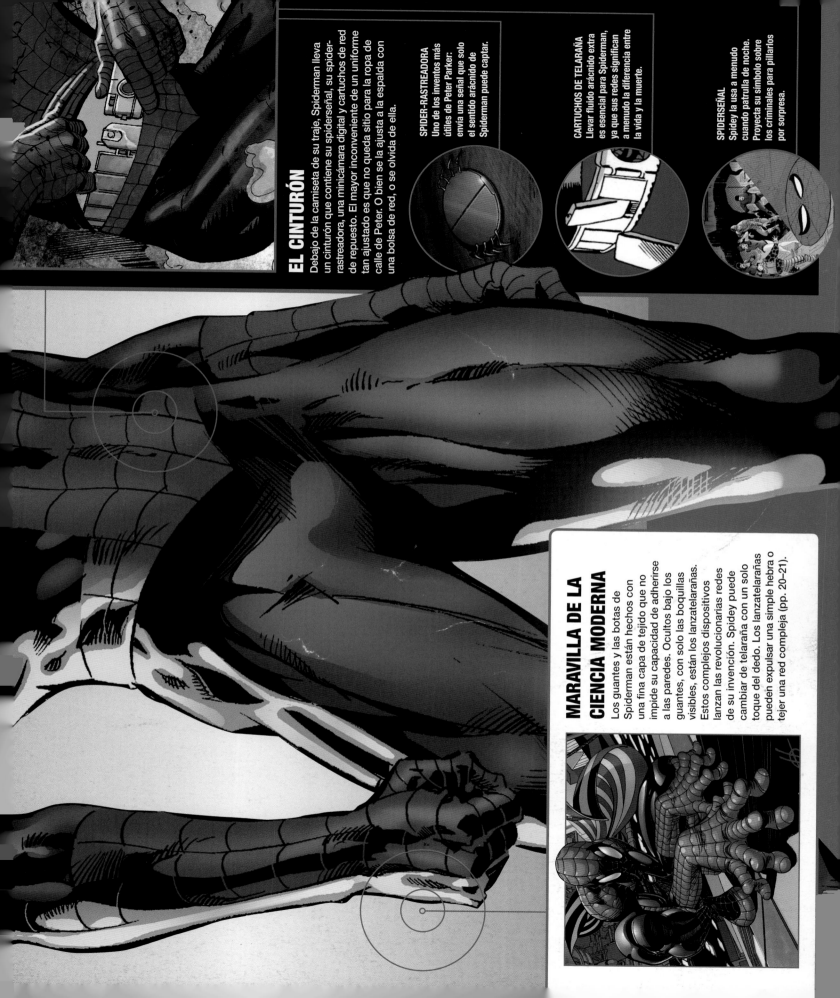

EL CINTURÓN

Debajo de la camiseta de su traje, Spiderman lleva un cinturón que contiene su spiderseñal, su spider-rastreadora, una minicámara digital y cartuchos de red de repuesto. El mayor inconveniente de un uniforme tan ajustado es que no queda sitio para la ropa de calle de Peter. O bien se la ajusta a la espalda con una bolsa de red, o se olvida de ella.

SPIDER-RASTREADORA
Uno de los inventos más útiles de Peter Parker: envía una señal que solo el sentido arácnido de Spiderman puede captar.

CARTUCHOS DE TELARAÑA
Llevar fluido arácnido extra es esencial para Spiderman, ya que sus redes significan a menudo la diferencia entre la vida y la muerte.

SPIDERSEÑAL
Spidey la usa a menudo cuando patrulla de noche. Proyecta su símbolo sobre los criminales para pillarlos por sorpresa.

MARAVILLA DE LA CIENCIA MODERNA

Los guantes y las botas de Spiderman están hechos con una fina capa de tejido que no impide su capacidad de adherirse a las paredes. Ocultos bajo los guantes, con solo las boquillas visibles, están los lanzatelarañas. Estos complejos dispositivos lanzan las revolucionarias redes de su invención. Spidey puede cambiar de telaraña con un solo toque del dedo. Los lanzatelarañas pueden expulsar una simple hebra o tejer una red compleja (pp. 20–21).

Siendo el suyo uno de los atuendos más llamativos del mundo de los superhéroes, se podría pensar que Spiderman no necesita modificar el emblemático aspecto de su uniforme. Pero a Peter Parker no le importa adoptar un traje nuevo si este le ofrece alguna ventaja en combate. Desde uno aislante para protegerse de la electricidad a uno compuesto por una criatura alienígena viva, el vestuario de Spidey ha sufrido casi tantos cambios como el propio héroe.

ARMADURA ARÁCNIDA

En una ocasión, Peter usó una versión chapada en acero del uniforme para combatir a un grupo fuertemente armado de villanos, los Nuevos Forzadores. En realidad, se trataba de una composición seudometálica que Peter había creado en los laboratorios de la Universidad Empire State. Sin embargo, aunque la armadura le protegía de las armas de gran calibre, reducía mucho su agilidad, y lo ralentizaba. El traje fue finalmente destruido con ácido en el combate.

TRAJE INVISIBLE

Usando la tecnología de Horizon Labs, Spiderman desarrolló una versión de su traje que le hacía totalmente invisible distorsionando la luz y el sonido. El traje «Neón» iba equipado con gafas especiales que le permitían verse manos y pies, facilitando sus movimientos. Además, era impenetrable a los ataques sónicos.

TRAJE DE INDUSTRIAS PARKER

El nuevo traje blindado de Spiderman es resultado de la I+D de su empresa, Industrias Parker. Equipado con capacidades visuales mejoradas y con diversas opciones de red activada por voz, Spiderman nunca ha estado tan al día con las nuevas tecnologías.

UNIFORME FF

Tras la muerte de Johnny Storm, Spiderman ocupó su lugar como cuarto miembro de la FF (Fundación Futuro, la nueva encarnación de los 4 Fantásticos). Spiderman recibió un uniforme compuesto por moléculas inestables de tercera generación, que podía cambiar su diseño a voluntad y tenía un diseño predefinido blanco y negro. Aunque Spiderman pensaba que se parecía demasiado al simbionte usado por su enemigo Antiveneno, estar en el equipo significaba tanto para él que siguió usando el traje FF, manteniendo sus quejas al mínimo.

TRAJE DE LUCHADOR

Antes de diseñar su uniforme y el concepto de Spiderman, Peter Parker se puso una máscara de malla para ocultar su identidad cuando entró en un desafío público de lucha contra el gigante Triturador Hogan. Aunque la máscara servía como disfraz, no encajaría en el sofisticado mundo del espectáculo, así que Peter creó su icónico traje rojo y azul.

SPIDERMAN CÓSMICO

Cuando un accidente de laboratorio expuso a Peter a una fuente desconocida de energía, sus poderes fueron mejorados, y también su uniforme. Los nuevos poderes incluían vuelo, fuerza y sentidos aumentados, así como la capacidad de lanzar energía por los dedos. En realidad, la entidad extradimensional conocida como Fuerza Enigma le había otorgado su fabuloso Unipoder, convirtiéndolo brevemente en el último de un largo linaje de campeones apodados Capitán Universo.

TRAJE BLINDADO

Después de perder su sentido arácnido y recibir un balazo, Spidey utilizó las instalaciones de Horizon Labs para crear una versión de su traje a prueba de balas. Lo bastante flexible para no entorpecer sus movimientos, además usaba redes magnéticas que se disparaban desde el antebrazo y bloqueaban todas las frecuencias de radio.

TRAJE ALIENÍGENA

Peter obtuvo este traje negro mientras combatía en un lejano planeta llamado Mundo de Batalla. El traje tenía un suministro aparentemente inagotable de telarañas y podía cambiar de apariencia al instante; parecía responder al pensamiento de Peter, y se deslizaba sobre él cuando quería salir a columpiarse. Pero Peter acabó por saber que se trataba de un simbionte alienígena que buscaba fundirse con él de forma permanente. Aunque finalmente abandonó el traje alien, Spiderman vistió durante un tiempo una versión en tela, obsequio de Gata Negra.

SEIS SINIESTROS

A fin de impedir que Dr. Octopus incrementara el calentamiento global, Spiderman probó un nuevo traje anti-Seis Siniestros con defensas incorporadas, dirigido específicamente contra el infame grupo de supervillanos.

IRON SPIDER

En su campaña para ganarse el favor de Peter Parker, Tony Stark desarrolló un traje «Iron Spider» hecho específicamente para sus necesidades de héroe. Capaz de desviar balas, camuflarse y captar frecuencias de radio, otorgaba a Spidey ventajas en su guerra contra el crimen, incluidos unos apéndices que se extendían desde la espalda. Aunque Peter al final rechazó el traje cuando se enfrentó a Tony sobre la Guerra Civil superheroica, su tecnología sería luego adaptada por un grupo de agentes del gobierno conocidos como Arañas Escarlata.

ARAÑA ESCARLATA

Cuando Ben Reilly, el clon de Spiderman, regresó a Nueva York tras años de viaje, decidió que no escaparía a su responsabilidad, y adoptó la identidad de Araña Escarlata. Con una spider-sudadera modificada, comprada en la tienda de recuerdos de un museo, y lanzarredes externos con su correspondiente cinto de cartuchos, Ben hizo su triunfal regreso a la escena superheroica.

TRAJE DE REILLY

Durante un breve tiempo, Peter Parker se retiró de la lucha contra el crimen y cedió su misión a su clon Ben Reilly. Ben diseñó su propia versión del traje clásico de Peter, con una araña mucho más grande en el pecho y un diseño distinto en las mallas. Además de rediseñar los lanzatelarañas, inventó nuevas armas que sumar a su arsenal personal.

SPIDERMAN SUPERIOR

Cuando Dr. Octopus logró controlar durante un breve tiempo el cuerpo de Peter intercambiando su mente con la del héroe, se dispuso a probarse como Spiderman Superior. Oscureció el uniforme y cambió el diseño, añadiendo garras a los dedos y brazos robóticos cuando eran necesarios.

SPIDEY SEIS BRAZOS

La imagen de Peter cambió radicalmente en cierto momento de su carrera. Intentando llevar una vida normal, desarrolló una fórmula para eliminar sus poderes. Sin ensayo previo, se bebió el líquido y perdió el sentido. Cuando volvió en sí, sintió dolor en los costados... ¡y vio que le brotaban del traje cuatro brazos extra! Peter acudió a su amigo, el Dr. Curt Connors, quien lo ayudó a diseñar una cura.

Aunque Spiderman suele emplear sus manos y pies cuando escala, cada parte de su cuerpo tiene la misma capacidad adherente.

Tiene la fuerza proporcional de una araña, la capacidad de adherirse a casi cualquier superficie y un sentido casi sobrenatural de la aproximación de un peligro. Pero eso es solo el principio de los poderes arácnidos de Spiderman. La combinación de unos reflejos, una velocidad y una agilidad aumentados y un factor de curación acelerada hacen que Spiderman figure muy arriba entre los superhéroes más poderosos.

UN GRAN
PODER...

FUERZA

Aunque no es tan fuerte como Hulk, el poderoso Thor o la Cosa, tu amistoso vecino lanzarredes no debe ser subestimado. Puede doblar una barra de hierro con las manos desnudas, levantar casi diez toneladas y derribar un muro de ladrillo de un solo puñetazo. En un único salto arácnido puede alcanzar un tercer piso o cruzar una autopista.

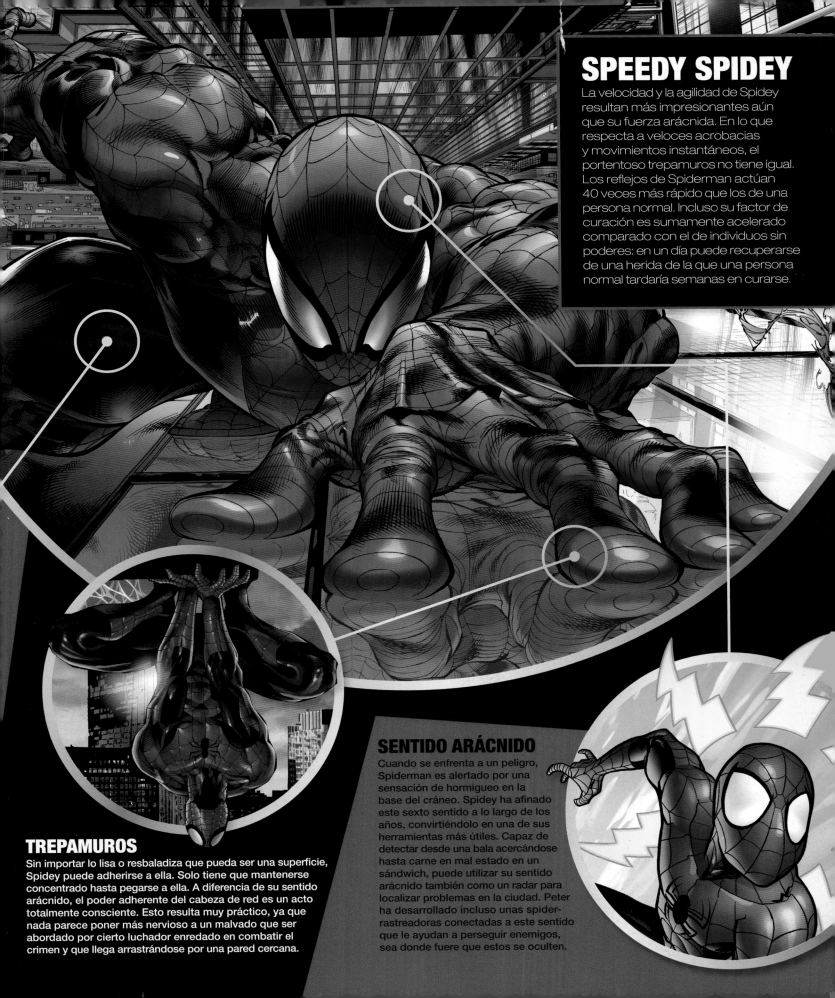

SPEEDY SPIDEY

La velocidad y la agilidad de Spidey resultan más impresionantes aún que su fuerza arácnida. En lo que respecta a veloces acrobacias y movimientos instantáneos, el portentoso trepamuros no tiene igual. Los reflejos de Spiderman actúan 40 veces más rápido que los de una persona normal. Incluso su factor de curación es sumamente acelerado comparado con el de individuos sin poderes: en un día puede recuperarse de una herida de la que una persona normal tardaría semanas en curarse.

SENTIDO ARÁCNIDO

Cuando se enfrenta a un peligro, Spiderman es alertado por una sensación de hormigueo en la base del cráneo. Spidey ha afinado este sexto sentido a lo largo de los años, convirtiéndolo en una de sus herramientas más útiles. Capaz de detectar desde una bala acercándose hasta carne en mal estado en un sándwich, puede utilizar su sentido arácnido también como un radar para localizar problemas en la ciudad. Peter ha desarrollado incluso unas spider-rastreadoras conectadas a este sentido que le ayudan a perseguir enemigos, sea donde fuere que estos se oculten.

TREPAMUROS

Sin importar lo lisa o resbaladiza que pueda ser una superficie, Spidey puede adherirse a ella. Solo tiene que mantenerse concentrado hasta pegarse a ella. A diferencia de su sentido arácnido, el poder adherente del cabeza de red es un acto totalmente consciente. Esto resulta muy práctico, ya que nada parece poner más nervioso a un malvado que ser abordado por cierto luchador enredado en combatir el crimen y que llega arrastrándose por una pared cercana.

LA RED QUE TEJE

Toda araña necesita una tela, y Spiderman no es una excepción. Pese a que la araña radiactiva que picó a Peter otorgó al joven la fuerza y muchas de las habilidades naturales de los arácnidos, no le dio la capacidad de producir telarañas. Peter tuvo que hacerlo al viejo estilo: con trabajo duro y un increíble ingenio.

FLUIDO ARÁCNIDO

Cuando Parker se propuso crear su propia telaraña, usó el laboratorio de ciencias de su instituto fuera de horas. Tras estudiar compuestos multipoliméricos durante varios años, produjo un fluido adhesivo capaz de imitar la seda de una araña. Sumamente fuerte y resistente, la tela se disolvía al cabo de una hora aproximadamente. Aunque no sería bueno como adhesivo práctico para vender a empresas químicas, el fluido era perfecto para atar a los enemigos temporalmente o columpiarse por la ciudad.

LANZATELARAÑAS

Aunque su fluido arácnido era revolucionario y una maravilla de la química moderna, Peter no se detuvo ahí. Necesitaba un medio para lanzar sus redes, así que diseñó dos lanzatelarañas que se abrochaban a sus muñecas y se activaban al presionar dos dedos contra la palma de la mano. Además, para evitar activarlos por accidente cada vez que cerrara el puño, hizo que el disparador tuviera que ser presionado dos veces en rápida sucesión, como el ratón de un ordenador, para liberar la telaraña.

Cada uno de los lanzatelarañas de Peter tiene nueve cartuchos rotatorios de fluido, además del cartucho en uso.

Debajo del uniforme, Spidey lleva un cinturón diseñado para sujetar la cámara y la spider-señal, además de 30 cartuchos extra de fluido arácnido.

La telaraña se endurece al contacto con el aire. Si le da el suficiente grosor, una hebra puede atar y mantener apresado a Hulk, así que Spidey raramente se preocupa porque se rompa bajo su propio peso.

WEBMASTER

Siempre mejorando su tecnología, ahora Spiderman puede cambiar entre formas de telaraña según golpee el disparador. Un segundo toque corto libera una hebra fina como un cable y perfecta para columpiarse. Un toque más prolongado aumenta el grosor para obtener mayor soporte, por ejemplo, para atar a enemigos poderosos como Norman Osborn. Varios toques ligeros descargan muchas hebras delgadas en forma de rociada, también apta para inmovilizar a oponentes. Y si prolonga la presión sobre el disparador, el fluido arácnido sale a chorro en forma de líquido adhesivo.

REDES ORGÁNICAS

Después de un combate con la misteriosa Reina, Spiderman se encontró transformado en una araña gigante. Aunque al final pudo recuperar su antiguo yo, su breve metamorfosis tuvo consecuencias. Por alguna razón desconocida, Spiderman fue entonces capaz de producir telarañas desde su propio cuerpo. Aunque ello alivió algunas de las tensiones de su vida diaria, porque ya no tenía que ahorrar para comprar las costosas sustancias químicas necesarias para su suministro de redes, el cambio resultó un tanto desconcertante para el trepamuros, ya que le hizo sentirse un poco menos humano. Sin embargo, esta capacidad ha desaparecido recientemente, y los detalles sobre la pérdida de dicho poder siguen siendo un misterio.

Después de muchas horas de práctica, Spidey ha logrado usar sus telarañas sin pensar conscientemente en ello.

Spiderman ha desarrollado recientemente nuevos tipos de redes, incluidas versiones eléctricas y caloríficas, así como espuma de red.

«ASÍ QUE SE REÍAN DE MÍ POR EMPOLLÓN, ¿EH? ¡SOLO UN CIENTÍFICO PODRÍA CREAR UN DISPOSITIVO COMO ESTE!»

PETER PARKER

UNA RED MULTIUSOS

Con los años, Spiderman ha desarrollado otros usos para su fibra de telaraña. Puede usarla fácilmente para crear formas como pelotas, bates y bolos. También se le ha visto crear objetos más complejos, como balsas, planeadores y esquíes. Además, la telaraña normal de Spidey es lo bastante resistente al calor como para soportar temperaturas de hasta 550 °C. Así, en ocasiones ha envuelto sus puños en redes como aislantes para combatir a algunos de sus enemigos más «fogosos». Para casos extremos, incluso ha desarrollado una telaraña que resiste temperaturas de hasta 5500 °C.

PETER PARKER

Peter Parker, el auténtico rostro de Spiderman, ha visto más tragedias en su joven vida que mucha gente que le triplica la edad. Incluso atormentado por la culpa y la tensión, la cara de Peter ofrece a menudo una sonrisa, aunque suela estar oculta por una máscara roja.

LA NIÑEZ DE PETER

Peter Parker era solo un niño cuando sus padres, Richard y Mary Parker, murieron en un accidente de avión. Inmediatamente fue trasladado a la casa del hermano mayor de su padre y su esposa, Ben y May. Estos formaban un pareja de edad avanzada, sin hijos, y criaron a Peter como si fuera suyo; pero raramente le hablaban de sus verdaderos padres. Peter llegó a convencerse de que sus padres lo habían abandonado por algo que había hecho. Temeroso de que volviera a suceder, trabajó duro para ganarse la aprobación de sus tíos; aunque no tenía por qué preocuparse: Ben y May amaban de verdad a su sobrino y habrían hecho cualquier cosa por complacerlo.

A medida que crecía, Peter mostraba poco interés por las aficiones de otros críos. Aunque a veces iba a los partidos de béisbol de los Mets con el tío Ben, nunca demostró habilidades atléticas. De hecho, antes de obtener sus superpoderes, Peter era considerablemente más débil que otros niños de su edad. Además, temía las alturas: el solo hecho de alcanzar un libro del estante superior en la biblioteca le producía vértigo. Parecía mal equipado para la, a menudo, dura realidad de la vida adolescente.

Cuando se supo que los padres de Peter, Richard y Mary, habían fallecido, Ben y May acogieron al pequeño huérfano en sus vidas. La pareja vivía con pocos ingresos, y tuvo que hacer grandes sacrificios por el niño.

El tío Ben disfrutaba compartiendo su extensa colección de cómics con su sobrino. Peter pasaba horas leyendo sobre valerosos héroes, y soñaba con ser un aventurero enmascarado como el Capitán América, que sembraba el terror en el corazón de los delincuentes.

INSTITUTO MIDTOWN

En el instituto, Peter era un estudiante sobresaliente, y sus profesores le tenían en gran estima. Pero sus compañeros tenían poco tiempo para un sabelotodo como «Enclenque Parker». Las chicas pensaban que era mudo, y los chicos le consideraban un pelele. Terriblemente tímido, algunos confundían su silencio con pedantería. Le costaba hacer amigos, pero nunca dejó de intentarlo. Solía invitar a otros estudiantes a exposiciones científicas o películas de monstruos, pero normalmente estos le respondían con burlas; y nunca le pedían que fuera con ellos. Sin embargo, al iniciar su carrera secreta como Spiderman, Peter halló un renovado sentimiento de confianza que sus compañeros empezaron a reconocer poco a poco.

> «OJALÁ FUERA UN SUPERHÉROE. DEBE DE SER TAN BONITO QUE LA POLICÍA Y LA PRENSA TE ADMIREN…»
> PETER PARKER

UNIVERSITARIO

Peter Parker se graduó en Midtown con la calificación media más alta de la historia del instituto. Se entusiasmó cuando supo que había obtenido una beca para la Universidad Empire State. Ahora, seguro sobre quién era, Peter se sumergió en sus estudios científicos a pesar del tiempo que dedicaba a los balanceos en la red y a una agitada vida social. Después de graduarse, incluso obtuvo un trabajo como profesor auxiliar en la universidad para continuar con sus estudios de posgrado. Nunca ha dejado de aprender e innovar, lo que le ha venido increíblemente bien en su otra vida como el asombroso Spiderman.

Spiderman arruinó la graduación universitaria de Peter. La semana previa a la ceremonia, Spidey luchó contra Duende Verde y Corredor Cohete. No pudo graduarse con el resto de la clase por haberse perdido la clase obligatoria de gimnasia.

TRAS LA MÁSCARA

A lo largo de su carrera como Spiderman, Peter siempre se ha debatido entre su sentido del deber y los sentimientos encontrados que ha recibido como eco del público, que van desde la alabanza a la condena absoluta. Eso le ha llevado incluso al borde de la desesperación, haciéndole tirar el uniforme y renunciar a su *alter ego*. Pese a todo, su dedicación a usar su poder de forma responsable siempre le ha llevado a ponerse la máscara de nuevo con la esperanza de que algún día el mundo aprenda a apreciar a Spiderman.

Aunque con los años ha dominado el arte de transformarse rápidamente, a Peter le cuesta cambiar entre sus identidades civil y superheroica, y a menudo ha deseado poder vivir una vida normal.

AMIGOS Y FAMILIA

Aunque Spiderman tiene muchos aliados de confianza en su vida de héroe, el mundo de Peter Parker no merecería la pena sin su familia y su círculo de amigos. Además de exnovias convertidas en amigas de por vida, como Betty Brant y Mary Jane Watson, Peter ha tenido mucha gente que se ha preocupado de verdad por él. E incluso en los tiempos difíciles, Peter se ha mantenido junto a las personas más allegadas.

TÍO BEN PARKER

Nacido en Brooklyn (Nueva York), en una luchadora familia obrera, Ben Parker fue un chico brillante y feliz que nunca perdió de verdad su niño interior al crecer. De viva imaginación, coleccionaba cómics y libros, y leía ciencia ficción, cualidades y pasiones que traspasó a su sobrino Peter, hijo de su hermano menor, Richard. Tras la trágica muerte de los padres de Peter, Ben y su esposa, May, acogieron al pequeño Peter y lo criaron como propio. Amoroso y alentador, Ben fue el mejor amigo de Peter. Él fue quien inculcó en Peter la idea de que un gran poder conlleva una gran responsabilidad. Y, en definitiva, fue la terrible muerte de Ben la que impulsó a Spiderman a convertirse en héroe.

RICHARD Y MARY PARKER

Agentes encubiertos de la CIA, los padres de Peter hicieron todo lo que pudieron para dar a su único hijo la educación más normal posible. Pero, al ser reclutado por el superespía Nick Furia, Richard tenía que haber sabido que una vida normal iba a ser casi imposible de conseguir. Corriendo aventuras que implicaban luchar al lado de héroes (entre ellos, el hombre que sería conocido como Lobezno), Richard y Mary vivían una vida peligrosa. Y esa vida quedó dramáticamente cortada siendo Peter aún un niño, cuando ambos murieron al estrellarse su avión.

TÍA MAY PARKER

Cuando a May Parker y a su marido, Ben, les pidieron que acogieran a su sobrino Peter durante unos meses, mientras sus padres hacían un viaje de negocios, ella no lo dudó. Y, aún más sorprendente, tampoco vaciló ante las muchas y nuevas responsabilidades sobrevenidas cuando los padres de Peter murieron y ella y Ben se convirtieron en tutores legales del niño. Más bien al contrario, ella asumió cuidar de Peter también como una manera de alcanzar su sueño de convertirse en madre.

Pero, ante tantas muertes en su vida, May no podía sino ser sobreprotectora con Peter. Aunque siempre volcaba todo su amor en él, también le preocupaba su salud y su bienestar, actitud que se hizo casi obsesiva, y que se acentuó todavía más cuando Ben fue asesinado. Con el tiempo, May ha aprendido por fin a relajarse, una cualidad que ha adquirido de su nuevo marido, J. Jonah Jameson Sr.

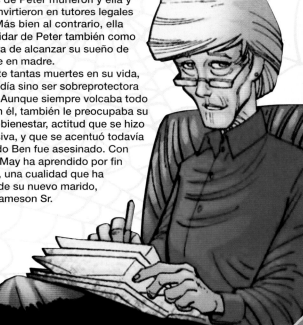

RANDY ROBERTSON

Peter conoció a Randy durante su estancia en la Universidad Empire State. Presentados por Joe Robertson, padre de Randy y jefe de Peter en el *Daily Bugle*, ambos conectaron e iniciaron una amistad que dura hasta hoy. Originalmente activista político y manifestante entusiasta, la personalidad de Randy se ha suavizado con los años, y ha pasado de una carrera como trabajador social a la de actor. Salió durante una breve temporada con Norah Winters, una de las amigas de Peter en el *Daily Bugle*.

VIN GONZALES

Vin, duro policía de Nueva York, fue compañero de habitación de Peter. La amistad entre ambos fue un tanto tambaleante desde el principio debido a las escapadas secretas de Peter como Spiderman, y la cosa empeoró cuando se descubrió que Vin participaba en una conspiración para inculpar al trepamuros. Vin fue a la cárcel, y Peter empezó a salir con Carlie Cooper, objetivo amoroso de Vin. Pero, a pesar de sus diferencias, Vin comparte con Peter el sentido de la responsabilidad, y pagó de buen grado el precio de sus actos.

J. JONAH JAMESON SR.

Peter conoció a J. Jonah Jameson Sr. como Spiderman, cuando el villano Conmocionador los atrapó en un vagón de metro junto a otros transeúntes inocentes. Peter quedó impresionado por este hombre, y siguió impresionado con él cuando entró en su vida (acabó casándose con su tía). Peter nunca entendió cómo alguien tan honorable como Jay Jameson pudo engendrar al intrigante y egocéntrico J. Jonah Jameson Jr., un exeditor del *Daily Bugle*, y el peor crítico de Spiderman.

Tras volver de África, donde trabajó para la Fundación Tío Ben, Jay sucumbió a una rara enfermedad hereditaria y murió.

FLASH THOMPSON

Peter no tuvo muchos amigos en el instituto, y una de las principales razones fue la labor de su mayor adversario, Eugene «Flash» Thompson. Atleta completo, de físico atractivo y gran popularidad, Flash disfrutaba amargándole la vida a Peter, irónicamente a la vez que era admirador de Spiderman. Aunque Peter y Flash chocaron de manera repentina, su animosidad se iba a convertir en amistad cuando, más adelante, se encontraron en la misma universidad. Pese a que no se priva de hacer pasar un mal rato a Peter de vez en cuando, Flash es muy consciente de la lealtad como amigo de este, que ha seguido a su lado aun a pesar de sus problemas con el alcohol y de las heridas de guerra sufridas, que le costaron las piernas.

HARRY OSBORN (LYMAN)

Cuando Harry Osborn se encontró con Peter en la universidad, este último lo ignoró por completo. Siempre perdido en su propio mundo de inquietudes, en esa época, Peter estaba más preocupado por la salud de su enferma tía May que por hacer amistades. Pero Harry le concedió el beneficio de la duda y una segunda oportunidad, y se hicieron amigos y, más tarde, incluso compañeros de habitación, cuando el padre de Harry, el rico magnate Norman Osborn, pagó un lujoso apartamento para los chicos. Peter ha visto a Harry atravesar varios graves problemas, como una persistente drogadicción y el legado de una vida como heredero del supervillano Duende Verde. Aunque mucha gente habría perdido la esperanza en tal amigo años atrás, Peter ha hecho siempre lo contrario, convencido de que Harry Osborn merece ser salvado. Harry ha cambiado recientemente su nombre por Harry Lyman para distanciarse de su corrupto padre.

EL DAILY BUGLE

Bandeja siempre repleta

Joe «Robbie» Robertson

Archivadores

Última hora

Grandes primicias

Dosieres

Aunque ha pasado por tantos cambios como el mismo Spiderman, el *Daily Bugle* es uno de los tabloides más fiables del mundo. El periódico ha sido una institución en Nueva York desde 1897, y ha visto pasar a un equipo siempre cambiante que incluyó al editor J. Jonah Jameson y al fotógrafo Peter Parker.

Spiderman toma fotografías enredando una cámara automática en lugares estratégicos antes de sus peleas.

— ICONO DE NUEVA YORK —

La sede original del *Daily Bugle* exhibía su cabecera en letras de 9 metros con una falta de sutileza solo igualable por la pasión de su página editorial y la ostentación de su editor, J. Jonah Jameson. El periódico en sí es un tabloide que salta a la yugular, presentando reportajes y noticias potentes acompañados por fotos a menudo impactantes.

Cuando Jameson sufrió un ataque cardiaco casi fulminante, su esposa vendió el *Bugle* a Dexter Bennett, que lo renombró como *The DB*. Gran parte del personal se marchó a una nueva empresa, *Front Line*. Mientras que *The DB* se centraba en artículos sensacionalistas, *Front Line* retuvo la integridad por la que siempre había sido conocido el *Daily Bugle*, recuperando al final el nombre original.

— PETER PARKER: — FOTÓGRAFO ESTRELLA

J. Jonah Jameson no vacilaba en comprar las fotos del adolescente Peter Parker, en especial porque este parecía tener un talento especial para captar a Spiderman en acción. Las primeras imágenes de Parker aparecieron en la primera publicación de Jameson, *Now Magazine*, pero este no tardó en mostrarlas en el *Daily Bugle*, ayudando a lanzar la carrera del adolescente. Pese al constante éxito de Peter a la hora de tomar fotos de Spiderman, Jonah nunca descubrió el secreto del joven.

LA REDACCIÓN

J. J. JAMESON

Exteriormente puede parecer mezquino, gruñón y egocéntrico; pero quítale esas capas y verás que el J. Jonah Jameson real es incluso peor. Editor del *Daily Bugle* y acérrimo activista anti-Spiderman, Jameson nunca se cansa de oír su propia voz, y estará encantado de darte las opiniones que él piensa que debes tener. Aunque dejó de trabajar en el *Daily Bugle*, no cabe duda de que Jameson volverá al negocio periodístico en breve.

Jameson dejó el negocio periodístico para ser alcalde de Nueva York. Tras dimitir, entró a trabajar para Canal Fact.

JOE ROBERTSON
Normalmente voz de la compasión y la razón, Robertson fue la mano derecha y la voz de la conciencia de Jameson antes de ascender a jefe de redacción del periódico.

BETTY BRANT
Primera novia real de Peter Parker y exsecretaria del *Bugle*. Brant es una reportera de talento cuya dedicación al trabajo le ha llegado a costar perder amistades.

NORAH WINTERS
Decidida y dinámica, Norah ascendió hasta convertirse en una de las reporteras *top* del *Bugle* antes de que un escándalo que implicaba al Duende le costara el puesto.

FREDERICK FOSWELL
Aunque era un empleado de confianza del *Bugle*, Frederick Foswell llevaba una doble vida como el genio criminal y jefe de banda conocido como Gran Hombre.

THOMAS FIREHEART
Secretamente el vigilante Puma, Fireheart compró el *Bugle* y escribió artículos a favor de Spiderman como manera de pagar una supuesta deuda con el trepamuros.

BEN URICH
Reportero estrella del *Bugle* y fundador de un periódico rival, *Front Line*, Urich es conocido por su postura contra la corrupción. Es aliado de Spiderman y de Daredevil.

NED LEEDS
Exmarido de Betty Brant, trabajó como reportero para el *Daily Bugle* antes de sufrir un lavado de cerebro y ser convertido en Duende por el Duende original.

DEXTER BENNETT
Tras comprar el *Daily Bugle* y renombrarlo *The DB*, Bennett no pareció conservar nada de la integridad de su predecesor, J. Jonah Jameson.

GLORY GRANT
La que fue secretaria de J. J. Jameson y Joe Robertson pasó a ser ayudante de Jameson durante su etapa de alcalde, pero renunció al empleo.

LANCE BANNON
Rival fotográfico de Peter Parker, Lance Bannon tuvo una próspera carrera como fotógrafo con J. J. Jameson debido a sus fotos poco favorecedoras de Spiderman.

PHIL URICH
El sobrino de Ben Urich flirteó con la fotografía al tiempo que ejercía el pluriempleo como el villano Duende. Cuando su secreto se desveló, fue despedido de inmediato.

JACOB CONOVER
Uno más en la larga lista de empleados corruptos del *Bugle*, el reportero Jacob Conover era conocido en los círculos del crimen como la Rosa, jefe de una banda.

SEDE DE *THE DB*

El edificio de *The DB* fue atacado y arrasado por el supervillano Electro ante la presencia de Dexter Bennett. Perdido todo interés por el negocio y los gastos que supondría sacar a flote el periódico, Bennett revendió la empresa a J. Jonah Jameson. En un arrebato de generosidad, Jameson obsequió con la cabecera del *Daily Bugle* al marginal *Front Line*, dotando así a dicho periódico del reconocimiento que necesitaba.

Aunque Peter Parker es más conocido como fotógrafo, hacer fotos para el *Daily Bugle* no es realmente su profesión soñada. Con un intelecto científico de genio y el deseo de traspasar ese conocimiento a otros, la fotografía no era el objetivo de Peter en la vida, sino más bien un medio de ganar dinero para cuidar de la tía May enferma y pagar sus muchas facturas.

SR. PARKER

Se diría que Peter ha tenido siempre en mente dedicarse a la enseñanza. Así que, cuando surgió la ocasión de enseñar ciencia en Midtown, su antiguo instituto, el Sr. Parker decidió que era la oportunidad perfecta para dejar una huella en las vidas de otros estudiantes prometedores, igual que sus profesores lo habían hecho en la suya. Pese a que su carrera docente acabó antes de lo que habría deseado debido a la atención que recibió durante la Guerra Civil de superhéroes, Spidey hace sustituciones ocasionales en la Academia Vengadores cuando echa de menos la pizarra.

HOMBRE DE CONFIANZA

Como gran fan de la ciencia y de sus innovaciones, Peter siempre se había sentido intimidado ante su compañero superhéroe Tony Stark, también conocido como el Vengador Dorado Iron Man. En los días previos a la controvertida Guerra Civil superheroica, Peter sirvió como asistente de Tony, aprendiendo directamente del genio de Stark mientras le acompañaba en sus viajes y vivía en la fastuosa Torre Stark.

Peter quedó pasmado al saber que Jameson había sido capaz de publicar *Telarañas* sin su permiso, pagándole cien míseros dólares como «paga extra»

AUTOR RENUENTE

La carrera de Peter Parker como fotorreportero llegó a la cima con la publicación de una colección de sus fotos de Spiderman en un libro en tapa dura titulado *Telarañas: Spiderman en acción.* Aunque el libro no era más que otra maniobra lucrativa del editor del *Daily Bugle*, J. J. Jameson, y apenas reportó a Peter algo de dinero, le dio a este último la oportunidad de cobrar por una gira de firma de libros y de disfrutar de sus 15 minutos de fama.

Spiderman apareció por sorpresa en la gira del libro tras cazar al ladrón de joyas Zorro Negro.

EL COMPETENTE

Cuando Peter decidió proseguir su educación, entró como profesor auxiliar en la Universidad Empire State. Aunque a menudo se sentía extenuado al tener que compaginarlo con su vida como Spiderman y como fotógrafo, encontró un montón de buenos amigos entre sus colegas, y su trabajo con los estudiantes le resultó especialmente gratificante.

TROTAMUNDOS

Después de ser tratado durante años como el último mono por J. Jameson en el *Daily Bugle*, Peter encontró temporalmente el respeto que merecía como fotógrafo del *Daily Globe.* Rival del *Bugle*, el *Globe* es más ecuánime en sus informaciones sobre Spiderman.

SPIDERMAN PARA TODO

HORIZON LABS

A lo largo de su vida, Peter Parker nunca había podido explotar todo su potencial cuando no iba vestido de Spiderman. Pero, con la ayuda de Marla, esposa de J. J. Jameson, recibió la oportunidad de brillar cuando ella le presentó a Max Modell, el director de Horizon Labs, una empresa de investigación que creaba tecnología revolucionaria. Después de impresionar a Modell, Peter obtuvo un trabajo en el grupo de pensamiento de Horizon.

Peter demostró su valía en una visita a Horizon Labs, y se incorporó a su grupo de expertos.

MÁS ALLÁ DEL HORIZONTE

Horizon Labs, una de las empresas que empleó a Peter, era un centro puntero de investigación. Ideado para inspirar a sus diseñadores e ingenieros, el espacio de trabajo tenía un atrio social donde el personal intercambiaba ideas. También albergaba los laboratorios de su grupo de pensamiento, en el que los empleados estrella podían entregarse a los experimentos más extravagantes. Peter entró en este exclusivo círculo y pudo desarrollar tecnología para Spiderman. Su antiguo enemigo Morbius trabajaba mientras como empleado secreto.

MAX MODELL
El principal responsable de Horizon Labs, Modell, creía que Peter estaba diseñando tecnología para Spiderman, pero no sabía que él era en realidad el trepamuros.

GRADY SCRAPS
Compañero en el grupo de pensamiento, no se parecía mucho al serio estudiante de ciencias típico, pero su increíble trabajo demostraba otra cosa.

BELLA FISHBACH
Con una mente amiga del medio ambiente y la mirada puesta en el futuro del planeta, Bella era la especialista en ecología de Horizon dentro del grupo de pensamiento.

SAJANI JAFFREY
También miembro del grupo de pensamiento, Sajani Jaffrey era la xenóloga de la plantilla, especializada en biología, química y tecnología alienígenas.

UATU JACKSON
Versátil niño prodigio, Uatu se graduó en el instituto, a la edad de diez años, antes de convertirse en el miembro más joven del grupo de pensamiento de Horizon.

«CUANTO MÁS ARRIESGO LA VIDA... CUANTO MÁS MORTÍFEROS SON LOS PELIGROS... ¡PEOR LO HAGO!
CON TODA MI FUERZA... CON TODOS MIS PODERES... ¿POR QUÉ NO PUEDO ARREGLAR LAS COSAS?»

PETER PARKER

LOS PROBLEMAS DE PARKER

Comparado con pelear contra supervillanos y esquivar la muerte por los pelos, como hace Spiderman, se podría pensar que vivir como Peter Parker está chupado. Pero, a decir verdad, sus batallas cotidianas son tan retadoras como las de su *alter ego*. Se diría que Peter está maldito por la tristemente célebre «suerte Parker».

CULPA

Desde la muerte de sus padres, Parker ha vivido acosado por la culpa. Aunque nada tuvo que ver con las muertes de Richard y Mary Parker, el joven Peter pensaba instintivamente que esa ausencia se debió a su comportamiento. A medida que pasaba el tiempo y Peter perdía más personas en su vida (como su tío Ben) en tragedias que él creía que podría o debería haber impedido, su malestar no hizo sino aumentar.

CHICAS

Las cosas nunca parecen marchar bien en el «departamento de amores» de Peter. Desde que iba al instituto y era rechazado por las chicas, hasta su fallido matrimonio con Mary Jane Watson, Peter ha tenido una buena ración de conflictos románticos. Mientras siga siendo Spiderman y deba seguir inventando excusas para ocultar su identidad, solo puede esperar más problemas amorosos en el futuro.

TÍA MAY

Al perder a sus padres y al tío Ben a temprana edad, Peter ha sido muy consciente de cuánto significa para él su tía May. Por desgracia, May ha tenido problemas de salud durante buena parte de la vida de Peter. Con las facturas de hospital acumulándose junto a otras deudas, el bienestar de May ha sido una preocupación constante para Peter, que tuvo que compaginar varios trabajos para atenderla lo mejor posible.

SPIDERMAN

Curiosamente, es muy probable que el mayor problema de Peter sea el propio Spiderman. Todo lo que Peter quería era llevar una vida normal y ser feliz. Y, aunque ha conseguido mucha felicidad en medio de su trágico mundo, Peter ha tenido cualquier cosa excepto una vida normal. Impulsado a ser Spiderman por amor al bien, Peter siempre está alejándose de amigos y seres queridos para combatir al último villano o para salvar a una familia de un infierno de violencia. Aunque le encanta columpiarse en su red y ayudar a los demás, Peter sabe que su doble vida es un gran obstáculo para su vida privada.

SPIDERMAN *en las*
redes del amor

Según dice Peter Parker, no ha tenido un solo día afortunado en toda su vida. Sin embargo, para alguien que se considera víctima de la mala suerte, tanto Peter como Spiderman han tenido una cantidad más que considerable de encuentros románticos. Con tantas mujeres compitiendo por su atención, cuesta no ver a Spiderman como uno de los superhéroes más suertudos del universo.

DEBRA WHITMAN
Debra Whitman deseaba que su relación con su compañero de universidad Peter Parker pasara a ser algo más que amistad, pero Peter nunca se dio cuenta de cuánto le amaba ella realmente. Aunque tuvieron varias citas, su romance nunca alcanzó el nivel de compromiso deseado por Debra, en parte debido a la agitada vida secreta de Peter como Spiderman.

Betty Brant
La primera novia estable de Peter entró en su vida cuando él aún era considerado como un tímido ratón de biblioteca por sus compañeros de clase. Obligada a dejar el instituto y entrar como secretaria en el *Daily Bugle* para sustentar a su familia, Betty entendía las preocupaciones de Peter y empatizaba con él. Se enamoraron, pero la doble identidad de Peter perjudicó su relación. Descontenta con los riesgos que él parecía asumir por su trabajo como fotógrafo, Betty empezó a salir con el reportero Ned Leeds.

MARCY KANE
Peter conoció a la universitaria Marcy mientras trabajaba como profesor auxiliar en la Universidad Empire State, y salió brevemente con ella. Lo que él no sabía entonces era que, en realidad, Marcy era una alienígena del planeta Contraxia, enviada a la Tierra para buscar un medio de salvar su sistema estelar.

LIZ ALLAN
Liz era una de las chicas más populares del Instituto Midtown. Se coló por Peter cuando el tímido y estudioso adolescente empezó a salir lentamente de su concha. Pero su flirteo se disipó en el terreno de la amistad, y más tarde ella se casó con Harry Osborn, amigo de Peter, con quien tuvo un hijo, Normie. Actualmente, Liz dirige la empresa Alchemax.

SEDA
Picada por la misma araña radiactiva que convirtió a Peter Parker en Spiderman, Seda no se encontró con él hasta años después de su transformación. Aunque aún no han salido, los dos sienten una incontrolable atracción mutua.

En el pasado prometida de Peter Parker, Mary Jane Watson siempre será «la que se marchó».

Mary Jane Watson
A Peter Parker le tocó la lotería cuando conoció a Mary Jane (MJ) Watson. La bella sobrina de Anna Watson, vecina y mejor amiga de la tía May, descubrió la doble identidad de Peter antes de su primera cita. A pesar de su fachada de chica fiestera, MJ era más compleja de lo que aparentaba, algo que el Peter adulto solo descubriría cuando, por fin, iniciaron su largo romance. MJ trabaja actualmente para Tony Stark, Iron Man.

LIAN TANG
Inventora brillante, Lian salió con Peter después de ayudarle a desarrollar su spidermóvil para Industrias Parker, aparte de otras maravillas tecnológicas. Su relación acabó cuando Peter descubrió que ella había estado trabajando para la organización criminal Zodíaco.

Gwen Stacy

Durante un tiempo, Gwen fue el amor de su vida para Peter Parker. Ambos iniciaron un romance de instituto que quedó cortado cuando Duende Verde arrojó a la joven desde lo alto del puente de Brooklyn. La muerte de Gwen afectó mucho a Peter, y le ha torturado en más de una noche de insomnio, reviviendo el horror en su cabeza. Aún se sorprende a veces soñando despierto con su vida juntos y lo que podría haber sido.

Peter estaba convencido de que habría pasado el resto de su vida con la chica de sus sueños, Gwen.

ANNA MARIA MARCONI
Durante el breve periodo en que Dr. Octopus controló el cuerpo de Peter Parker tras intercambiar su mente con la del héroe, salió con la brillante Anna Maria. Cuando Peter recuperó el control de su cuerpo, Anna y él optaron por separarse debido a lo extravagante de las circunstancias.

Gata Negra, amante intermitente de Spidey, comparte su sentido de la aventura.

Gata Negra

Ladrona escaladora por herencia, Felicia Hardy ha tenido una vida peligrosa, y su relación con Spiderman no ha sido una excepción. La afinidad que sintió por el héroe solitario no tardó en convertirse en obsesión. No solo se ponía el traje de Gata Negra para atraer la atención de Spiderman, sino que mantenía un santuario en su honor, e incluso se reformó por un tiempo para estar con él. Mantuvieron un romance intermitente durante años, sin que ninguno obtuviera lo que necesitaba del mismo. Felicia nunca ha entendido la necesidad de Spiderman de tener una vida civil.

Aunque ama a «la araña», Gata Negra no está tan interesada en «el hombre».

LILY HOLLISTER
Peter conoció a la mundana Lily a través de su novio, Harry Osborn. Con una doble vida como la villana Amenaza, Lily besó una vez a Peter para ocultar su identidad secreta, pero ese gesto causó pesar a Peter: se sintió fatal por besar a la novia de su mejor amigo.

MICHELE GONZALES
Peter Parker fue pillado con la guardia baja cuando Michele, hermana de su excompañero de habitación Vin Gonzales, se mudó a vivir con él y se convirtió en su compañera. Tuvieron un par de breves flirteos antes de comprender que no encajaban bien.

CAPITANA MARVEL
Al principio, a la compañera Vengadora de Spiderman Carol Danvers (Capitana Marvel) le molestó formar equipo con el trepamuros. En su papel anterior de Ms. Marvel, habían sido buenos amigos cuando Spiderman la ayudó en sus misiones. Salieron brevemente, pero el romance no llegó a nada.

SARAH RUSHMAN
Sarah, estudiante en la Universidad Empire State y camarera, conoció a Peter en una fiesta, y los dos decidieron salir. Pero su aventura terminó cuando Peter descubrió que ella era en realidad la violenta mutante conocida como Médula. Había sido programada mentalmente por la agencia gubernamental SHIELD para que asumiera esa identidad civil.

Carlie Cooper

Peter salió un tiempo con la forense Carlie Cooper del DPNY, ya que ambos compartían el amor por la ciencia y la justicia. Pero, cuando supo que Peter era en realidad Spiderman, ella rompió la relación, muy molesta por el hecho de que Peter le hubiera podido mentir. Más tarde fue transformada brevemente en Monstruo, lacaya de Duende Verde.

AMIGOS ASOMBROSOS

Nueva York es una ciudad abarrotada, y nadie lo sabe mejor que Spiderman. En el hogar de millones de personas, no sorprende que el lanzarredes haya conocido a docenas de héroes a lo largo de los años. En el transcurso de su carrera, Spidey se ha asociado con diversos superhéroes, e incluso ha hecho amistad con algunos que en el pasado consideró enemigos.

MARTA PLATEADA

Ella era una de las mercenarias más duras con las que se había cruzado Spiderman. Tras adoptar la profesión de cazarrecompensas de su padre y ejercerla a un nivel superior, Marta y sus empleados –la Banda Salvaje– usaban su pericia para abatir a cualquier criminal por un elevado precio. Normalmente aliada de Spidey (aunque no siempre), Marta pereció supuestamente a manos de Rino durante uno de sus choques con los Seis Siniestros.

MORBIUS

Cuando el Dr. Michael Morbius descubrió que una extraña enfermedad de la sangre lo estaba matando, intentó combatirla con terapia de electrochoques y ciertas sustancias que encontró en el cuerpo de los vampiros. Este radical tratamiento lo transformó en una especie de vampiro viviente, con fuerza aumentada y sediento de sangre. Tras enfrentarse varias veces con Spiderman, acabaron haciéndose aliados.

VENENO

Eugene «Flash» Thompson, el matón del instituto de Peter, ha admirado siempre a Spiderman. Fundador del club de fans de este, jamás vaciló en su apoyo al trepamuros. Así que, después de perder las piernas mientras servía a su país, Flash no dudó cuando el gobierno le ofreció la posibilidad no solo de recuperar la movilidad, sino, además, de poseer poderes gracias al traje simbionte alienígena viviente, como Agente Veneno, con que lo dotaron.

MADAME WEB

Cuando a Julia Carpenter le inyectaron un misterioso suero que le dio poderes arácnidos, fue conocida como Spiderwoman. Veterana luchadora contra el crimen y aliada de Spiderman, Julia también fue miembro de varios grupos de superhéroes, entre ellos los Vengadores, Fuerza de Choque y Omega Flight. Ha adoptado diversos alias, como Arachne, y recientemente se la ha empezado a conocer como Madame Web, tras desarrollar capacidades precognitivas.

ARAÑA ESCARLATA (BEN REILLY)

El clon de Peter Parker adoptó una identidad de luchador contra el crimen al entender que no podía escapar a la responsabilidad asociada a poseer los mismos poderes y recuerdos que el Peter Parker real. Apodado por la prensa Araña Escarlata, Ben luchó con valor junto a su «hermano», y lo sustituyó cuando Spiderman se retiró durante un breve tiempo. Se sacrificó noblemente por esta causa.

PUMA

Maestro de artes marciales con capacidades aumentadas de animal, Thomas Fireheart usa ahora sus habilidades y poderes como mercenario, tras conquistar el mundo de los negocios. Con un estricto código moral y la necesidad de reparar sus propias deudas, Puma ha luchado a veces junto a Spiderman. Aunque en el pasado se han cruzado como enemigos, Puma se ha ganado un gran respeto por parte del trepamuros.

SPIDERWOMAN

La Spiderwoman original, Jessica Drew, ha aparecido y desaparecido de la vida de Spiderman, aunque ella y el lanzarredes han pasado parte de sus carreras siguiendo sendas muy distintas. Agente de la poderosa organización gubernamental SHIELD y luego agente doble para la terrorista Hydra, Drew se unió también a los Vengadores, donde coincidió un tiempo con Spiderman.

TOXINA

Cuando el simbionte alienígena y asesino en serie Matanza engendró, su descendencia arraigó en el cuerpo de Patrick Mulligan, un policía de Nueva York. Mulligan era consciente de la influencia maligna, y consiguió controlar a la criatura. Incluso se creó una identidad heroica como luchador contra el crimen, Toxina: el primer simbionte al que Spiderman consideró aliado, hasta la prematura muerte de Mulligan.

SPIDERMAN (MILES MORALES)

Miles procede del Universo Ultimate, dimensión similar a la de Peter Parker, pero con algunas diferencias. En ese mundo, Miles era Spiderman, carrera que se llevó con él cuando su mundo fue borrado de la existencia durante las Guerras Secretas y fue adoptado en la Tierra de Peter.

ARAÑA ESCARLATA (KAINE PARKER)

Este clon de Spiderman ha pasado por muchos cambios con los años. Ha sido villano, peón de la Reina y el heroico vigilante Araña Escarlata. Elegido como «el Otro» durante el suceso interdimensional Spiderverso, Kaine sobrevivió para renacer una vez más.

SEDA

Siendo adolescente, a Seda le picó la misma araña radiactiva que a Peter Parker, y vivió gran parte de su vida oculta en un búnker secreto. Cuando salió, Seda luchó junto a Spiderman durante el suceso Spiderverso antes de comenzar su propia carrera. Al igual que Spiderman, puede adherirse a las paredes y posee sentido arácnido. Pero, a diferencia de él, Seda produce sus propias redes orgánicas desde las puntas de los dedos.

SPIDERGIRL

Aunque era reacia a adoptar el nombre de Spidergirl, Anya Corazón no dudó en enfundarse un traje y combatir el crimen. Receptora de los poderes de un culto místico arácnido, Anya comenzó su carrera como la heroína Araña poco después de obtener sus capacidades. Pero hasta después de la «Cacería Macabra» de héroes arácnidos por Kraven, en la que tuvo que luchar junto a Spiderman, Anya no aceptó por completo el papel y el traje de Spidergirl.

MERODEADOR

Hobie Brown, embarcado en una carrera criminal para probarse a sí mismo tras perder su trabajo de limpiaventanas, se puso el uniforme de Merodeador y pronto se cruzó con Spiderman. Luego, después de rechazar sus métodos ilegales, formó equipo con Marta Plateada y con otros villanos reformados. Se ha asociado con Spiderman y llegó a diseñar algunos artefactos nuevos para una de las misiones del trepamuros.

FUNDACIÓN FUTURO

Tras la aparente muerte de Antorcha Humana, uno de los fundadores de los 4 Fantásticos, pareció que los Cuatro dejarían de existir. Pero uno de los últimos deseos de Antorcha fue que Peter Parker ocupara su lugar en el grupo. Spiderman aceptó el papel, y entonces supo que el patriarca del equipo, Mr. Fantástico, había decidido renombrarlo como Fundación Futuro (FF). El renovado equipo se convirtió en mucho más que una agrupación de luchadores contra el crimen: se convirtieron en un colectivo de jóvenes dedicados a hacer del mundo un lugar mejor.

FICHA

PRIMERA APARICIÓN:
The Fantastic Four #579
(julio 2010)

FUNDADOR: Mr. Fantástico

UNIÓN DE SPIDERMAN: *FF* #1
(mayo 2011)

BASE: Edificio Baxter,
Nueva York

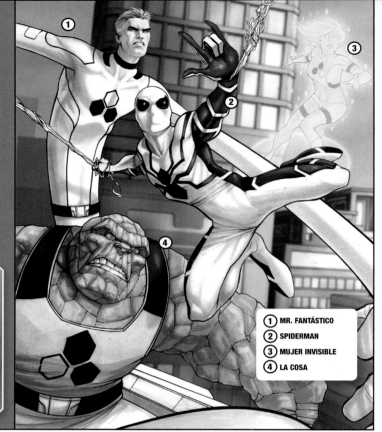

1. MR. FANTÁSTICO
2. SPIDERMAN
3. MUJER INVISIBLE
4. LA COSA

EN EQUIPO

Aunque ha sido un solitario durante gran parte de su carrera, Spiderman cree en el trabajo en equipo y ha servido en muchas formaciones de superhéroes, incluyendo una temporada en tres grupos a la vez: FF, Vengadores y Nuevos Vengadores.

1. MOTORISTA FANTASMA
2. HULK
3. SPIDERMAN
4. LOBEZNO

LOS NUEVOS 4 FANTÁSTICOS

Al principio de su carrera, el trepamuros ayudó a fundar una nueva, aunque efímera, formación de los 4 Fantásticos. Los miembros originales del grupo habían sido capturados por la metamorfa alienígena skrull De'Lila, que luego manipuló a Spiderman, Lobezno, Hulk y Motorista Fantasma para formar un nuevo grupo de superhéroes.

FICHA

PRIMERA APARICIÓN:
The Fantastic Four #347
(diciembre 1990)

MIEMBROS FUNDADORES:
Spiderman, Hulk, Motorista Fantasma, Lobezno

UNIÓN DE SPIDERMAN:
The Fantastic Four #347

BASE: Móvil

THOR

SPIDERMAN

OJO DE HALCÓN

36

FICHA

PRIMERA APARICIÓN: *The Avengers* #1 (septiembre 1963)

MIEMBROS FUNDADORES: Thor, Iron Man, Hulk, Hombre Hormiga, Avispa

UNIÓN DE SPIDERMAN: *The Avengers* (4.ª serie) #1 (julio 2010)

BASE: Torre Vengadores, Nueva York

IRON MAN

SPIDERWOMAN

LOBEZNO

CAPITÁN AMÉRICA

VENGADORES

Es la reunión de héroes más poderosa que ha conocido el planeta. Encontrar un hueco en el plantel de los Vengadores es el máximo logro en la carrera de un superhéroe. Spiderman fue nombrado Vengador de reserva hace años, pero no fue miembro pleno hasta mucho después. El trepamuros llegó a servir en dos ramas del equipo, junto a los emblemáticos Vengadores y con los Nuevos Vengadores. Ahora, Peter ha regresado a sus aventuras en solitario mientras el nuevo Spiderman, Miles Morales, se ha unido a un grupo diferente de Vengadores.

1. LA COSA
2. LUKE CAGE
3. MS. MARVEL
4. LOBEZNO
5. SPIDERMAN

NUEVOS VENGADORES

Originalmente, los Nuevos Vengadores se reunieron tras una fuga masiva de la Bóveda, prisión de máxima seguridad en Nueva York, y fueron la primera formación de Vengadores a la que Spiderman se unió de forma plena. El grupo se enfrentó a organizaciones secretas y amenazas alienígenas y mutantes. No obstante, nada desgarró tanto al grupo como la Guerra Civil superhumana, que dividió a los Nuevos Vengadores en dos facciones: los Poderosos Vengadores, avalados por el gobierno, y los clandestinos Vengadores Secretos. Spiderman se unió a la facción clandestina, y siguió con el grupo tras su renacimiento bajo el liderazgo de Luke Cage.

FICHA

PRIMERA APARICIÓN: *New Avengers* #1 (enero 2005)

MIEMBROS FUNDADORES: Capitán América, Iron Man, Luke Cage, Spiderwoman, Spiderman

UNIÓN DE SPIDERMAN: *New Avengers* #3 (marzo 2005)

BASE: Mansión Vengadores, Nueva York

SPIDEY Y ASOCIADOS

Aunque pasaron años hasta que Spiderman fue reclutado por un grupo de superhéroes, él se ha asociado con otros héroes casi desde el principio de su carrera. Desde el gruñón Lobezno hasta la acogedora Estrella de Fuego, Spidey ha logrado ganarse la confianza y el respeto de todos ellos.

Spiderman creció leyendo sobre el Capitán América, así que asociarse con él fue un poco surrealista.

CAPITÁN AMÉRICA

La primera vez que formaron equipo, Spiderman se sintió intimidado por el Capitán América, todo un símbolo en el mundo de los superhéroes. Pese a la irregular reputación con que la policía y la prensa invistió a Spiderman, el Capi le concedió el beneficio de la duda cuando combatieron a los Estudiosos Rebeldes, grupo de científicos viajeros temporales; y de allí surgió su respeto mutuo.

LOBEZNO

Sobre el papel se diría que Lobezno y Spiderman hacen una insólita pareja. Uno es un rebelde por naturaleza, y se ha opuesto al sistema durante más de un siglo: un mutante errante de mentalidad guerrera. El otro es un ratón de biblioteca cuyo complejo de culpa le obliga a hacer lo correcto incluso poniendo en riesgo su propia seguridad. Pero, a pesar de sus diferencias, ambos se han visto asociados muchas veces. Desde en combates en selvas frente a las costas de Japón hasta en peleas de bar en Manhattan, ambos forman un gran equipo; lo que hasta el mismo Lobezno debe admitir…, cuando Spiderman no anda cerca, claro.

ESTRELLA DE FUEGO Y HOMBRE DE HIELO

Estrella de Fuego, antigua miembro del grupo de superhéroes apodado Nuevos Guerreros, se ha asociado con Spiderman en varias ocasiones, y la más notable fue cuando lo ayudó a poner fin a la masacre orquestada por el supervillano Matanza. Spidey y el Hombre de Hielo también se han unido alguna vez, tanto con la Patrulla-X como sin ellos. Pero los tres comprobaron que funcionaban mejor como trío, superando amenazas tales como Videoman. Su asociación incluso condujo a un romance entre Estrella y Hombre de Hielo, pero fue bastante efímero debido a las conflictivas personalidades de ambos mutantes.

ANTORCHA HUMANA

Al principio, Spiderman y Johnny Storm no se caían muy bien. Spidey pensaba que el joven fanfarrón de los 4 Fantásticos era muy arrogante. Pero, con los años, y con docenas de colaboraciones en su haber, ambos descubrieron que en realidad eran como hermanos. Hasta tal punto que, cuando Antorcha Humana pareció haber muerto, su última voluntad fue que Spiderman ocupara su lugar en los 4 Fantásticos.

DAREDEVIL

El abogado ciego Matt Murdock, también llamado Daredevil, se asoció con Spiderman cuando ambos buscaban al villano Jefe de Pista y su Circo del Crimen. Con enemigos comunes como el infame Kingpin, ambos vigilantes se encontraron unidos en combate a menudo, y llegaron a hacerse verdaderos amigos. En una ocasión, incluso dieron fin a la sociedad de dos de sus mayores villanos respectivos: el Buitre y el Búho.

CAPA Y PUÑAL

Al ser secuestrados y sometidos a un droga experimental, dos adolescentes fugitivos manifestaron extraños poderes. Ahora jóvenes superhéroes, Capa absorbe a los criminales en una oscuridad que los abruma, y Puñal los abate con cuchillos de luz. La pareja conoció a Spidey al principio de su carrera, y se ha asociado con él en muchas ocasiones. Desde ayudar a Puñal con sus problemas familiares hasta formar equipo para derrotar al supervillano Matanza, Spiderman y Capa y Puñal siguen trabajando juntos, y van dándose cuenta poco a poco de que eso podría no estar tan mal.

PRINCIPALES ENEMIGOS

Para ser un tipo que solo intenta pagar las facturas y llevar una vida modesta, Peter Parker ha acumulado uno de los mayores grupos de enemigos de cualquier superhéroe. Aunque Spiderman siempre esté intentando hacer lo correcto, los criminales con los que se enfrenta no parecen valorar sus actos, sino que tienden a guardarle bastante rencor al trepamuros.

DUENDE VERDE

Probablemente no hay ningún enemigo de Spiderman que le haya golpeado de forma tan íntima como Norman Osborn, el Duende Verde original, ya que fue el autor de la muerte de Gwen Stacy, la novia de Peter Parker. Además, también corrompió la mente de su propio hijo, Harry, mediante maltratos verbales, para convertirlo en su sucesor como Duende. Demente declarado, pero con una cuenta bancaria aparentemente inagotable y una horda de seguidores, Duende Verde es uno de los hombres más poderosos y peligrosos del planeta. Por desgracia para Parker, la intención de Norman Osborn es destruir a su archienemigo trepamuros, Spiderman.

HOMBRE DE ARENA

Es uno de los enemigos más poderosos de Spidey, aunque no es tan corrupto como muchos de los otros granujas con los que ha peleado el cabeza de red. Ha intentado reformarse, e incluso una vez fue miembro de reserva de los Vengadores. Sin embargo y a pesar de sus intentos de cambiar, siempre acaba cayendo de nuevo en la vida criminal.

BUITRE

Antiguo ingeniero de brillante cerebro, Adrian Toomes se dedicó al crimen tras crear un traje volador que le otorgaba una fuerza superior a la de cualquier hombre común de su edad. Al igual que Buitre, Toomes es corrupto y nada de fiar, y se sabe que ha traicionado a otros villanos lo bastante ingenuos como para aliarse con él. Las actividades de este curtido pajarraco son un cuento con moraleja para el igualmente dotado Peter Parker.

DOCTOR OCTOPUS

Aunque podría ser discutible, es probable que Dr. Octopus (Doc Ock) sea el mayor enemigo al que Spidey se haya enfrentado nunca. Con una mente científica que rivaliza con la de Parker, Doc Ock ha desafiado al lanzarredes a lo largo de toda su carrera. Desde casi casarse con la tía May hasta crearse otra identidad criminal como el «Planeador Maestro» o tratar de adueñarse de todos los elementos electrónicos de Manhattan, Doc Ock siempre está maquinando su próximo plan. La excitación del juego le motiva tanto como la idea de una victoria final sobre Spidey. Incluso llegó a salvarle la vida para asegurarse de que viviera para enfrentarse a él otro día más. Aunque el cuerpo de Doc Ock murió recientemente, ha renacido gracias a la tecnología avanzada de Chacal.

ELECTRO

Maxwell Dillon, Electro, ha sido operario de mantenimiento de tendido eléctrico, ladrón superpoderoso, peón en un juego mayor, voz de un movimiento político y rayo viviente capaz de solidificarse en forma humana. Pero, fuera lo que fuese, siempre se ha opuesto a lo que simboliza Spidey. Fue curado de sus capacidades gracias a Parker, y luego asesinado cuando una mujer tomó sus poderes y se convirtió en la nueva Electro.

KRAVEN

Paciente cazador que acecha a su presa como los felinos, Kraven combatía a Spiderman para demostrar que era el mejor cazador del mundo. Batido muchas veces por Spidey, se mató de un disparo durante su «última caza». Desde entonces ha reaparecido por medios místicos y permanece en las sombras, preparándose para abatir a su viejo enemigo.

VENENO

El nombre y el legado de Veneno surgieron con Eddie Brock. Inmoral desde la niñez, Eddie se convirtió en un periodista vago y poco fiable. Ponía su deseo de fortuna y fama por encima de su integridad profesional, y su fracaso a la hora de lograr investigaciones decentes condujo al declive de su carrera. Tras culpar de ello a Spiderman por demostrar la inexactitud de sus artículos, el odio de Brock atrajo el antiguo traje simbionte de Spidey, y de su fusión con él nació el primer Veneno. El simbionte se uniría después a otros individuos, incluido el antiguo acosador de instituto de Spidey, Flash Thompson, que se convirtió en una encarnación heroica de Veneno mientras intentaba controlar su furia primordial.

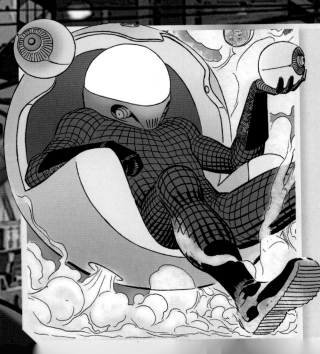

MYSTERIO

Otro de los enemigos de Spiderman encarnado por más de un criminal es Mysterio, el más enigmático de ellos con diferencia. Posee un vasto conocimiento de la «magia del cine» y los efectos especiales para crear un personaje misterioso pertrechado con armas extravagantes, pero es poco lo que se sabe con certeza de Mysterio. Oculto tras humo y espejos con el fin de urdir trampas para su presa, ha dado caza a Spiderman muchas veces, obsesionado con la venganza por las numerosas ocasiones en que Spidey ha frustrado sus planes.

CAMALEÓN

Es un experto en espionaje, un genio criminal y uno de los primeros villanos a los que se enfrentó Spiderman. Usa máscaras realistas o proyecciones holográficas, y es capaz de cambiar de aspecto en un abrir y cerrar de ojos. Puede convertirse en cualquiera, y en cualquier momento, para conseguir sus objetivos. Con solo estudiar a su sujeto durante unos minutos, puede dominar los gestos, la voz y los aspectos más sutiles de su víctima hasta tal punto que es capaz de engañar incluso a las personas más allegadas.

MATANZA

Impenitente asesino en serie cuando se fundió con un fragmento del traje simbionte Veneno, Cletus Kasady se convirtió en un monstruo como el supervillano Matanza. Desequilibrado mentalmente y con sed de sangre, ha desencadenado varias campañas contra ciudadanos inocentes de Nueva York. Es tan poderoso que Spidey apenas fue capaz de detenerlo. Ni siquiera el hecho de ser desgarrado en dos por el Vengador Vigía lo mantuvo a raya, y ha seguido apareciendo en la vida de Spiderman para iniciar nuevas campañas de terror.

DUENDE

Aunque el papel de Duende ha sido adoptado por varios individuos, el primero en ponerse este disfraz fue Roderick Kingsley. Si bien gran parte de su equipamiento fue hurtado al Duende Verde original, Norman Osborn, Kingsley era mucho más que una imitación barata. En la vida de Spiderman representaba la amenaza muy real de un duende cuerdo, frío y calculador. Casi resultó muerto a manos del Duende Phil Urich, pero recuperó su posición.

DUENDE VERDE II

Harry Osborn siguió las huellas de destrucción de su padre al adoptar el papel de Duende Verde. Uno de los casos más trágicos en la carrera de Spiderman, Harry es posiblemente el mejor amigo de Peter, a la vez que uno de los mayores enemigos de Spidey. Luchando contra su antigua drogadicción y necesitado de controlar la locura que le provocó el Duende, Harry está continuamente intentando reconstruir su vida y ser para sus hijos el padre que Norman Osborn nunca fue para él.

LAGARTO

El Dr. Curt Connors solo buscaba hacer crecer de nuevo su brazo perdido y ayudar a otras personas en situación similar. Por desgracia, sus experimentos le convirtieron en lagarto, una criatura más animal que humana. En lugar de mejorar su vida y la del mundo, la transformación condujo a la muerte de su hijo, así como a la de su propia humanidad y a muchas batallas con Spiderman.

KINGPIN

Wilson Fisk es el conocido Kingpin, quien ha tenido que ver con la corrupción en Nueva York durante años. Enemigo de Spidey y del vigilante Daredevil, Kingpin dirige un negocio bien organizado y se ha ganado el respeto hasta de los criminales más curtidos. Pese a que su reinado criminal ha sido interrumpido ocasionalmente por otros aspirantes a amos del crimen y por quienes buscaban llevarlo ante la justicia, Fisk siempre reaparece en la cima.

Luchador brillante pese a su envergadura, no teme tratar personalmente los problemas cuando es necesario. Pero es lo bastante listo como para pagar a asesinos y otros lacayos para que le hagan el trabajo sucio, asegurando su posición en lo más alto.

TOXINA (EDDIE BROCK)

Como el vigilante Veneno, Eddie Brock era uno de los mayores enemigos de Spidey. Pero después de perder su traje simbionte y encontrarse con el villano Sr. Negativo, Eddie obtuvo de manera misteriosa las capacidades curativas de Anti-Veneno. Tras perder esos poderes durante el suceso Spider-Island, Eddie se fundió con Toxina, regresando con frecuencia a su senda de villanía.

HYDROMAN

Spiderman se ganó otro enemigo de por vida cuando noqueó por accidente a Morris Bench en un carguero, lanzándolo al mar justo cuando se probaba en el agua un generador experimental. Transformado en un ser capaz de convertir su cuerpo en un líquido acuoso, Hydroman se embarcó en una carrera criminal, e incluso se unió al grupo de supervillanos anti-Spidey llamado Sindicato Siniestro.

ESCORPIÓN

El detective privado Mac Gargan obtuvo más de lo que esperaba cuando permitió que J. Jonah Jameson lo utilizara como conejillo de Indias en su campaña contra Spiderman. Transformado en el monstruoso Escorpión por el científico Farley Stillweel, Mac utilizó sus nuevos poderes para atacar a Spidey. Aunque odiaba al cabeza de red, desarrolló una animosidad similar por Jameson cuando el editor intentó distanciarse de sus hazañas criminales. Con un breve intervalo debido a su ocupación como Veneno, Gargan ha continuado su corrupta carrera de Escorpión hasta hoy.

CHACAL

Aparentemente, Miles Warren era solo un profesor más de la Universidad Empire State. Genio encerrado en sí mismo, obsesionado con su antigua alumna Gwen Stacy, Warren acabó adoptando la identidad de Chacal, y diseñó un revolucionario proceso de clonación. Chacal culpó de la muerte de Gwen a Peter Parker, al cual clonó varias veces; e incluso convenció a Peter de que no era la del Spiderman original, sino solo una copia genética. Su plan era poblar la Tierra con sus clones, al mismo tiempo que jugaba con la vida de Peter para vengar la muerte de Gwen.

RINO

Al igual que el animal del que toma su nombre, es casi imposible frenar a Rino cuando embiste, pero Spiderman ha hecho lo posible por intentarlo. Atrapado en un traje permanente, que le da la superfuerza, y en una piel casi indestructible, Rino ha intentado negar su naturaleza criminal. Aunque se ofreció voluntario para el experimento que le otorgó su extraño aspecto, Rino ha buscado deshacerse del traje por medios quirúrgicos para recuperar una vida. Recientemente intentó retirarse de la senda del crimen, pero su corazón está en el lugar equivocado, y su naturaleza corrupta aflora al enfrentarse con la tragedia o con el simple deseo. Rino es un criminal de por vida, aunque él no haya aceptado del todo ese hecho.

CONMOCIONADOR

El ladrón convicto Herman Schultz subió su apuesta al inventar un traje de proyección sónica con las herramientas disponibles en el taller de la cárcel. Tras fugarse de la prisión usando sus ondas sónicas, Herman creó el personaje criminal del Conmocionador, y desde entonces ha sido llevado repetidamente ante la justicia por Spiderman.

GATA NEGRA

Felicia Hardy adoptó la identidad de la ladrona Gata Negra influida por la carrera de su padre, ladrón de pisos. Después de que sus aventuras la llevaran a algunos choques con el trepamuros, Felicia cambió de intenciones: empleó sus poderes de «mala suerte» para ayudar a Spiderman, y llegó incluso a ser su novia. Pero, tras un brutal encuentro con Spiderman Superior, Felicia inició una feroz *vendetta* contra el lanzarredes. Además, observó que sus poderes parecían más potentes cuando daba rienda suelta a su vena más despiadada, y decidió tomar el control total de su propio destino.

OTROS ENEMIGOS

Con años de lucha contra el crimen a sus espaldas, Spiderman ha acumulado una amplia galería de enemigos. Sus choques con estos delincuentes se han convertido en parte de su vida diaria hasta tal punto que le costaría trabajo hacer una lista de todos los villanos que han intentado acabar alguna vez con su carrera.

BUMERANG

El australiano Fred Myers se trasladó a EE UU para ser jugador profesional de béisbol. Después de ser expulsado por aceptar supuestamente sobornos, se dedicó al crimen con la ayuda de la banda clandestina Imperio Secreto, que lo equipó con unos bumeranes modificados; y de ahí el alias que adoptó. Convertido más tarde en asesino a sueldo, Myers se enfrentó a menudo con Spiderman, y se unió a otros villanos para formar el Sindicato Siniestro.

DUENDE GRIS

Hijo ilegítimo de Norman Osborn y Gwen Stacy, Gabriel Stacy sufrió un envejecimiento acelerado por el último proyecto de Norman. Con su fórmula duende corriendo por las venas, Gabriel se convirtió en Duende Gris, y atacó a menudo a Spiderman. Más tarde adoptó el papel de Hijo de América en un intento de complacer a su padre ausente.

HOMBRE ÍGNEO

Mark Raxton era el hermanastro de Liz Allan, vieja amiga de Peter. Se convirtió en el dorado Hombre Ígneo tras un accidente en el que quedó cubierto de un metal líquido derivado de un meteoro y desarrollado por Spencer Smythe. Con una piel dura y exenta de fricción, y la capacidad de aumentar su temperatura externa hasta los 260 °C, Raxton se convirtió en un enemigo formidable para Spidey cuando se dedicó al crimen.

ESCARABAJO

Abner Jenkins empezó su carrera criminal como Escarabajo, un enemigo de Antorcha Humana. Utilizando una armadura voladora de alta tecnología, su aspecto era torpe, pero era una fuerza a tener en cuenta. Su vida criminal le llevó a tropezar con Spiderman, un enemigo con el que combatiría muchas veces como miembro del Sindicato Siniestro. Finalmente, Jenkins se reformó y se convirtió en héroe con el alias Mach-V. El manto de Escarabajo fue tomado por una mujer, la cual llegó a unirse a una de las formaciones de los Seis Siniestros.

JACK O'LANTERN

Jason Macendale debutó como el villano Jack O'Lantern antes de actualizar su identidad como nuevo Duende. Con sus letales dispositivos volantes, Jack O'Lantern fue una presencia amenazadora en la vida de Spidey, presencia ocupada por varios criminales distintos desde que Macendale abandonó el papel.

FORZADORES

Trío de musculosos a sueldo, disponibles por el precio adecuado, los Forzadores han tenido diversos empleadores a lo largo de los años. Pero fue al ser contratados por el criminal conocido como Gran Hombre cuando se encontraron con Spiderman. El grupo –compuesto por el forzudo Buey, el maestro del lazo Montana y el experto en artes marciales y líder del grupo Fancy Dan– a menudo hacía honor a su nombre.

ENJAMBRE

Uno de los enemigos más raros de Spidey es el esqueleto viviente del científico nazi Fritz von Meyer. Por si eso no fuera lo bastante extraño, el esqueleto de Enjambre está cubierto de un hervidero de abejas que responden a sus mandatos y son parte de su mismo ser. Originalmente enemigo del efímero grupo de superhéroes Campeones, un choque con Spiderman llevó a Enjambre a elegir al trepamuros como archienemigo.

SPIDERCIDA

Uno de los clones de Peter Parker obra del Chacal, Spidercida fue corrupto desde su origen. Tras ser liberado de una cámara de clonación sin recuerdos de quién o qué era, el clon vagó por las calles de Nueva York hasta «recordar» que era Peter Parker. Con un sentido obsesivo de su derecho y control total sobre su estructura molecular, Spidercida estaba dispuesto a matar a todo aquel que pudiera impedirle ocupar su «legítimo» lugar como Parker.

EL LADRÓN

Fue el primer auténtico villano en la vida de Peter Parker. El hombre conocido solo como «el ladrón» se encontró con Spiderman mientras robaba en un estudio de televisión durante la efímera carrera televisiva de Spidey. En ese momento, Peter no tuvo ganas de detener al evidente ladrón: estaba más preocupado por su propia vida, y consideró que aquel robo no era problema suyo. Sin embargo, Spidey lamentaría su inacción cuando ese mismo ladrón robó en casa de los Parker y disparó y mató al tío Ben. Aunque finalmente lo llevó ante la justicia, Spiderman nunca se perdonaría a sí mismo por los actos del criminal.

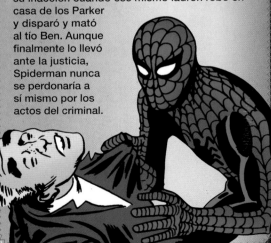

MANCHA

Jonathan Ohnn era un científico empleado por Kingpin, un secuaz que intentaba recrear los poderes del superhéroe conocido como Capa. Finalmente, y después de conseguir crear unos portales hacia otra dimensión similares a discos negros, Ohnn adoptó el nombre de Mancha cuando sus experimentos hicieron que su piel se cubriera de puntos negros.

SR. Y SRA. PARKER FALSOS

Los padres de Peter Parker llevaron una vida fantástica como espías de la CIA antes de ser asesinados en un sabotaje aéreo. Peter era un niño cuando sus padres murieron, por lo que no tenía muchos recuerdos de ellos; así, cuando reaparecieron súbitamente en su vida, Peter no podía creer lo que veían sus ojos. Afirmaron haber sido retenidos como presos políticos durante todos esos años, pero al final resultaron ser androides realistas creados por el villano Camaleón.

CHAPUCERO

Uno de los primeros enemigos de Spiderman, Phineas Mason, alias Chapuchero, es el equivalente moderno de un científico loco. Aunque quizá no posea el más amedrentador de los alias, Chapucero es un gran inventor que no solo ha cometido crímenes: además, desarrolla tecnología para los enemigos de Spiderman.

ESCURRIDIZO

El exingeniero químico Jalome Beacher fue despedido de su trabajo después de inventar un recubrimiento antifricción con el que pensó que revolucionaría la industria de las sartenes. Sin trabajo, se dedicó a delinquir, y usó su invento para deslizarse sobre las superficies con facilidad y repeler las redes de Spiderman. Hace poco, su carrera pareció terminar cuando recibió un disparo aparentemente mortal del criminal Hampa.

TARÁNTULA

Armado con sus aguijones venenosos, Antón Miguel Rodríguez, alias Tarántula, exportó su estilo de terrorismo sudamericano a Nueva York. Cuando su carrera de supervillano fue interrumpida por Spiderman, se dedicó a la venganza. Después de mutar en una enorme tarántula, Antón fue tiroteado y muerto por la policía. Pero recientemente ha sido resucitado (como clon) por Chacal, junto a un puñado de enemigos del trepamuros ya muertos.

DEMONIO VELOZ

James Sanders ha tenido una vida asombrosa. Elegido por el jugador galáctico Gran Maestro para ser uno de sus peones en una competición de poder, Sanders obtuvo supervelocidad y adoptó inicialmente la identidad de Zumbador. Tras luchar contra los Vengadores y, luego, frente al grupo de superhéroes llamados Defensores, Sanders cambió su alias por el de Demonio Veloz para evitar ser confundido con el superhéroe de la Segunda Guerra Mundial. Después sería enemigo recurrente de Spiderman, y se unió al infame Sindicato Siniestro.

LÁPIDA

Endurecido por su niñez como único residente albino de Harlem, Lonnie Lincoln se convirtió en el susurrador gánster Lápida. Fue una presencia recurrente en la vida de Spiderman y estuvo a punto de arruinar la carrera del puntal del *Daily Bugle* Joe Robertson.

CABELLO DE PLATA

Señor del crimen de Maggia obsesionado con la inmortalidad, Silvio Manfredi era apodado Cabello de Plata por su pelo, prematuramente blanco. Pasada su mejor época, usó un cuerpo de cíborg para mantener la movilidad y aumentar su fuerza. Odia a Spidey porque intenta frenar su meta.

LANZALLAMAS

Steven Hudak, alias Lanzallamas, uno de los primeros agentes de Osborn, es un pirómano a sueldo que quiere vengarse de Spidey por el tiempo pasado en prisión. Con su traje con lanzallamas integrados, comete crímenes mientras permanece en un seguro aislamiento.

CABEZA DE MARTILLO

Cuando un pistolero de Maggia fue atacado bajo un cartel del filme *The Al Capone Mob*, el desprestigiado cirujano Jonah Harrow le salvó la vida. Con un cráneo reparado hecho con acero, adoptó el nombre de Cabeza de Martillo, y su aspecto de gánster de los años veinte le fue inspirado por aquel cartel de cine. Ahora no dejará que nadie, ni siquiera Spidey, se interponga en su camino.

MATA-ARAÑAS

Spencer Smythe inventó el primer Mata-Arañas, un dispositivo ideado para destruir a Spiderman. Tras la muerte de Spencer, su hijo Alistair, mentalmente inestable, tomó su legado. Aunque su carrera tuvo un arranque incierto, más tarde Alistair superaría la tecnología empleada por su padre. Lanzó varias campañas infructuosas contra Spidey, llegando a modificar su cuerpo hasta convertirse en el cíborg Mata-Arañas Definitivo. Aparentemente, Alistair murió en un combate contra Spiderman Superior, pero más adelante renació como clon gracias a Chacal.

CARROÑA

Originalmente un proyecto fallido de clon de Chacal, Carroña buscó venganza por la supuesta muerte de su amo y atacó a Spidey. Armado con un toque letal y la capacidad de hacer inmaterial su cuerpo, Carroña podía hacerse más ligero que el aire, lo que le confería una cualidad fantasmal que supuso todo un reto para el lanzarredes.

SAQUEADOR

La experimentación con un meteorito hizo que el aspirante a científico Norton G. Fester obtuviera superfuerza. Dedicado de inmediato al crimen, Fester se diseñó un traje morado y blanco, y se convirtió en el Saqueador. Poco dispuesto a dejar la vía criminal, sus enfrentamientos con Peter Parker y con Ben Reilly han acabado siempre en derrotas.

GRIZZLY

Maxwell Markham era luchador profesional hasta que el *Daily Bugle* arruinó su carrera. Tras alimentar su rabia durante once años, las circunstancias llevaron a Markham a conocer al supervillano Chacal, que entregó al resentido luchador un exoesqueleto con aspecto de oso y puso a Markham en camino de convertirse en el criminal conocido como Grizzly, un feroz enemigo de Spidey.

DEMODUENDE

Jason Macendale hizo un trato con las fuerzas oscuras y se convirtió en el amenazante Duende. Luego, cuando la mitad demoniaca de su personalidad se dividió, esta se convirtió en Demoduende, obsesionado con matar a los que percibía como «pecadores»… Spidey incluido.

DRAGÓN BLANCO

El intento de Dragón Blanco de convertirse en señor del hampa de Chinatown acabó cuando atrajo la atención de Spiderman. A pesar de usar sus habilidades en artes marciales y de emplear artefactos como garras de acero y una máscara lanzallamas, Dragón Blanco siempre ha fracasado en sus asaltos al poder, y finalmente acabó convertido en un títere del Sr. Negativo.

CRONOLOGÍA

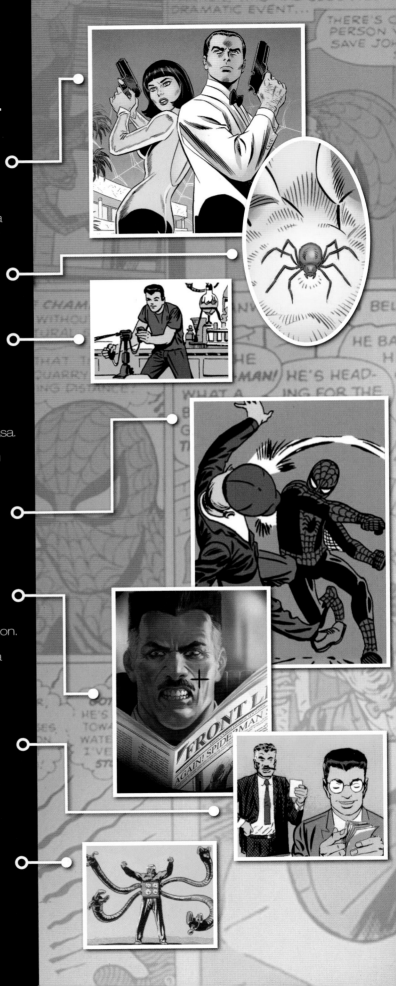

- Nacimiento de Peter Parker, hijo de Richard y Mary Parker.

- Los Parker mueren en un accidente de avión y se descubre que eran espías de la CIA. Los tíos de Peter, May y Ben, crían al niño como si fuera su hijo.

- Peter asiste al Instituto Midtown, en Queens (Nueva York), y destaca en sus estudios, sobre todo en ciencias. Le va mucho peor con sus compañeros, entre ellos Liz Allan y el matón Flash Thompson.

- En una exposición científica sobre radiación, a Peter le pica una araña radiactiva. Observa que ha adquirido la fuerza proporcional y las habilidades de una araña. A la adolescente Cindy Moon le pica la misma araña, y obtiene poderes arácnidos similares.

- Experimentando con su juego de química casero, Peter crea su fluido arácnido característico y sus lanzatelarañas. También se cuela en el instituto para crear su primer traje de Spiderman.

- Spiderman aparece en un programa de televisión. Al acabar este, deja que un ladrón a la fuga pase a su lado sin intentar detenerlo.

- Ben, el tío de Peter, es asesinado durante un robo frustrado en su casa.

- Peter se pone el traje de Spiderman sin saber que la sobrina de su vecina, Mary Jane Watson, es testigo en secreto de su asombrosa transformación.

- Spidey localiza al asesino en un almacén abandonado y descubre que el criminal es el mismo ladrón al que dejó escapar del estudio de televisión. Entonces jura utilizar sus poderes para ayudar a otros, habiendo aprendido que un gran poder conlleva una gran responsabilidad.

- J. Jonah Jameson, editor del *Daily Bugle*, comienza su cruzada pública contra Spiderman.

- Spidey salva la vida del hijo de J. Jonah, el astronauta John Jameson.

- Spiderman solicita entrar en los 4 Fantásticos, pero lo reconsidera al descubrir que no les pagan por sus hazañas.

- Spiderman pelea por primera vez contra Camaleón y lo derrota.

- El Buitre y Spiderman tienen su primer encuentro aéreo.

- Peter Parker vende su primera foto a J. Jonah Jameson en un intento de ayudar a la tía May con sus problemas económicos.

- Spiderman combate al Chapucero por primera vez, y, sin saberlo, conoce a Mysterio, disfrazado de alienígena.

- Spidey diseña su spiderseñal proyectada desde el cinturón como apoyo para infundir miedo en el corazón de los criminales.

- Otto Octavius se convierte en Dr. Octopus, y tiene su primer choque con Spiderman.

- Debut del Hombre de Arena, que es derrotado por Spiderman.

- Spiderman se enfrenta al enemigo más famoso de los 4 Fantásticos, Dr. Muerte.

- En un viaje a Florida por un encargo del *Daily Bugle*, Spiderman lucha con el Lagarto por primera vez y lo derrota.

- Spiderman se encuentra con Lanzallamas, sin saber que el villano es financiado por Norman Osborn.

- Spiderman conoce al capitán George Stacy e intenta entrar en la policía.

- Spidey ayuda al incomprendido Batwing tras su primer encuentro.

- Peter Parker y Betty Brant empiezan a salir tras el regreso del Buitre para atacar el *Daily Bugle*.

- Electro y Spiderman chocan por primera vez; Spiderman sale victorioso.

- Spidey se enfrenta a los Forzadores y a su líder, Gran Hombre.

- Spiderman se cruza con Ajusticiador, otro criminal empleado por Norman Osborn.

- Peter Parker desarrolla su primera spider-rastreadora.

- Mysterio pelea con Spiderman; el villano ya lleva su atuendo de referencia.

- Spiderman combate al Duende Verde por primera vez, pero el villano huye después de enredar a Spidey en una pelea con Hulk.

- Camaleón pone a Kraven el Cazador sobre la pista de Spiderman, impulsando la nueva obsesión de Kraven.

- Doc Ock se une a Electro, Mysterio, Buitre, Hombre de Arena y Kraven para completar la primera formación de los Seis Siniestros.

- Spiderman y Daredevil forman equipo por primera vez para abatir al Jefe de Pista y su Circo del Crimen.

- La relación de Betty Brant con Peter empieza a malograrse cuando ella conoce a Ned Leeds y sale con él.

- J. Jonah Jameson financia al nuevo enemigo de Spidey, Escorpión.

- Antorcha Humana y Spiderman se asocian para combatir a Escarabajo, un nuevo miembro de la galería de enemigos de Spidey.

- Spencer Smythe presenta su primer Mata-Arañas a J. Jonah Jameson.

- Spiderman se bate por primera vez con Amo del Crimen.

- Spiderman asiste al nacimiento del Hombre Ígneo, y luego se ve obligado a luchar con él.

- Peter se gradúa en el instituto y descubre que Liz Allan le quiere.

- Peter se matricula en la Universidad Empire State, junto con el antiguo matón Flash Thompson. Allí conocen a los compañeros Harry Osborn y Gwen Stacy, así como al profesor Miles Warren.

- Debut de Saqueador, que reta a Spiderman.

- Spiderman se enfrenta a la amenaza robótica del antiguo socio de negocios de Norman Osborn, Mendel Stromm.

- Duende Verde descubre la doble identidad de Peter, y él mismo se desvela como Norman Osborn. Pero una descarga eléctrica le provoca amnesia selectiva, y olvida la doble vida de ambos durante un tiempo.

- Rino carga contra Spiderman en su primer encuentro.

- Tras pasar semanas dando evasivas, Peter deja que la tía May lo enrede para conocer a la sobrina de su amiga. Peter se queda sin habla cuando conoce a Mary Jane Watson, que le gusta al instante.

- Los Vengadores intentan reclutar a Spiderman, pero un malentendido hace que siga actuando en solitario.

- Conmocionador clava la vista por primera vez en Spidey, al igual que un nuevo Buitre, Blackie Drago.

- Kingpin hace una jugada para controlar el crimen de Nueva York.

- Spiderman se retira brevemente, hasta que recuerda el motivo que impulsa su cometido: el asesinato de su tío Ben.

- Peter Parker conoce a Joe «Robbie» Robertson, la voz de la razón en el *Daily Bugle*.

- Peter y Gwen Stacy empiezan a salir más seriamente.

- Peter conoce al activista político Randy, hijo de Joe Robertson.

- Cabello de Plata se cruza con Spiderman y con Lagarto por primera vez en su cruzada para recuperar la juventud.

- Merodeador empieza a atormentar las noches de Nueva York, y se enfrenta con Spiderman.

- El villano Canguro irrumpe en la vida de Spiderman.

- El capitán George Stacy (padre de Gwen) muere durante la lucha de Spiderman con Doc Ock. Toman a Spidey por el asesino.

- Gwen Stacy viaja a Europa para recuperarse de su pérdida y tiene una aventura con Norman Osborn, de la que nacerán sus gemelos ilegítimos: un niño y una niña.

- Norman Osborn vuelve a adoptar el papel de Duende Verde.

- Peter descubre que la drogadicción de Harry Osborn se debe en parte al fracaso de su relación con Mary Jane Watson.

- Durante un tiempo, a Spiderman le crecen dos pares de brazos extra, dándole por completo el aspecto de su apodo. Se enfrenta por primera vez con Morbius antes de ser curado de su estado con la ayuda del Dr. Curt Connors.

- El villano Gibón se columpia en el camino de Spiderman, así como el aspirante a mafioso Cabeza de Martillo.

- Duende Verde arroja a Gwen Stacy, recién regresada de Londres, desde lo alto del puente George Washington. Gwen no sobrevive a la caída.

- En un violento combate con Spiderman, Duende Verde se empala accidentalmente con su deslizador, incidente presenciado por Harry Osborn. Norman es dado por muerto.

- Peter busca a Mary Jane Watson como consuelo y descubre otra cara de la conocida como «fiestera».

- John Jameson se convierte en el licántropo Hombre Lobo, para gran pesar de Spidey.

- Clifton Shallot, el tercer Buitre, adopta ese infame papel.

- El profesor Miles Warren aparece como Chacal y contrata al Castigador para que pegue sus primeros tiros en la vida de Spidey.

- Spiderman estrena el spidermóvil en su viaje inaugural.

- Spidey se asocia con Ka-Zar para enfrentarse a Stegron el Hombre Dinosaurio por primera vez.

- Dr. Octopus está a punto de casarse con la tía May.

- Tarántula debuta y queda enredado en la red de Spidey al instante.

- Osborn toma la identidad de su padre como nuevo Duende Verde.

- Grizzly asoma su fea cabeza por primera vez.

- Spiderman se traslada a un nuevo apartamento y conoce a su vecina, Glory Grant, con la que traba una duradera amistad.

- Spiderman se tropieza no solo con el clon de Gwen Stacy del Chacal, sino con su propio «otro yo» clonado, que escapa a la muerte para abandonar Manhattan y adoptar la identidad de Ben Reilly.

- Un nuevo Mysterio, Danny Berkhart, intenta jugar con la mente del trepamuros.

- La Spiderwoman Jessica Drew hace un debut muy poco ortodoxo.

- Fuego Fatuo brilla en la vida de Spiderman.

- El heroico Tigre Blanco y Spiderman chocan por primera vez por un simple malentendido.

- Corredor Cohete y Spidey se encuentran para su primer combate.

- El Dr. Bart Hamilton, psiquiatra de Harry Osborn, se convierte en el tercer Duende Verde hasta que resulta definitivamente muerto.

- Dragón Blanco ataca por primera vez a Spidey.

- Graduación de Peter Parker en la Universidad Empire State (UES).

- Spiderman se encuentra con Carroña –un clon de Chacal tan maligno como él– y con el siniestro Mosca.

- Gata Negra se cruza en el camino del trepamuros.

- Peter inicia estudios de posgrado de la UES y empieza a trabajar como profesor auxiliar en el departamento de ciencias.

- Spiderman encuentra un nuevo enemigo habitual, Iguana, y al antiguo rival de los Campeones, Enjambre.

- Spiderman tiene su primer encuentro con la misteriosa y precognitiva Madame Web.

- Hydroman se zambulle en la vida de Spidey, seguido de cerca por más villanos: Jack O'Lantern, Anillador y Demonio Veloz.

- Spiderman combate contra Capa y Puñal, sin saber que los dos nuevos vigilantes pronto se convertirán en sus incómodos aliados.

- El asesino a sueldo Bumerang centra su atención en Spiderman, convirtiéndose en perenne enemigo del Hombre Araña.

- Spidey descubre que nada puede detener al enemigo de la Patrulla-X conocido como Juggernaut…, excepto el cemento una vez seco.

- Spidey se junta con el Hombre Rana durante el debut de este «héroe».

- Al villano Alimaña le nace un nuevo odio por las arañas después de combatir contra el trepamuros y el Capitán América.

- Spiderman conoce a la criminal conocida como Coneja Blanca durante otra bochornosa asociación con el Hombre Rana.

- El misterioso Duende comienza su carrera allí donde la dejó el Duende Verde.

- Peter Parker decide abandonar los estudios de posgrado.

- Respuesta pone en cuestión las habilidades de Spiderman.

- Julia Carpenter adopta el papel de segunda Spiderwoman.

- Spiderman regresa de las Guerras Secretas en el planeta Mundo de Batalla vistiendo un nuevo traje simbionte alienígena negro.

- Spidey se encuentra con algunos villanos nuevos, entre ellos el jefe mafioso la Rosa, el ladrón Zorro Negro y el bestial Puma.

- Spiderman desecha su nuevo uniforme negro cuando comprende que está vivo.

- Mancha salpica por primera vez el panorama vital de Spiderman.

- Algún tiempo después de casarse con Harry Osborn, Liz Allan da a luz a su primer hijo, Norman Harry Osborn.

- Spiderman conoce a la cazarrecompensas Marta Plateada cuando ella lo contrata para capturar a Zorro Negro.

- Devorador de Pecados mata salvajemente a la capitana de policía y aliada de Spiderman, Jean DeWolff.

- Alistair Smythe, hijo del científico Spencer Smythe y futuro Mata-Arañas Definitivo, hace su nada impresionante debut criminal confundiendo a Mary Jane Watson con Spiderman.

- Aparece en la vida del trepamuros un puñado de criminales, entre ellos el resbaloso Escurridizo y los mortíferos Azar y Forastero.

- Se forma el Sindicato Siniestro para intentar destruir a su archienemigo trepamuros.

- Solo inicia su guerra antiterrorista, encontrándose con Spidey.

- Jason Macendale coge las riendas como Duende cuando Ned Leeds queda expuesto en ese papel y muere.

- Tiempo después de que Peter desvele sus verdaderos sentimientos por Mary Jane, ella acepta por fin su propuesta de matrimonio.

- Peter llega tarde a su boda debido a sus aventuras como Spidey, y Mary Jane cancela la ceremonia. Al poco retomarán su relación, pero ahora el matrimonio parece descartado para siempre.

- Kraven derrota a Spiderman durante su «última caza» y luego se suicida.

- Lápida se enfrenta por primera vez al lanzarredes.

- Eddie Brock se convierte en Veneno y lanza su rabia sobre Spidey.

- El equipo de sicarios Styx y Piedra se presentan en la vida de Spiderman, así como el horroroso Demoduende.

- Spiderman obtiene los poderes y capacidades cósmicos de Capitán Universo cuando un grupo de villanos escenifica sus «Actos de venganza» usando al robótico Tricentinela.

- Spidey recibe el estatus de Vengador como miembro de reserva.

- Los Seis Siniestros se reúnen, años después de su formación.

- Cardiaco hace su aparición y se topa con Spiderman.

- El asesino en serie Cletus Kasady se funde con un fragmento del simbionte Veneno y libera a Matanza.

- Spiderman se encuentra con su furioso «gemelo» de seis brazos durante la Guerra del Infinito.

- Peter Parker descubre que sus padres siguen vivos, pero luego se da cuenta de que solo eran robots creados por Camaleón.

- Spiderman adopta su armadura arácnida para enfrentarse a la amenaza de los Nuevos Forzadores.

- Harry Osborn muere aparentemente debido a complicaciones con la fórmula duende.

- Matanza conoce a la perturbada Grito, con la que desata una masacre sobre Manhattan.

- Spidey se enfrenta a Cazador Macabro, el hijo de Kraven.

- Ben Reilly regresa a Nueva York cuando la tía May cae en coma. Allí se enfrenta accidentalmente con un confuso Peter Parker.

- Judas Traveller llega al Instituto Ravencroft para hacer el primero de sus extraños experimentos con la mente de Spiderman. Lo acompaña Scrier.

- Ben Reilly adopta el personaje de Araña Escarlata.

- Kaine asoma su fea cabeza clonada en la vida de Peter Parker.

- Mary Jane revela a Peter que está embarazada.

- Debut de la primera mujer Escorpión, la villana Escorpia.

- Chacal retorna de su supuesta muerte y libera a otro clon de Peter Parker, Spidercida.

- La tía May se recupera del coma para, aparentemente, morir una semana después.

- Phil Urich debuta como un Duende Verde heroico.

- Una nueva mujer Dr. Octopus desafía a Araña Escarlata.

- Parker se retira oficialmente de su carrera como Spiderman y deja que Ben Reilly ocupe su papel. Ben cambia el conocido traje de Spidey para adaptarlo mejor a su estilo, e incluso se tiñe de rubio.

- Mary Jane da a luz a una niña, que le es robada y presuntamente asesinada.

- Se revela que el Duende Verde original, muy vivo, es el manipulador oculto detrás de Chacal y de toda la Saga del Clon.

- Ben Reilly muere en su sacrificio definitivo para salvar a Peter Parker del Duende Verde. Luego se confirma que Reilly era realmente el clon, y Parker, el original.

- Peter Parker regresa por completo al papel de Spiderman.

- Spiderman se encuentra con el otro hijo de Kraven y heredero de su apodo, Alyosha.

- Spiderman sufre una especie de «crisis de identidad», y crea cuatro nuevas personalidades superheroicas para sí mismo.

- Se descubre que la tía May está viva: su muerte fue una mascarada orquestada por Duende Verde.

• Mattie Franklin, hija adoptiva de J. Jonah Jameson, asume el papel de la nueva Spiderwoman.

• Spiderman conoce a Ezekiel e inicia un largo recorrido hacia una posible nueva teoría sobre sus poderes arácnidos.

• La tía May descubre la doble vida de Peter, y la acepta.

• Los hijos ilegítimos de Gwen Stacy y Norman Osborn aparecen en la vida de Spidey, al igual que la amenaza del Duende Gris.

• Spiderman obtiene lanzatelarañas orgánicos como resultado de un duelo con una criatura arácnida gigante llamada la Reina.

• Mac Gargan, antes conocido como Escorpión, se convierte en el nuevo Veneno después de que Eddie Brock subaste el simbionte.

• Matanza engendra un descendiente simbionte que se funde con el policía Patrick Mulligan para convertirse en el héroe Toxina.

• Capitán América recluta a Spiderman para los Nuevos Vengadores.

• La joven Carmilla Black se convierte en la nueva Escorpión.

• En una batalla final con Morlun, Spiderman muere y renace con poderes aumentados y aguijones como púas en sus antebrazos.

• Iron Man (el multimillonario Tony Stark) se hace mentor de Peter y le diseña un uniforme Iron Spider de tecnología avanzada.

• Peter revela su identidad como parte del Acta de Registro de Superhumanos, que exige el registro oficial a los héroes enmascarados.

• El Acta de Registro provoca la Guerra Civil superhumana. En principio, Spiderman apoya a Iron Man y la legalidad, pero cambia de bando después de ver los horrores de la guerra, y se une al grupo rebelde clandestino del Capitán América.

• Norman Osborn es nombrado jefe del grupo de agentes gubernamentales llamado Thunderbolts.

• La tía May recibe un disparo y muere, lo que obliga a Peter a hacer un trato con Mefisto que borra su relación con Mary Jane Watson.

• Como favor a Spiderman, el Dr. Extraño hace que nadie, excepto Mary Jane, recuerde la identidad secreta del trepamuros.

• «Un nuevo día» comienza en la vida de Spiderman cuando encuentra un nuevo círculo de amigos que incluye a Vin Gonzales, Carlie Cooper, Lily Hollister y un recién retornado Harry Osborn.

• La misteriosa heroína Jackpot debuta en Nueva York, así como los villanos Turbo y Sr. Negativo.

• Lily Hollister adopta la identidad de Amenaza, similar al Duende, para ayudar en la campaña a la alcaldía de su padre, William Hollister.

• Eddie Brock se convierte en Anti-Veneno tras un encuentro con Sr. Negativo y Veneno.

• Norman Osborn ayuda a impedir la «Invasión secreta» de la raza alienígena conocida como skrull. Es promocionado al mando de la organización antes llamada SHIELD, que renombra como HAMMER.

• Spiderman conoce a J. Jonah Jameson Sr., y el anciano Jameson no tarda en empezar a cortejar a la tía May.

• J. Jonah Jameson es elegido alcalde de Nueva York.

• Norman Osborn adopta la identidad pública de Iron Patriot y crea sus propios Vengadores Oscuros.

• Tras el derrocamiento de Norman Osborn y la derogación del Acta de Registro, Spiderman se une a dos ramas de los Vengadores.

• Kraven es resucitado por Spidey durante la «Cacería Macabra», en la que mueren Madame Web, Mattie Franklin y los hijos de Kraven.

• Arachne asume el papel de nueva Madame Web, y Araña adopta a regañadientes el nombre de Spidergirl.

• Peter consigue un lucrativo trabajo como miembro del grupo de pensamiento de la innovadora Horizon Labs.

• Spiderman diseña un traje invisible (el traje «Neón») para enfrentarse a la última encarnación del Duende: un corrompido Phil Urich.

• Después de que una herida de guerra le deje parapléjico, Flash Thompson acepta el papel del nuevo héroe Agente Veneno.

• Spiderman pierde el sentido arácnido y utiliza un uniforme blindado para compensar la reducción de su poder.

• Tras la muerte de Antorcha Humana, Spiderman acepta la invitación de unirse a la Fundación Futuro y recibe un nuevo traje.

• El simbionte Matanza engendra un nuevo hijo, que se funde con la Dra. Tanis Nieves y se hace llamar Desdén.

• La Reina se alía con Chacal, y juntos infectan Nueva York con un virus arácnido, otorgando a los ciudadanos los poderes de Spiderman.

• Kaine se convierte en el nuevo Araña Escarlata.

• Doc Ock intercambia su mente con Peter Parker. Sin embargo, la personalidad de Peter resiste en la mente de Octopus mientras el villano usa el cuerpo de Peter para convertirse en Spiderman Superior.

• El hospedador de Toxina muere, y su simbionte pasa a Eddie Brock.

• «Peter Parker» obtiene su doctorado, es despedido de Horizon Labs y funda su propia empresa, Industrias Parker.

• J. Jonah Jameson dimite como alcalde de Nueva York después de comprometerse apoyando al corrupto Spiderman Superior.

• Peter recupera el control de su cuerpo cuando Doc Ock se sacrifica para permitir que Peter salve la vida de su novia, Anna Maria Marconi.

• Spidey libera a Cindy Moon de un búnker creado por Ezekiel, y la joven con poderes arácnidos adopta la identidad de Seda.

• Spiderman se alía con Arañas de otras dimensiones para combatir a Morlun y su familia durante el suceso Spiderverso.

• Cuando su dimensión es eliminada, el Spiderman Miles Morales se establece en la Tierra de Peter Parker como un nuevo y joven Spidey.

• Industrias Parker se convierte en global, y Peter disfruta de un éxito como nunca había conocido.

• Chacal empieza a reclutar villanos, y usa los cuerpos aparentemente clonados de sus seres queridos como incentivo para impulsar sus misteriosos planes.

La década de 1960 quizá siga siendo la más importante en la trayectoria de Spiderman en el cómic: no solo presenció el nacimiento del legendario trepamuros, sino también el de uno de los mayores planteles de villanos de la historia del cómic.

DÉCADA DE

1960

Stan Lee estaba enseñando a la competencia cómo hacerlo. Si DC Comics era la empresa a batir, con iconos como Superman, Batman y la Liga de la Justicia de América, Lee y Marvel acababan de demostrar que eran auténticos innovadores. Primero con los 4 Fantásticos y luego con Spiderman y un montón de nuevos héroes, Lee estaba añadiendo una nueva dimensión a la creación de superhéroes. A diferencia de los héroes unidos de la Liga de la Justicia, los miembros de los 4 Fantásticos discutían entre ellos como una familia de verdad. A diferencia de los seguros de sí mismos Superman o Batman, Spiderman tenía preocupaciones y problemas de la vida real. Junto con sus socios artísticos, Stan Lee había encontrado una forma de insuflar nueva vida a la escena superheroica. Y Spiderman estaba en el centro del movimiento.

Pero Lee no se durmió en los laureles: sabía que todo buen héroe necesita un montón de villanos malignos que contribuyan a darle forma y a construir su leyenda. Con la creación de docenas de enemigos para Spiderman, desde Duende Verde y Dr. Octopus hasta el editor del *Daily Bugle*, J. Jonah Jameson, Lee aseguró el futuro de su creación más destacada como símbolo universal.

AL DORSO *The Amazing Spider-Man #51* (agosto 1967): Spiderman no se priva de hacer una entrada espectacular si ello le da una ventaja táctica. Por suerte, su máscara le evita a Peter Parker tener que responsabilizarse de los daños a la propiedad causados por Spidey.

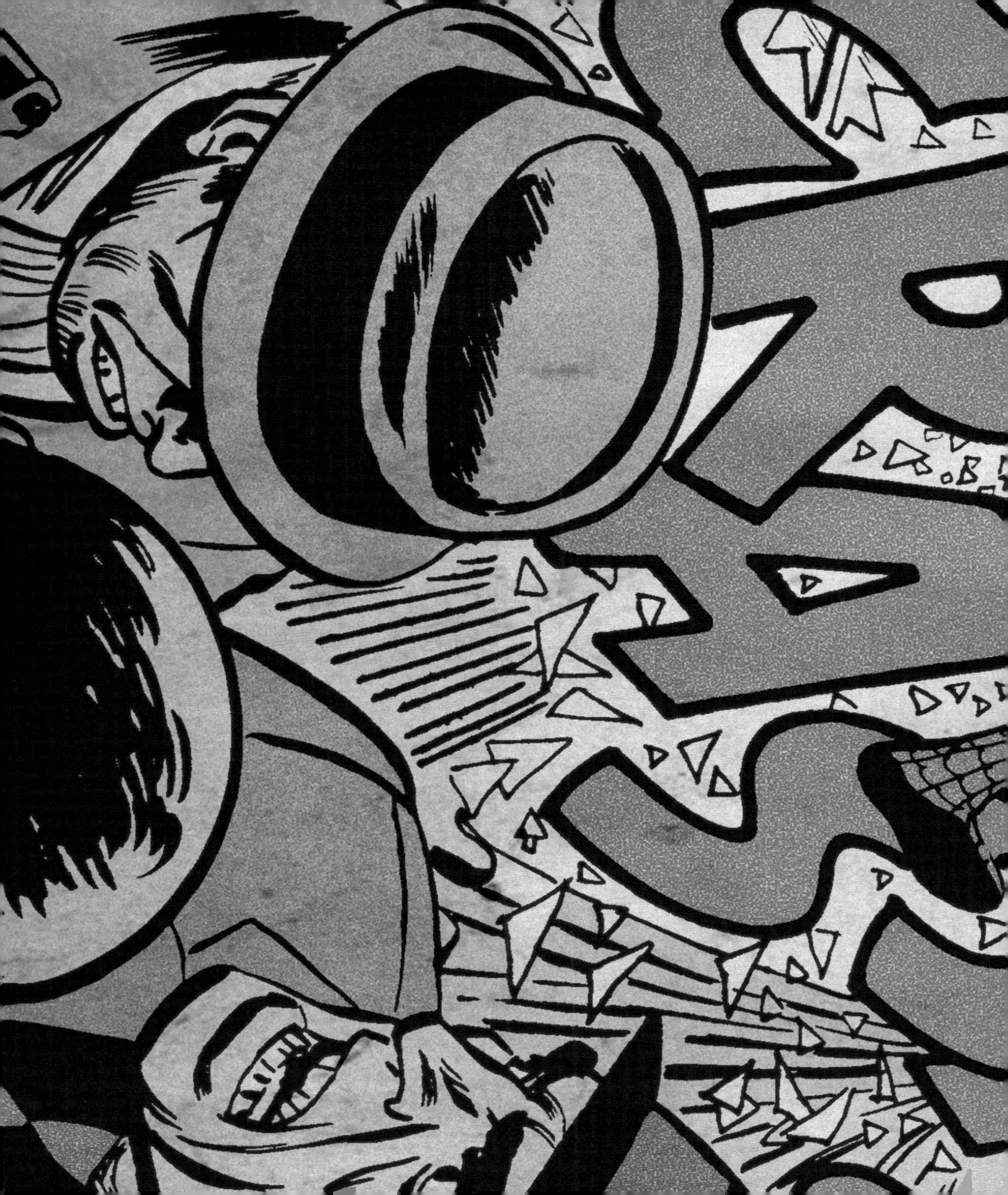

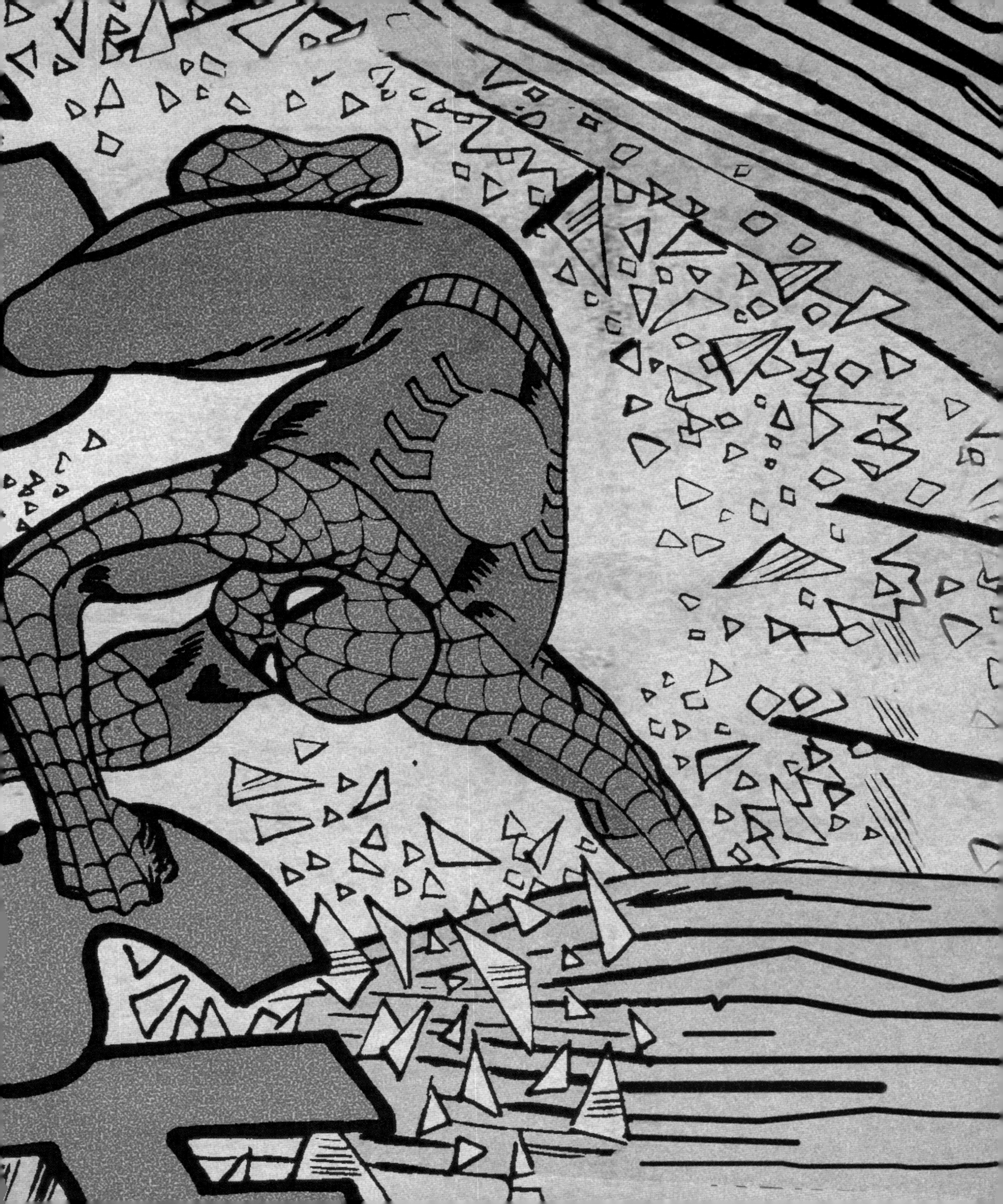

Marzo 1963

EXTRA ADDED ATTRACTION: SPIDER-MAN MEETS THE FANTASTIC FOUR, AS "the CHAMELEON STRIKES!"

EDITOR JEFE
Stan Lee

PORTADA
Jack Kirby y Steve Ditko

GUION
Stan Lee

DIBUJO
Steve Ditko

ENTINTADO
Steve Ditko

ROTULACIÓN
Johnny Dee
y John Duffi

THE AMAZING SPIDER-MAN #1

«¡No podemos dejar que esa amenaza enmascarada se crea que es la ley! ¡Es un mal ejemplo para nuestra juventud!»

J. JONAH JAMESON

PERSONAJES PRINCIPALES: Spiderman; tía May Parker; J. Jonah Jameson; John Jameson; Camaleón; Mr. Fantástico; Chica Invisible; Antorcha Humana; la Cosa
PERSONAJES SECUNDARIOS: el ladrón; profesor Newton
ESCENARIOS PRINCIPALES: casa de los Parker; Edificio Baxter; pista de lanzamiento de cohete sin nombre; instalación de defensa sin nombre (Nueva York); escondite de Camaleón; zona costera sin nombre (Nueva York)

EN CONTEXTO

Retomándolo donde lo habían dejado en *Amazing Fantasy* #15 (agosto 1962), el guionista y editor Stan Lee y el dibujante Steve Ditko sacaron a Spiderman para tejer otra red en la primera entrega de una serie continuada de cómics del personaje, *The Amazing Spider-Man*. El número inicial presentó dos historietas independientes: la primera era una aventura convencional y, aunque presume de ofrecer la primera aparición de la china en el zapato de Parker, J. Jonah Jameson, no fue esta la historieta por la que la mayoría de los lectores compraron el cómic.

Ese honor le corresponde a la segunda historia, que presentó el primer encuentro de Spiderman y los famosos 4 Fantásticos. El grupo, ya un éxito en la nueva era de la Marvel Comics de Stan Lee, también fue representado en la portada como inteligente estrategia de marketing. Su aparición no solo dio solidez al hecho de que Spiderman actuaba en el compartido Universo Marvel; además logró que algunos de los fans de los 4 Fantásticos le dieran una oportunidad a Spiderman. Y, si el éxito de *The Amazing Spider-Man* sirve de indicativo, parece que la mayoría de esos fans lo fueron por mucho tiempo.

LA HISTORIA

En la primera historieta, Spiderman salva la vida del astronauta John Jameson pese a la campaña de calumnias contra el héroe lanzada por J. Jonah Jameson, el padre de John. En la segunda, Spidey conoce a los 4 Fantásticos antes de combatir al enigmático Camaleón.

Ser Spiderman estaba resultando más problemático de lo que Peter Parker había imaginado. No solo era incapaz de cobrar los cheques por sus apariciones en TV (necesitaría identificarse para hacerlo), sino que J. Jonah Jameson, editor del *Daily Bugle*, estaba divulgando por toda la ciudad la supuesta amenaza que suponía Spiderman para la ciudadanía (**1**). Aunque muchos pensaron que la campaña de Jameson era publicidad para atraer lectores y promocionar a su hijo, el astronauta John Jameson, Spiderman vio cómo su carrera en el mundo del espectáculo caía en picado.

Sin embargo, mientras asistía al lanzamiento de la nave espacial de John Jameson (**2**), Peter fue testigo de la pérdida de control de la cápsula en vuelo debido a un fallo técnico. Al tener noticias de ello, el personal de tierra intentó, sin éxito, encontrar un modo de salvar la cápsula (**3**). Pero Peter no estaba dispuesto a quedarse de brazos cruzados frente a la oportunidad de ayudar a otros. Se puso el traje de Spiderman (**4**) y, tomando el control de un avión, y de su piloto, procedente de un aeródromo cercano, usó un cordón de telaraña para colgarse de la cápsula (**5**), y luego colocó en ella una unidad de orientación espacial que le había dado un oficial militar (**6**). Con la ayuda de Spiderman, John logró aterrizar con la cápsula de manera segura, y Peter regresó a casa, donde descubrió que J. Jonah había recrudecido su campaña afirmando que Spiderman había puesto en peligro la misión de John de manera deliberada únicamente para poder rescatarlo ante al público (**7**). Se diría que Spiderman había tenido su primer roce con la tristemente famosa «suerte Parker».

En la segunda historieta del número, Parker no era más capaz que antes de ayudar a su pobre tía May a pagar sus facturas. Pero había otros héroes que no parecían compartir sus apuros económicos. Y Spiderman se dirigió al mundialmente famoso Edificio Baxter para intentar conocer y unirse a los legendarios 4 Fantásticos.

Por supuesto, uno no entra tranquilamente en el hogar de los 4 Fantásticos y dice «hola». Para encontrarse con los héroes, el lanzarredes se coló en su cuartel general, saltándose sus sistemas de seguridad (**8**). Sonó una alarma, y el grupo vio que el intruso era Spiderman (**9**). No les gustó nada que un «joven fanfarrón» pensara que podía pillarlos por sorpresa. Siguió un violento choque (**10**), hasta que Spidey fue capaz de explicarles su situación. Solo había querido demostrarles que tenía lo necesario para ser miembro de los 4 Fantásticos. Pero la misión de Spiderman había sido en vano, pues el grupo le informó de que no recibía ningún salario por sus heroicidades.

Mientras tanto, el misterioso maestro del disfraz y supervillano conocido como Camaleón (**11**) decidía beneficiarse del estatus de proscrito que tenía Spiderman para la prensa. Tras diseñar su propia pistola lanzatelarañas y vistiendo una réplica del traje de Spidey (**12**), Camaleón robó los valiosos planos de un misil en unas instalaciones del gobierno. Pese a este astuto plan, Spiderman logró rastrear al supervillano hasta el puerto, y estaba a punto de entregarlo a las autoridades (**13**) cuando Camaleón desapareció. Spidey utilizó su sentido arácnido para descubrir que el criminal se había disfrazado de policía (**14**), pero los policías auténticos se negaron a creer que el delincuente no era Spiderman. Este huyó enfurecido, dejando a los policías que lo averiguaran solos. Aunque pudo haber salvado la situación, el trepamuros deseó no haber adquirido nunca sus superpoderes. Era un solitario con una reputación manchada y un saldo bancario irrisorio.

> «Vengo a unirme a vosotros.
> ¡Quiero ser miembro de
> los **4 Fantásticos**!»

SPIDERMAN

CAMALEÓN

«No me llames Dmitri.
Dmitri es solo uno de mis nombres.»

Camaleón

Maestro del disfraz que ha adoptado incontables falsas identidades, Camaleón fue uno de los primeros supervillanos con quien se enfrentó Spiderman. Poseído por una furia abrasadora, nada le gustaría más que acabar definitivamente con la vida de Spidey.

ORÍGENES

Hijo de un aristócrata ruso exiliado y de una joven sirvienta, Dmitri Smerdyakov no fue un niño querido. Su padre odiaba su sola presencia, y su madre se avergonzaba de él. Solo lo aceptaba su hermanastro mayor, Sergei Kravinoff, quien se convertiría en Kraven el Cazador. Obsesionado con complacer a Sergei, Dmitri montaba a menudo pequeños espectáculos para él, representando personajes. También comenzó a suplantar a sus compañeros de escuela y vecinos, copiando sus características físicas con increíble habilidad. Aprendió a maquillarse para modificar su aspecto, y finalmente empezó a crear máscaras y disfraces realistas.

Estos talentos le resultarían de mucha utilidad para lanzarse a la carrera del espionaje. Empezó como espía industrial, robando y vendiendo secretos comerciales al mejor postor. En su primer encuentro con Spiderman, el ya exespía acababa de robar unos planos secretos que planeaba ofrecer a los países comunistas a cambio de enormes beneficios. Viendo que Spiderman era considerado una amenaza por muchos, Camaleón consideró que el trepamuros sería un chivo expiatorio perfecto.

Para atraer al desprevenido héroe a su trampa, envió un mensaje que solo podía ser detectado por los sentidos especiales de Spiderman, y, disfrazado como este, intentó inculparlo de sus delitos. Por desgracia para Dmitri, Spidey limpió su nombre capturándolo y desenmascarándolo; y con ello hizo nacer en el corazón del criminal un odio obsesivo y feroz hacia Spiderman.

Camaleón suele usar máscaras para sus suplantaciones, pero se sabe que también emplea proyecciones holográficas.

Camaleón reclutó a su hermanastro Kraven en su guerra contra Spiderman. Pero sentía una violenta rivalidad respecto a él, así como una apremiante necesidad de recibir su aprobación.

Sabedor de la identidad secreta de Peter Parker, Camaleón orquestó una elaborada farsa de secuestro de Mary Jane Watson, y usó una imagen holográfica para engañar a Spidey.

Camaleón llegó a suplantar al presidente Barack Obama durante su toma de posesión. Spidey ayudó a determinar quién era el auténtico Obama preguntando a ambos cuál era su apodo en el instituto.

Aunque es un maestro del disfraz, Camaleón no es rival para la fuerza aumentada de Spiderman.

Camaleón puede imitar a cualquiera: lo demostró al secuestrar y suplantar a J. Jonah Jameson durante su plan para hacerse con el control del *Daily Bugle*.

A menudo, Camaleón captura y asesina a las personas que suplanta; usa una pistola de masilla para hacer un molde de su cara antes de arrojarlos a una cámara llena de ácido.

FICHA

PRIMERA APARICIÓN: *The Amazing Spider-Man* #1 (marzo 1963)

NOMBRE REAL: Dmitri Smerdyakov

FILIACIONES: Seis Siniestros, Doce Siniestros, Exterminadores

PODERES Y HABILIDADES: Habla docenas de idiomas, cada uno con la pronunciación y sutileza de un nativo. Es un maestro del disfraz, un actor brillante y un genio creando vívidas máscaras. Gracias a años de práctica y a su talento innato, puede imitar a cualquier individuo y engañar sin esfuerzo incluso a la familia y los amigos cercanos de su víctima.

Sus máscaras están hechas con un material sintético que, a la vista y al tacto, parece piel humana.

La máscara base oculta su identidad. Está diseñada para ajustar con rapidez otras máscaras sobre ella.

El maestro del disfraz también usa artefactos para burlar a las fuerzas del orden, como bombas de humo.

ESTRATEGIA

Tras años de especializarse en espionaje, Camaleón decidió que había llegado el momento de dedicarse a empeños más lucrativos. Intentando desplazar a Kingpin, forjó una alianza con Cabeza de Martillo, y juntos lanzaron una guerra callejera contra Wilson Fisk. Camaleón también secuestró y suplantó al editor J. Jonah Jameson: planeaba utilizar el poder mediático del *Daily Bugle* para hacer públicas las fechorías de Fisk y obligar así a las autoridades a movilizarse contra él. Sin embargo, cuando el sentido arácnido de Parker empezó a cosquillear en presencia de Jameson, el lanzarredes sospechó que algo iba mal. Spiderman logró desenmascarar a Camaleón y rescató al vitriólico editor.

EL LEGADO DEL BUITRE

Indudablemente, Adrian Toomes causó su mayor impacto como Buitre, a pesar de que este infame alias fue reclamado por varios villanos. El primero fue «Blackie» Drago, un criminal profesional que compartió celda con Toomes y que se apoderó de su tecnología. El segundo, Clifton Shallot, era un profesor de la Universidad Empire State que se apropió de la invención de Adrian. Un salvaje nuevo Buitre llamado Jimmy Natale asomó su fea cabeza sobre Manhattan, pero su carrera fue interrumpida por el sanguinario vigilante llamado Castigador. Esto permitió a Toomes reclamar su papel como supervillano. Siempre innovando y mejorando su tecnología, Toomes es una fuerza a tener en cuenta, y nunca debería ser considerado obsoleto.

Buitre puede volar a una velocidad máxima de casi 150 km/h y alcanza una altitud cercana a los 3500 m.

El arnés que usa aumenta de alguna forma su fuerza y resistencia físicas. Es capaz de embarcarse en batallas aéreas acrobáticas durante horas sin agotarse.

FICHA

PRIMERA APARICIÓN: *The Amazing Spider-Man* #2 (mayo 1963)

NOMBRE REAL: Adrian Toomes

FILIACIONES: Seis Siniestros, Doce Siniestros

PODERES Y HABILIDADES: Su arnés de vuelo le permite volar y le otorga fuerza y vitalidad aumentadas. Las alas son afiladas como navajas, y se sabe que han llegado a cortar las redes de Spiderman. Tiene una mente brillante a la que da un uso retorcido.

Recientemente, Buitre combatió con Spiderman Superior y sufrió una brutal derrota. Toomes no era consciente de que la mente de su antiguo aliado Dr. Octopus controlaba el cuerpo de Spiderman.

Esta versión negra del traje de Buitre está equipada con garras cortantes, además de su arnés de vuelo habitual.

BUITRE

Como su apodo, el Buitre es un depredador despiadado. Hace presa sobre los ricos, los poderosos y los incautos usando un arnés electromagnético de su invención para volar y golpear con sus alas silenciosas. Fiero luchador, ataca sin piedad.

ORÍGENES

Adrian Toomes era un ingeniero e inventor que abrió una empresa de electrónica con su mejor amigo, Gregory Bestman, quien se ocupaba de los aspectos administrativos mientras Toomes se dedicaba a los inventos. Su sueño era crear un arnés alimentado electromagnéticamente que permitiera volar a un individuo. Pero Bestman maquinaba en secreto contra él, hurtándole su parte en los beneficios. No tardó en hacerse con el control de la empresa y despedir al inventor. Pero Toomes siguió trabajando en su arnés. Una vez terminado el dispositivo, se tomó venganza usándolo para aterrorizar a su exsocio y robar en su antigua empresa. Intoxicado por la sensación de poder y libertad, Toomes decidió comenzar una carrera delictiva, haciéndose llamar Buitre. A medida que ganaba confianza con su capacidad de volar, sus crímenes se hicieron más osados, y a menudo desafiaba a la policía a que intentaran capturarlo. Esto le llevó a entrar en conflicto con el aún novato Spiderman, que no solo intentó derrotar al villano, sino también tomar unas cuantas fotos de ello para venderlas al *Daily Bugle*.

El astuto Buitre acabó matando a Gregory Bestman, el antiguo socio que le había traicionado.

Tras ser inicialmente derrotado por el Buitre, Spidey desarrolló un dispositivo que cancelaba de forma temporal el poder de vuelo del villano. Indignado por tal humillación pública, Buitre juró vengarse de Spiderman.

Aunque el segundo Buitre, «Blackie» Drago, tenía la juventud de su lado, Toomes pudo reclamar su manto utilizando su experiencia y su pericia para demostrar que era el auténtico Buitre.

A pesar del poder de su traje de Buitre, el arma más temible de Adrian Toomes es su mente oscuramente brillante.

La máquina voladora de Toomes es una pieza de tecnología revolucionaria que normalmente mantiene oculta bajo su traje de Buitre.

Jimmy Natale era un antiguo gánster que se transformó por accidente en un Buitre escupidor de ácido. Murió luchando contra el Castigador.

FILIACIONES: Seis Siniestros, Señores del Mal

PODERES Y HABILIDADES: Octopus es muy inteligente y un ingeniero e inventor superdotado. Controla sus brazos armados tentaculares con la mente y, debido a sus extraordinarias capacidades mentales, es capaz de realizar varias acciones complejas de manera simultánea con ellos. Aunque estos brazos no poseen terminaciones nerviosas, Octopus puede captar sensaciones básicas a través de ellos.

El vínculo con sus tentáculos es tan fuerte que Dr. Octopus puede controlarlos incluso cuando han sido separados de su cuerpo.

el villano supo que May estaba a punto de heredar uno de los reactores nucleares más sofisticados del mundo. Para hacerse con el reactor, Octopus le propuso matrimonio a May: un plan frustrado de nuevo en el último segundo por Spiderman.

Agonizando por intoxicación radiactiva, Doc Ock intercambió su mente con la de Parker, lo que causó la muerte aparente de este en el cuerpo de Otto, mientras este último se convertía en Spiderman Superior. Luego Peter recuperó su cuerpo, y Otto halló otra oportunidad en la vida gracias a la tecnología de Chacal.

Cada pinza tiene fuerza suficiente como para machacar un bloque de cemento.

Los cuatro tentáculos de Doc Ock miden unos 1,8 m de largo, pero se pueden extender hasta los 7,6 m.

DOCTOR OCTOPUS

Posee una genialidad que pocas personas superan. Con docenas de planes criminales en su haber y casi la misma cantidad de batallas contra Spiderman, Doc Ock ha pasado casi toda su carrera intentando desmentir el hecho de que Spiderman es superior a él no solo física, sino también intelectualmente.

ORÍGENES

De niño, Otto Octavius era un tímido y sensible ratón de biblioteca. Estudiante diligente, nadie diría que se convertiría en uno de los hombres más peligrosos del mundo. Su madre, Mary Lavinia Octavius, tenía grandes expectativas puestas en su hijo, y no deseaba que este fuera un trabajador manual como su padre. A fin de complacerla, Otto se hizo científico, especializándose en investigación nuclear. Su madre se entusiasmó cuando Otto se graduó en la universidad, pues esto significaba que nunca tendría que ensuciarse las manos como un vulgar obrero. Octavius se volcó en su carrera, a menudo trabajando 24 horas al día. Finalmente consiguió ser uno de los principales científicos del país.

A medida que aumentaba su fama, Otto se hizo más arrogante y egocéntrico. Inventó un arnés mecánico que le permitía realizar experimentos peligrosos a distancia y que a la vez disuadía a sus colaboradores de acercarse. Pero, tras un accidente de laboratorio, Otto quedó soldado física y mentalmente a sus brazos mecánicos. Arremetió contra los profesionales médicos que intentaban ayudarle, e incluso atacó a sus superiores, creyéndose por encima de consideraciones morales y valorando lo que percibía como un triunfo científico sobre la vida humana. Ese día, al fundirse en uno con sus brazos mecánicos, Octavius se convirtió en un monstruo: en Dr. Octopus.

Tras un accidente en su laboratorio, a Octopus se le diagnosticó erróneamente daño cerebral. En realidad, su cerebro estaba creando nuevas conexiones neuronales: ahora podía controlar mentalmente sus brazos metálicos.

Aunque Dr. Octopus ha combatido a muchos superhéroes, se obsesionó con destruir a Spiderman, y está convencido de que no conocerá la paz hasta haber matado al lanzarredes.

El traje y el aspecto del Dr. Octopus han cambiado a menudo. Ha ido desde un mono verde a un traje blanco y a una trinchera cruzada, siempre en un vano intento de que el público le tome en serio.

«De hecho, soy una creación nueva. Tan diferente de ellos como un hombre de un animal.»

Doctor Octopus

En cierto momento, la científica Carolyn Trainer llegó a sustituir al villano como Lady Octopus. Durante su espectacular debut desafió a Peter Parker y a Ben Reilly, Araña Escarlata.

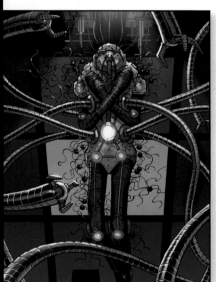

Con los días contados debido a su exposición a la radiación, Octopus hizo un «regalo» final a Nueva York tomando el control de cada elemento electrónico de Manhattan. Sin embargo, Spidey lo localizó y lo derrotó, a pesar de que el villano se actualizó adoptando ocho miembros mecánicos.

Aunque Doc Ock llegó muy lejos para demostrar que era un Spiderman Superior, en el fondo de su mente se veía acosado por la persistente conciencia de Peter Parker. Cuando Peter recuperó por fin el control de su propio cuerpo, Doc Ock tuvo que transferir por un breve tiempo sus recuerdos y su personalidad a su antiguo asistente robótico, Cerebro Viviente.

FICHA

PRIMERA APARICIÓN: *The Amazing Spider-Man* #4 (septiembre 1963)

ALIAS: William Baker, Flint Marko, Sylvester Mann

FILIACIONES: Seis Siniestros, Cuatro Terribles, Doce Siniestros, Vengadores, Banda Salvaje, Forajidos

PODERES Y HABILIDADES: Hecho totalmente de arena, tiene control sobre la forma, el tamaño y la densidad de su cuerpo, y hasta puede adoptar distintas configuraciones al mismo tiempo. Puede formar armas con el cuerpo y lanzar partículas de arena para que golpeen como un chaparrón de granizo.

Puede modelar su cuerpo y formar armas como una maza o un martillo con partes de su cuerpo o con todo él.

SPIDERMAN VS. HOMBRE DE ARENA

Pensando que Baker no era más que un criminal ordinario, Spiderman se llevó una sorpresa con los trucos que desplegó en su primer encuentro. Escurriéndose de la llave que le hizo Spidey, el Hombre de Arena endureció su mandíbula para evitar el puñetazo del trepamuros, al que logró inmovilizar en el suelo bajo un torrente de arena. Pero Spidey fue el último en reír: engañó al Hombre de Arena para que se dispersara, y succionó los granos de arena con una aspiradora industrial. Aunque el Hombre de Arena debería haber podido liberarse de esa trampa, Spiderman era el primer superhéroe con el que combatía, y su inexperiencia condujo a su derrota a manos del lanzarredes.

Su mente conserva el control de su cuerpo en todo momento, incluso cuando su cabeza se convierte en arena o es dispersada por un golpe.

El Hombre de Arena puede absorber arena común para aumentar su masa global o para reemplazar la que ha perdido en combate.

HOMBRE DE ARENA

William Baker no era más que un criminal de poca monta. Pero eso cambió cuando un extraño accidente en un campo de pruebas militar lo transformó en una criatura hecha de granos radiactivos de arena. Baker pasó de ser un don nadie a uno de los enemigos más peligrosos e impredecibles de Spidey.

ORÍGENES

William Baker aprendió a robar siendo un niño. Se abrió paso trapaceando en la escuela, y, cuando desarrolló un talento natural para el fútbol, empezó a hacer dinero amañando partidos con los apostadores locales. Su entrenador no tardó en darse cuenta de sus trampas, y Baker fue expulsado del equipo y del instituto. Usando el alias Flint Marko, encontró trabajo con un gánster. Finalmente fue capturado y encarcelado, pero consiguió escapar. Perseguido por la policía, se ocultó en un campo de pruebas militar, aparentemente desierto. Pero no vio que el campo había sido abandonado de forma deliberada para ensayar una nueva arma nuclear. Atrapado por la fuerza de la deflagración, Marko quedó expuesto a altos niveles de radiación. Tras la explosión, se dio cuenta de que las moléculas de su cuerpo habían quedado indisolublemente unidas con la arena radiactiva, y que él había adquirido las propiedades de la arena misma. Dotado de la capacidad de convertir su cuerpo, o partes del mismo, en arena… ¡se había trasmutado así en el Hombre de Arena!

Delincuente desde temprana edad, Baker pasó un tiempo en prisión antes del accidente que le cambió la vida.

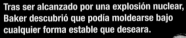

Tras ser alcanzado por una explosión nuclear, Baker descubrió que podía moldearse bajo cualquier forma estable que deseara.

Aunque se le ha dado por muerto en más de una ocasión, el Hombre de Arena ha vuelto a la acción una y otra vez. Sin importar cuánto se dispersen sus partículas, él siempre parece capaz de reconstituirse.

Varias veces en su vida, el Hombre de Arena se ha dividido en diferentes versiones de sí mismo. Esas versiones a veces incluso llegaron a completarse con sus personalidades propias.

El Hombre de Arena no es del todo el curtido criminal que él deja que otros crean que es. Por un tiempo le dio la espalda al crimen, se alió con Spidey y hasta fue miembro de reserva de los Vengadores.

> «Todo lo que puedo ver frente a mí es una vocecilla que me dice que nunca seré lo bastante **bueno**.»
>
> Hombre de Arena

Recientemente, el Hombre de Arena ha intentado criar a una niña como a su propia hija. Temiendo por la vida de ella, Spiderman se la arrebató, reavivando el odio de Hombre de Arena contra él.

Durante un combate, el Hombre de Arena fue combinado con Hydroman, creando un monstruo gigante similar a barro. Spiderman los derrotó, y se pensó que habían muerto, hasta que el barro se disgregó meses después.

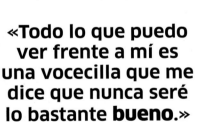

FICHA

PRIMERA APARICIÓN: *The Amazing Spider-Man* #6 (noviembre 1963)

NOMBRE REAL: Dr. Curt Connors

FILIACIONES: Seis Siniestros, Doce Siniestros

PODERES Y HABILIDADES: Lagarto posee fuerza, reflejos, velocidad, resistencia y agilidad aumentados, y la capacidad reptiliana de regenerarse. Tiene una piel extremadamente dura, y unas garras y unos dientes afilados como navajas. Además de controlar telepáticamente a los reptiles cercanos, también puede manipular instintos primarios en los humanos.

LA BESTIA INTERIOR

Lagarto es una bestia sanguinaria dotada de una fuerza increíble y poderes inhumanos. Aunque es capaz de caminar como un ser humano y hasta puede hablar, su conducta es cualquier cosa menos civilizada. Solo tiene un deseo: limpiar el mundo de mamíferos. En su mente animal, todas las criaturas de sangre caliente, humanos incluidos, deben ser destruidas para que los reptiles vuelvan a ser los dominadores del planeta. Aunque Spidey ha llegado a confiar en la ayuda científica del Dr. Connors a lo largo de los años, el Lagarto odia a Spidey por frustrar su guerra contra la humanidad al devolverlo continuamente a su forma humana mediante el antídoto que Peter Parker ayudó a crear.

Lagarto puede fustigar batiendo su cola a 110 km/h, y su velocidad máxima en carrera es de casi 70 km/h.

Sus manos y pies están cubiertos de garras que crean almohadillas adherentes como las de un geco, que le permiten subir por superficies verticales.

Los músculos de sus piernas son tan potentes que le permiten saltar a 3,5 m de altura y cubrir unos 5,5 m de un salto.

Gracias a su capacidad regenerativa, Lagarto puede luchar sin miedo al cansancio, sabiendo que su resistencia le da la capacidad de agotar a casi cualquier oponente.

LAGARTO

> «Lagarto toma cerebro de mono. Lagarto ya no es tonto. Tú eres **presa**.»
>
> Lagarto

El caso del Dr. Curt Connors es uno de los más trágicos en la carrera de Spiderman. Durante años, Spidey ha contemplado cómo su amigo involucionaba lentamente de humano a animal. Connors es un tranquilo hombre de familia pero, como Lagarto, es un fiero monstruo.

Aunque la mujer de Connors, Martha, murió de cáncer, la muerte de su hijo Billy fue aún más trágica, pues el niño fue asesinado por el propio Lagarto.

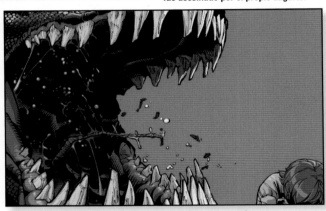

ORÍGENES

El Dr. Curt Connors perdió un brazo sirviendo como cirujano militar, y, a consecuencia de ello, abandonó la cirugía y empezó a estudiar los reptiles. Sabiendo que algunos podían hacer crecer miembros o apéndices de reemplazo, Connors estaba decidido a descubrir su secreto y aplicárselo a los humanos. Tras años de investigación, creyó haber aislado por fin el mecanismo químico que daba a los reptiles el poder de regenerar miembros perdidos. Ignorando las súplicas de su mujer, Connors se utilizó a sí mismo como conejillo de Indias y bebió el suero de su creación. A los pocos minutos de tomarlo, a Connors le creció el brazo perdido, y, por un breve tiempo, pensó que iba a revolucionar la medicina. Pero entonces empezaron a extenderse por su cuerpo verdes escamas, y le creció una cola similar a la de un lagarto. Como un Jekyll y Hyde moderno, el Dr. Curts Connors pasó de afable médico a villano sediento de sangre: el Lagarto. La personalidad bondadosa de Connors quedó en segundo plano frente a la conducta brutal de Lagarto. Spiderman ayudó finalmente a desarrollar un antídoto para el problema del doctor, pero, después de aquella primera transformación, Connors nunca volvió a ser el mismo, y a menudo recaía en su escamoso *alter ego*.

Dotado cirujano militar, Connors perdió el brazo derecho en el campo de batalla, y su vida cambió para siempre.

En una ocasión, Connors perdió su combate contra su lado oscuro, y pareció que su mente se había perdido para siempre. Pero cuando Spiderman le inyectó una nueva cura, el lado animal de Lagarto se desvaneció.

Después de ingerir su suero, el Dr. Connors sintió que su lado animal tomaba el control.

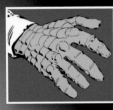

Aunque sentía que la prisión era el único lugar para purgar su penitencia por matar a su hijo, Connors fue convencido por Chacal para unirse a su última empresa criminal cuando este produjo lo que parecían ser clones vivientes de su esposa y su hijo.

ELECTRO

Electro puede usar su control de la electricidad para manipular campos magnéticos. Puede atraer o repeler todo tipo de objetos metálicos, desde pilas hasta llaves y tapacubos.

Maxwell Dillon, alias Electro, era una dinamo humana que controlaba una de las mayores formas de energía de la Tierra: la electricidad. Pero, aunque vestía un vistoso traje y blandía un poder que le hacía prácticamente invencible, Electro siempre tuvo cierto complejo de inferioridad.

La mejor forma de derrotar a Electro es mantenerse en el aire. Sus descargas electrostáticas solo dañan al oponente si está en el suelo o en contacto con metal.

ORÍGENES

La familia de Maxwell Dillon vivía en constantes mudanzas debido a la dificultad para conservar los empleos que tenía el padre, Jonathan Dillon, un contable maldito por su carácter explosivo. Culpaba a su esposa y su hijo de sus propios fracasos, y los abandonó antes de que Max cumpliera nueve años. Una vez desaparecido su marido, Anita Dillon volcó su atención sobre el joven Max. Le dijo que era todo lo que le quedaba, y se obsesionó con mantenerlo a salvo de cualquier decepción. Cuando Max le dijo que quería ser ingeniero eléctrico, ella lo convenció de que le faltaba inteligencia para esa carrera. Al final, se conformó con ser operario de mantenimiento en una compañía eléctrica.

La vida de Max cambió cuando fue alcanzado por un rayo mientras trabajaba en una línea de alta tensión.

Un día, Max fue alcanzado por un rayo mientras sujetaba un par de cables de alta tensión. No solo no podía creer que hubiera sobrevivido, sino que se sentía más fuerte que nunca. El accidente había hecho que su cuerpo se cargara de electricidad. Entonces Max empezó a experimentar con sus nuevas habilidades, y al poco observó que era capaz de lanzar descargas eléctricas y utilizarlas como armas. Alentado por sus poderes, Max decidió afrontar el primer riesgo en su vida: intentaría hacer fortuna adoptando la identidad enmascarada de Electro y robando dinero.

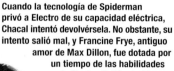

Durante un incremento de poder que le aplicó el genio criminal del Pensador Loco, Electro se convirtió prácticamente en un rayo viviente. Se hizo mucho más poderoso, capaz de volar y de viajar a través de cables de tensión y aparatos eléctricos.

Cuando la tecnología de Spiderman privó a Electro de su capacidad eléctrica, Chacal intentó devolvérsela. No obstante, su intento salió mal, y Francine Frye, antiguo amor de Max Dillon, fue dotada por un tiempo de las habilidades de Electro. Había nacido una nueva Electro, pero, en el proceso, Max acabó como una cáscara chamuscada.

Cuando se cargaba, Electro producía electricidad desde los dedos. También podía extraerla de fuentes externas y canalizarla a través de su cuerpo.

«¡Es increíble! ¡Mi cuerpo no deja de recargarse! ¡Soy un generador eléctrico viviente!»

Electro

UNA VIDA DE BATERÍA

En una ocasión, Electro intentó absorber toda la potencia eléctrica de Manhattan. Se conectó a un dispositivo especial e inició un apagón en toda la ciudad. La tensión demostró ser excesiva para él, y habría muerto si Spidey no lo hubiera desconectado a tiempo. La oleada de potencia hizo que el cuerpo de Electro perdiera temporalmente su capacidad para generar electricidad. Pero luego la recuperó, atándose él mismo a una silla eléctrica y aplicándose una descarga casi letal. Recientemente, Spiderman ha usado su tecnología para dejar sin poder a Electro.

La electricidad que corre por el cuerpo de Electro aumenta drásticamente su fuerza, permitiéndole levantar más de 200 kg.

El cuerpo de Electro puede producir casi 1000 voltios de electricidad por minuto hasta una capacidad máxima de 100 000 voltios.

El cuerpo de Electro era un generador viviente que instintivamente sabía cuándo recargarse.

FICHA

PRIMERA APARICIÓN: *The Amazing Spider-Man* #9 (febrero 1964)

NOMBRE REAL: Maxwell «Max» Dillon

FILIACIONES: Seis Siniestros, Doce Siniestros, Cuatro Terribles, Emisarios del Mal

PODERES Y HABILIDADES: Es capaz de almacenar, proyectar y manipular la electricidad con su cuerpo, y también manipula los campos magnéticos. No solo puede volar, sino que viaja por dentro del tendido y de los aparatos eléctricos.

MYSTERIO

Más de un hombre ha portado el manto del maestro de la ilusión conocido como Mysterio..., o quizá eso sea solo otra manera suya de despistar. Con Mysterio, nada es lo que parece. Cruel, ingenioso y dispuesto a guardar rencor, ha desconcertado a Spidey durante años.

ORÍGENES

De niño, Quentin Beck soñaba con hacer películas. Construía monstruos de arcilla y, armado con una cámara, los hacía protagonistas de películas cortas. Ya de adolescente, Quentin trabajó en una película de monstruos de serie B, y luego fue a Hollywood, donde trabajó como especialista y diseñador de efectos especiales. Aunque su carrera era bastante exitosa, Quentin empezó a cansarse de trabajar entre bastidores, y quiso saltar al primer plano como actor y director. Pero no tenía el talento para convertirse en estrella, y era demasiado temperamental para ser director. El comentario de un amigo le hizo comprender que podía alcanzar otro tipo de fama si usaba su talento como creador de ilusiones y efectos especiales para convertirse en superhéroe. ¡Y así nació Mysterio!

Cuando el *Daily Bugle* declaró a Spiderman una amenaza, Mysterio supo que, si lograba capturarlo, el periódico le daría la publicidad que ansiaba. Solo había un problema: Spiderman no había quebrantado la ley. Así que Mysterio se disfrazó como el héroe y convenció al público de que Spidey había iniciado una carrera delictiva. Retó al cabeza de red a una pelea que acabó en tablas; pero Spiderman, que sospechaba de los planes de Mysterio, lo persiguió, y el vanidoso Mysterio, sin saber que el trepamuros estaba grabándolo todo, confesó su plan. Spidey entregó al villano a la policía, junto con la confesión grabada. Arruinado su sueño de ser un héroe, Mysterio se lanzó de lleno a las actividades delictivas.

Corrompido desde el principio, Mysterio intentó robar los secretos de efectos especiales de su mentor, Ray Bradhaus.

Desde que Spiderman abortó el intento de Mysterio de convertirse en «héroe», el criminal ha maquinado vengarse del trepamuros. Incapaz de olvidarse de sus rencores personales, luego abrigaría un odio similar contra Daredevil.

> «Es mejor hacer que las dianas crean que son **jugadores**... en lugar de que se la están **jugando**.»
>
> Mysterio

La seña de identidad de Mysterio es un rastro de humo liberado desde sus guantes y botas. Ese humo puede contener diversas toxinas, ácidos y alucinógenos para aturdir a sus oponentes.

Maestro del disfraz, Mysterio conoció a Spiderman mientras iba disfrazado de alienígena aliado del criminal Chapucero.

La experiencia de Mysterio como especialista le fue útil cuando luchó contra Spiderman en los decorados de una película del espacio.

Dado Quentin Beck aparentemente por muerto, el papel de Mysterio fue saltando de él a su viejo amigo Daniel Berkhart y al teleportador Francis Klum. Pero, finalmente, el original regresó para reclamar su retorcido manto.

FICHA

PRIMERA APARICIÓN: *(histórica) The Amazing Spider-Man #13* (junio 1964); *(retcon.) The Amazing Spider-Man #2* (mayo 1963)

NOMBRE REAL: Quentin Beck

FILIACIONES: Seis Siniestros

PODERES Y HABILIDADES: Aunque no tiene poderes superhumanos, es un experto en la realización de efectos especiales creíbles. Va armado con docenas de artefactos letales, incluido un humo que puede disolver las redes de Spidey y unas botas con resortes magnéticos que le ayudan a trepar muros con el doble de habilidad con que lo haría Spiderman.

El casco de Mysterio está hecho de un vidrio tratado que le permite ver sin ser visto. También contiene una reserva de oxígeno para media hora.

Mysterio tiene su propia versión de sentido arácnido, gracias a un sonar que le permite «ver» a través de sus nubes de humo.

EL ILUSIONISTA

Con un ojo puesto siempre en lo teatral, Mysterio ha orquestado algunos de los planes criminales con los que se ha enfrentado Spiderman, y ello a pesar de no poseer auténticos superpoderes. Para jugar con la mente de su oponente, Mysterio diseña escenarios en los que el héroe es obligado a participar en extravagantes aventuras: desde la ilusión de la resurrección de viejos amigos y enemigos de Spidey hasta el fingimiento de su propia muerte. Así, Mysterio siempre logra que el lanzarredes dude de su realidad. Las tretas de Mysterio son tan creíbles que incluso ha sido contratado para fingir la muerte de otros criminales que querían ocultarse. Incluso hizo creer a Spidey que muchos de sus seres queridos habían muerto, entre ellos Harry Osborn y tía May.

UNA VIDA DE CRIMINALIDAD

Enloquecido y más ávido de poder que nunca tras la explosión de su laboratorio, Norman Osborn decidió aumentar su fortuna dedicándose al crimen. Contrató y equipó a villanos enmascarados, como Lanzallamas y Ajusticiador. Pero, cuando estos fueron derrotados por Spiderman, Norman decidió ocuparse personalmente del asunto. Usó los hallazgos químicos de su empresa para montar un arsenal personal, y se diseñó un traje. Todo lo que necesitaba era la máscara adecuada: un rostro que mostrar al mundo. Y eligió la cara del Duende Verde.

Norman basó sus grotescos traje y máscara en un monstruoso duende verde de una pesadilla infantil.

Duende Verde lleva una curiosa variedad de granadas de gas, de humo e incendiarias en su «bolsa de trucos».

FICHA

PRIMERA APARICIÓN: *The Amazing Spider-Man* #14 (julio 1964)

NOMBRE REAL: Norman Osborn

FILIACIONES: Doce Siniestros, Exterminadores, Thunderbolts, Cónclave, HAMMER, Vengadores Oscuros

PODERES Y HABILIDADES: La Fórmula Duende le otorga inteligencia, fuerza, reflejos, agilidad, velocidad y resistencia aumentados, así como capacidad de curación. Posee una gran variedad de armas letales de alta tecnología, entre ellas bombas calabaza y su deslizador Duende. Viste una túnica de cota de malla como protección extra en combate.

Las armas típicas del Duende Verde son sus mortíferas bombas calabaza, con forma de linternas de calabaza.

Tras caer derrotado a manos de Spiderman Superior, Duende Verde volvió a ocultarse. Cambió de cara mediante cirugía plástica para no volver a ser reconocible como Norman Osborn.

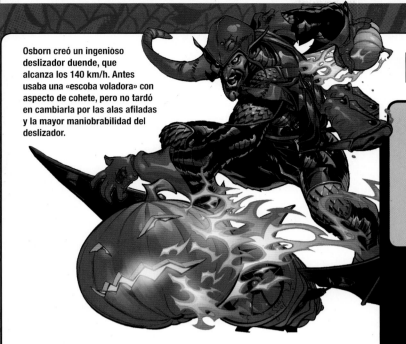

Osborn creó un ingenioso deslizador duende, que alcanza los 140 km/h. Antes usaba una «escoba voladora» con aspecto de cohete, pero no tardó en cambiarla por las alas afiladas y la mayor maniobrabilidad del deslizador.

DUENDE VERDE

Llamar loco a Norman Osborn es cometer una gran injusticia con este criminal, quizá el enemigo más peligroso de Spiderman. Duende Verde ha burlado a la muerte para proseguir su búsqueda de poder y su interminable cruzada contra Spidey.

«¿Lo ves, Parker? Siempre supe que podía derrotarte en cuanto quisiera...»

Duende Verde

Inicialmente, Duende Verde solo buscaba establecer su reputación criminal matando a Spidey. Pero, con cada derrota, se obsesionaba más con someter al trepamuros.

ORÍGENES

Norman Osborn era solo un niño cuando se obsesionó con la adquisición de riqueza y poder. Su padre, Amberson Osborn, era un inventor cuyo negocio fracasó, y a menudo dirigió su rabia contra su hijo. Norman sabía que no podría depender de su padre para lograr seguridad económica, así que empezó a trabajar después del instituto y a ahorrar cada centavo que ganaba. Motivado y disciplinado, Norman estudió química, administración de empresas e ingeniería eléctrica en la universidad. Se hizo buen amigo de uno de sus profesores, Mendel Stromm, y juntos crearon una sociedad empresarial. Ya que Norman había puesto el grueso de la financiación, la empresa se llamó Químicas Osborn. Norman se casó con su novia de la universidad, y pocos años después tuvieron un hijo, Harry; pero su esposa enfermó y falleció. Norman se centró entonces en su trabajo y raramente tenía tiempo para el pequeño Harry. Finalmente, Norman averiguó que su socio se había apropiado de fondos de la empresa, así que Stromm fue arrestado y él asumió el control total de la compañía. Mientras repasaba las notas de Stromm, Norman supo de una fórmula química que podía aumentar la fuerza e inteligencia de una persona, e intentó recrear el experimento. Pero no sabía que su hijo, furioso, había intercambiado algunas de las sustancias: la solución se volvió verde y estalló. Tras ser dado de alta en el hospital, Norman fue consciente de que la fórmula había funcionado: él era más fuerte e inteligente que nunca.

En su intento de recrear un suero que potenciara la fuerza y la inteligencia, Norman creyó haber fracasado cuando la sustancia le explotó en la cara.

Durante una invasión de los skrulls, Osborn mató a la reina de estos. Fue nombrado director de SHIELD, que renombró como HAMMER. Para aparecer más noble, se convirtió en un héroe al estilo del Capitán América, Iron Patriot. Pero, al invadir Asgard, hogar de Thor, Norman Osborn reveló su naturaleza de villano.

Duende Verde conoció la verdadera identidad de Spiderman al exponerlo a un gas que debilitó su sentido arácnido. Sin embargo, Spidey lanzó al villano contra un amasijo de cables eléctricos y lo dejó amnésico.

Aunque la Fórmula Duende aumenta la fuerza física e incluso la inteligencia, a su usuario también le cuesta mantener la cordura. Sin embargo, ese era un precio insignificante para un hombre tan cruel como Norman Osborn.

«¡TU VELOCIDAD NO TE SALVARÁ MUCHO TIEMPO! RECUERDA... PRONTO TE CANSARÁS... ¡PERO HULK NUNCA SE CANSA!»

HULK

Como una versión moderna de Jekyll y Hyde, Hulk puede ser tanto el afable doctor Bruce Banner como su brutal *alter ego*.

Tal vez sea el humano más fuerte del universo; con Hulk no se juega.

HULK VS. SPIDERMAN

El físico Bruce Banner comparte muchos rasgos con Peter Parker, pero, Hulk, como coloso irradiado con rayos gamma, no podría ser más distinto de Spiderman. Hulk es una furiosa fuerza de la naturaleza que piensa que la sutileza es cosa de gallinas. Los chistes de Spidey le irritan, y en ocasiones ha tratado de aplastar al trepamuros como a un insecto.

EL MÁS FUERTE DE TODOS

Como sucede con muchos de los que se cruzan en el camino del increíble Hulk, el primer encuentro de Spiderman con el goliat verde fue accidental. Al encontrarlo mientras perseguía a Duende Verde en una cueva de Nuevo México, Spiderman se vio arrastrado a un combate que ni deseaba ni tenía oportunidad de ganar. La cueva era uno de los escondrijos secretos de Hulk, y este creyó que Spiderman estaba allí para atacarle. Aunque Spidey no rehúye la pelea, esta vez aprovechó la primera ocasión para apartarse del camino de Hulk. A continuación manipuló al coloso y aprovechó su fuerza bruta para destrozar un peñasco, liberándose así del retorcido laberinto de la caverna.

MONSTRUO INVOLUNTARIO

Consciente de que Hulk es de un peso fuera de categoría, Spidey supo ser cauteloso cuando midieron sus fuerzas. Estando en una misión de prueba para los Vengadores, Spiderman volvió a combatir con Hulk; sabía que este no causaba problemas adrede y que deseaba que lo dejaran solo, y Spidey hizo justo eso, renunciando a su objetivo de entrar en los Vengadores.

Aunque han chocado en muchas ocasiones al cabo de los años, Spiderman mostró su mejor actuación contra Hulk cuando una fuerza extradimensional le concedió poderes cósmicos por breve tiempo. Usando su nueva energía, Spidey golpeó a Hulk con tanta fuerza que puso al bruto literalmente en órbita. Hulk pensó que moriría en el vacío del espacio, pero Spiderman voló hasta él y lo rescató antes de que se le agotara el oxígeno.

Con un profundo conocimiento de la fisiología humana y animal, Kraven creó su propio estilo de lucha.

EL PRIMER CAZADOR

Cuando Kraven fue contactado por su hermanastro Dmitri, aquello le pareció al cazador cosa del destino, pues buscaba una ocasión para probar realmente sus habilidades. Dmitri se había convertido en el villano Camaleón, y requería a Kraven para vencer a su reciente pesadilla, Spiderman. El primer encuentro entre este y Kraven no empezó demasiado bien para el lanzarredes. Sorprendido por la velocidad de Kraven, Spidey se vio con un hombro insensibilizado por un puñetazo devastador y capaz de frenar la embestida de un rinoceronte. Pero Kraven subestimó a Spiderman, y finalmente fue superado y derrotado. Desde ese día, Kraven juró terminar su cacería y destruir a Spiderman.

El vestuario de Kraven refleja sus años de gran cazador. Para él no se trata de un traje, sino más bien de una exhibición de su destreza como depredador.

Gracias a los efectos mutágenos de su poción, Kraven levanta casi dos toneladas, y se sabe que ha estrangulado a un gorila adulto con sus manos.

FICHA

PRIMERA APARICIÓN: *The Amazing Spider-Man* #15 (agosto 1964)

NOMBRE REAL: Sergei Kravinoff

FILIACIONES: Seis Siniestros

PODERES Y HABILIDADES: Kraven ingiere regularmente una poción de hierbas selváticas que le confiere velocidad, reflejos, agilidad y fuerza aumentados. Otro efecto de la poción es la ralentización del envejecimiento: es casi inmortal. Incluso sin esos poderes superhumanos, es brillante como cazador, luchador, atleta y tirador. Es experto en distintas armas, y usa drogas exóticas y tranquilizantes en sus combates.

KRAVEN

Cazador solitario, luego convertido en líder de una manada de asesinos, Kraven es uno de los enemigos más resistentes de Spiderman. Solo su suicidio pudo detener su caza interminable, pero incluso eso fue temporal. Kraven es más que un asesino experto: es una fuerza de la naturaleza.

Kraven ha engendrado muchos hijos, entre ellos los ya fallecidos Vladimir y Alyosha, y su hija demente Ana, que han heredado la obsesión de su padre por dar caza a Spiderman.

ORÍGENES

Sergei Kravinoff nació en un familia de la aristocracia rusa. Forzados al exilio durante la Revolución rusa, los padres de Sergei terminaron por asentarse en Reino Unido. Pero era una vida dura y, cuando sus fondos empezaron a menguar, la madre de Sergei cayó en una terrible depresión: se suicidó siendo él aún un niño. Al cabo de un año, su padre se casó con una antigua sirvienta, y el joven Sergei se enfureció cuando supo que su madrastra estaba embarazada. Acusó a su padre de traicionar el recuerdo de su madre y le hizo la vida imposible a su hermanastro Dmitri. Sergei aborrecía su vida familiar, y escapó. Viajó por Europa, Asia y África como polizón en mercantes y trenes, y sobrevivió gracias a su ingenio y astucia. Al final, encontró trabajo en un safari, donde descubrió que tenía un talento natural para la caza. Con los años, afinó sus habilidades cazadoras y su fama empezó a difundirse.

Durante su etapa en la selva, Kraven tropezó con un hechicero que había creado una poción que le otorgó fuerza y velocidad superhumanas. Ahora podía rastrear y matar animales con facilidad, y pronto comenzó a desesperarse por encontrar un desafío a la altura de sus habilidades.

Un periodista ayudó a cimentar la leyenda de Sergei escribiendo artículos sobre él. Al no saber deletrear su apellido, lo acortó como Kraven.

Para asaltar a su oponente, Kraven usa armas blancas, látigos y cerbatanas, y también dardos de punta envenenada.

A veces Kraven caza junto a los animales a los que normalmente combate. Como una bestia salvaje, afirma su dominación y, luego, toma el control de la manada.

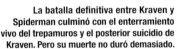

La batalla definitiva entre Kraven y Spiderman culminó con el enterramiento vivo del trepamuros y el posterior suicidio de Kraven. Pero su muerte no duró demasiado.

«Era perfecto. Era una obra maestra. Me arrebataste esa obra maestra.»

Kraven

En el curso de su larga vida, Kraven ha tenido muchas parejas, entre ellas la vengativa Sasha, que se convirtió en su esposa.

Aunque es conocido por emplear armas o drogas para ayudarse en la caza, Kraven siente una excitación especial al superar a su presa con las manos desnudas y la fuerza bruta.

SEIS SINIESTROS

A pesar de sus superpoderes, Spiderman ha obtenido victorias contra sus enemigos de forma muy reñida. Y cuando sus mayores oponentes se unieron para asegurarse de su muerte, el trepamuros se enfrentó a uno de sus retos más mortíferos: los Seis Siniestros, un grupo de villanos a la altura de su nombre.

La segunda formación de los Seis Siniestros apareció años después de la derrota del grupo original. Incorporó al Duende en lugar del ahora muerto Kraven.

«¡Estoy preparando el golpe maestro de mi carrera!»

Doctor Octopus

ORÍGENES

Después de sufrir tres derrotas a manos de Spiderman, Dr. Octopus supo que necesitaría ayuda contra el cabeza de red. Se puso en contacto con los más notables villanos que habían combatido a Spidey en el pasado, y, finalmente, cinco de ellos acudieron a su llamada: Electro, Kraven el Cazador, Mysterio, Hombre de Arena y Buitre. Otros, como Duende Verde y Dr. Muerte, rechazaron la oferta porque preferían ir por libre.

Con el grupo formado, Dr. Octopus no tardó en comprender que nunca sería capaz de controlar a esos supervillanos. No eran capaces de trabajar juntos o de funcionar como una máquina bien engrasada. En lugar de intentar disciplinar a esta indomable banda, Doc Ock ideó un plan de batalla que explotaba las ansias de gloria personal de cada uno. Cada miembro de los Seis Siniestros plantearía una batalla distinta a Spiderman en localizaciones cuidadosamente elegidas. Lucharían uno por uno contra el trepamuros hasta acabar con él. Por fortuna para Spidey, el plan no funcionó tan bien como Doc Ock había planeado.

Antes de enfrentarse a estos enemigos, Spidey perdió sus poderes.

Colgado de un asta de bandera para salvar su vida, Spiderman recuperaría sus poderes en la batalla contra Electro.

Un Dr. Octopus agonizante reunió otra versión de los Seis Siniestros, en apariencia para ayudarlo a acabar con el calentamiento global a fin de que el mundo le recordara siempre. Pero en secreto planeaban eliminar gran parte de la vida sobre la Tierra.

Recientemente, miembros de los Seis Siniestros se reformaron como los Seis Superiores, liderados por Doc Ock como Spiderman Superior. Este controlaba su mente para ayudarlo en su empeño como superhéroe, pero no tardaron en volverse contra él.

Con sus poderes recuperados, Spiderman se abrió paso a través del puñado de supervillanos. Y fue capaz de combatir a cada uno con facilidad.

FICHA

PRIMERA APARICIÓN: *The Amazing Spider-Man Annual* #1 (enero 1964)

OTRAS VERSIONES: Siete Siniestros, Doce Siniestros, Sesenta y Seis Siniestros, Dieciséis Siniestros

MIEMBROS PRINCIPALES: Dr. Octopus, Buitre, Hombre de Arena, Mysterio, Kraven, Electro, Duende, Gog, Escarabajo, Scorpia, Conmocionador, Veneno (Eddie Brock), Kraven II, Mysterio II, Camaleón, Lagarto, Duende Verde, Hydroman, Rino, Veneno (Mac Gargan), Bumerang, Cabeza de Martillo, Lápida, Turbo, Cerebro Viviente, Demonio Veloz, Escarabajo (Janice Lincoln)

El subconsciente de Spiderman había anulado sus poderes de forma temporal debido al sentimiento de culpa por la muerte del tío Ben.

Mysterio usó sus ilusiones para intentar que Spiderman creyera que combatía a la Patrulla-X original.

Doc Ock instruyó a otras formaciones de los Seis Siniestros para que atacaran a Spidey en grupo, y no individualmente.

LOS ORIGINALES

Cuando los Seis Siniestros originales pusieron en marcha su plan, observaron que Betty Brant, una secretaria del *Daily Bugle*, formaba parte importante de la vida de Spiderman. Con el fin de motivar al trepamuros, la secuestraron junto con una inocente acompañante: nada menos que May, la tía de Peter Parker. Tras enfrentarse y derrotar a Electro, Kraven, Mysterio, Hombre de Arena y Buitre, Spiderman fue atraído a una pecera gigante. Obligado a librar su batalla final bajo el agua, Spidey se enfrentó con Doc Ock, que iba equipado con bombona de oxígeno y máscara. Doc Ock intentó ahogarlo, pero el cabeza de red se negó a entregarse. Mantuvo la respiración el tiempo suficiente para superar a su tentaculado enemigo, y liberó a Betty y tía May.

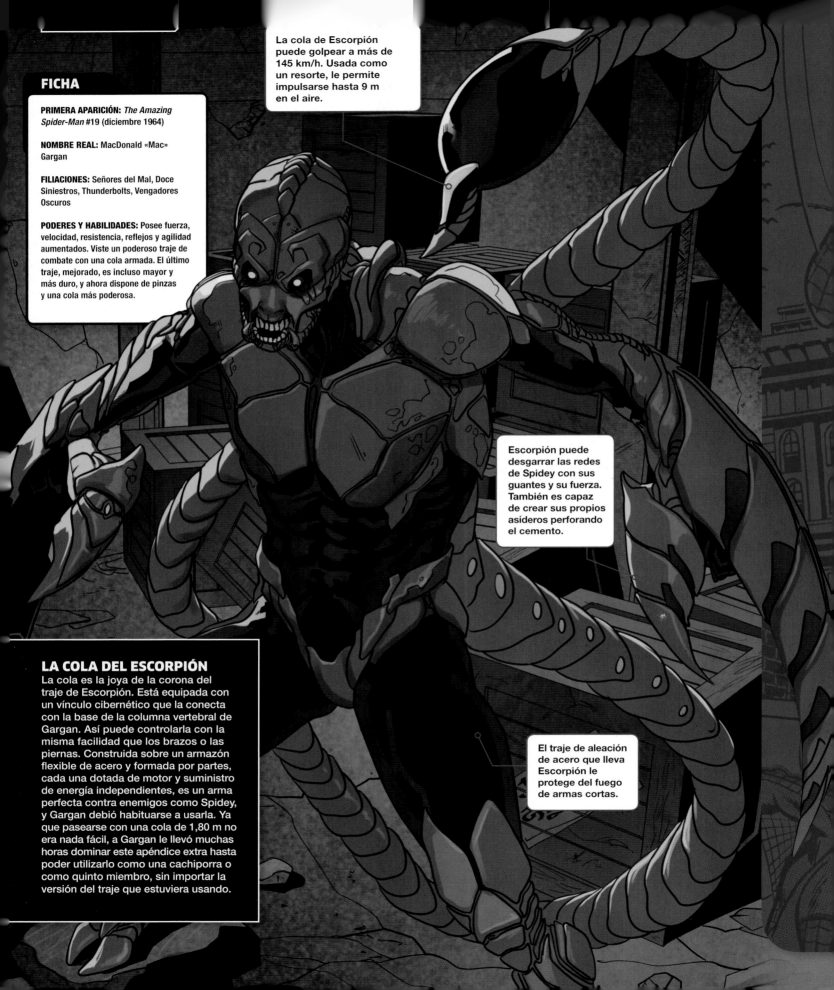

La cola de Escorpión puede golpear a más de 145 km/h. Usada como un resorte, le permite impulsarse hasta 9 m en el aire.

FICHA

PRIMERA APARICIÓN: *The Amazing Spider-Man* #19 (diciembre 1964)

NOMBRE REAL: MacDonald «Mac» Gargan

FILIACIONES: Señores del Mal, Doce Siniestros, Thunderbolts, Vengadores Oscuros

PODERES Y HABILIDADES: Posee fuerza, velocidad, resistencia, reflejos y agilidad aumentados. Viste un poderoso traje de combate con una cola armada. El último traje, mejorado, es incluso mayor y más duro, y ahora dispone de pinzas y una cola más poderosa.

Escorpión puede desgarrar las redes de Spidey con sus guantes y su fuerza. También es capaz de crear sus propios asideros perforando el cemento.

LA COLA DEL ESCORPIÓN

La cola es la joya de la corona del traje de Escorpión. Está equipada con un vínculo cibernético que la conecta con la base de la columna vertebral de Gargan. Así puede controlarla con la misma facilidad que los brazos o las piernas. Construida sobre un armazón flexible de acero y formada por partes, cada una dotada de motor y suministro de energía independientes, es un arma perfecta contra enemigos como Spidey, y Gargan debió habituarse a usarla. Ya que pasearse con una cola de 1,80 m no era nada fácil, a Gargan le llevó muchas horas dominar este apéndice extra hasta poder utilizarlo como una cachiporra o como quinto miembro, sin importar la versión del traje que estuviera usando.

El traje de aleación de acero que lleva Escorpión le protege del fuego de armas cortas.

ESCORPIÓN

Igual que los escorpiones reales atrapan arañas, así vive Escorpión para destruir a Spiderman; y realmente este villano tiene el poder suficiente para hacerlo. El doble de fuerte que Spidey y con una cola letal, Escorpión es una máquina de matar.

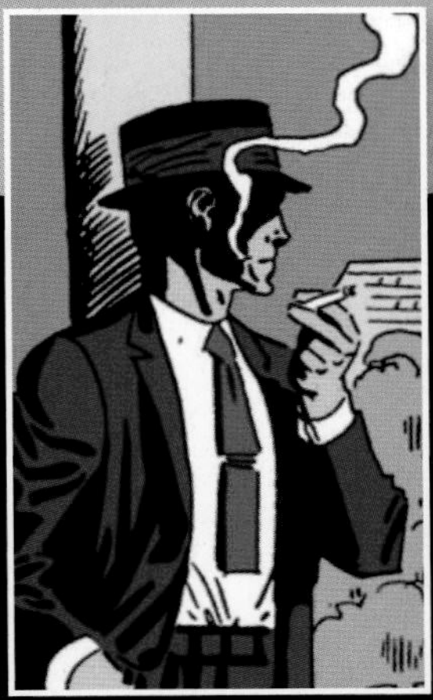

Gargan ya carecía de escrúpulos cuando trabajaba como investigador privado, rasgo que Jameson exprimiría al máximo.

ORÍGENES

Antes de convertirse en Escorpión, MacDonald «Mac» Gargan era un detective privado en la miseria. Sus bajas tarifas llamaron la atención de J. Jonah Jameson, editor del *Daily Bugle*, conocido por cerrar su billetera con un candado. Jameson quería averiguar cómo conseguía Peter Parker tan buenas fotos de Spiderman, así que contrató a Gargan para que lo siguiera. Pero, alertado por su sentido arácnido, Peter siempre lograba eludir a su acechador. Gargan fue a informar de su fracaso, solo para descubrir que Jameson tenía un nuevo plan; había tenido noticias de que un científico, el doctor Farley Stillwell, afirmaba haber hallado un medio para causar mutaciones en animales. Tras ver algunos ejemplos de su trabajo, Jameson hizo un trato con Stillwell: quería que produjera un hombre más poderoso que Spiderman. Luego ofreció a Gargan 10 000 dólares por participar en el peligroso experimento. Sometido a varios tratamientos radiológicos y químicos, Gargan obtuvo los poderes de un escorpión, el enemigo natural de las arañas. Gargan no tardó en poner a prueba sus nuevos poderes. Tras batir al lanzarredes en un primer asalto, descubrió tarde que no era la fuerza de Spidey lo que debía temer, sino su inteligencia: en su siguiente encuentro Spiderman superó al villano pegándolo al suelo con telarañas y arrancándole la cola. Mientras estaba inmovilizado, Spiderman usó su sentido arácnido para esquivar los ataques del Escorpión mientras él le daba una paliza.

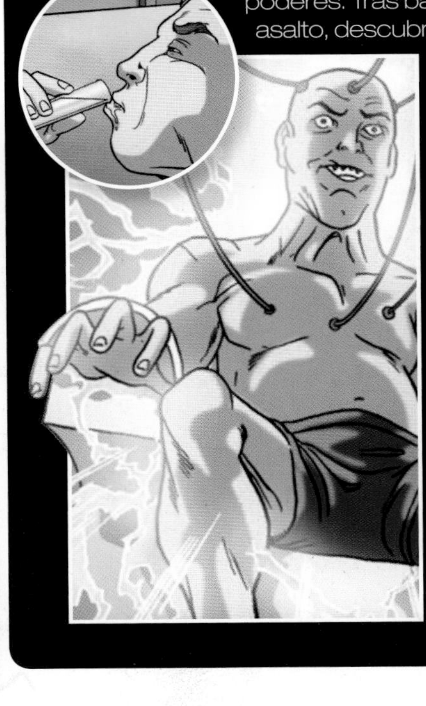

Hambriento de poder, Gargan se ofreció a Jameson para la serie de tratamientos que lo transformaron en Escorpión. Pero, cuando más tarde Jameson intentó distanciarse del villano, este desarrolló un odio obsesivo por su anterior benefactor.

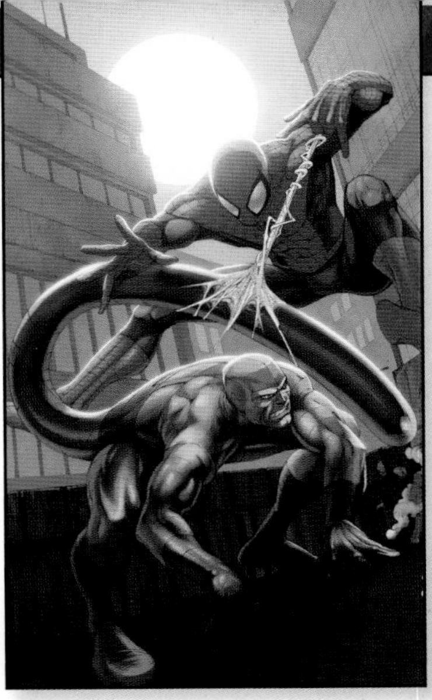

Escorpión fue el primer superenemigo de Spiderman que era realmente más fuerte que él. Incluso estando en la cima de su fuerza, Escorpión le superó en su primer combate.

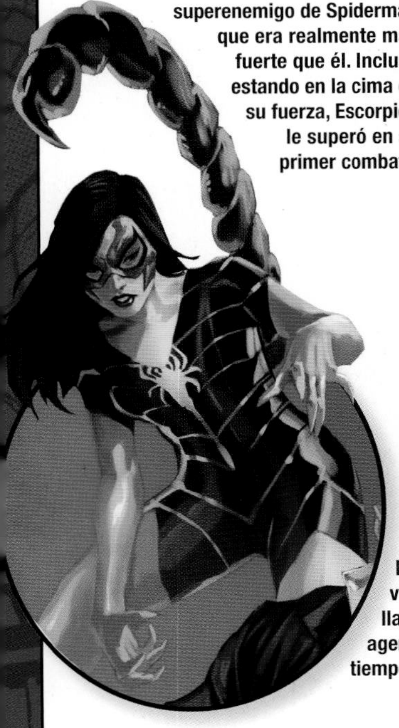

Durante la breve etapa de Gargan como el villano Veneno, surgió una joven Escorpión llamada Carmilla Black, que trabajó para la agencia gubernamental SHIELD durante un tiempo antes de independizarse.

«¿No sabes que una araña no puede derrotar a un **escorpión**?»

Escorpión

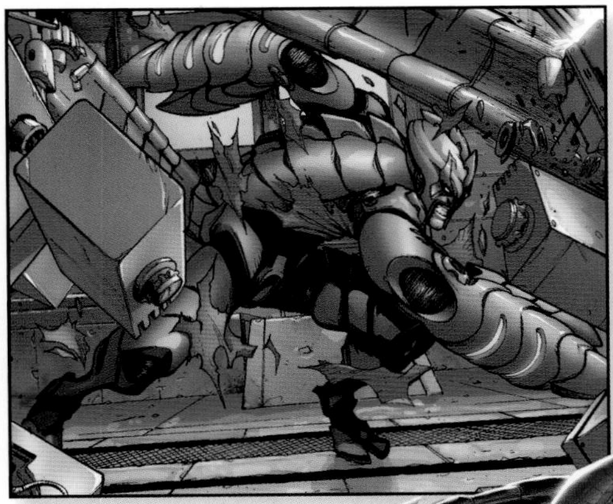

Recientemente, Gargan recibió un incremento de poder del Mata-Arañas, Alistair Smythe, haciéndolo más grande y fuerte que antes.

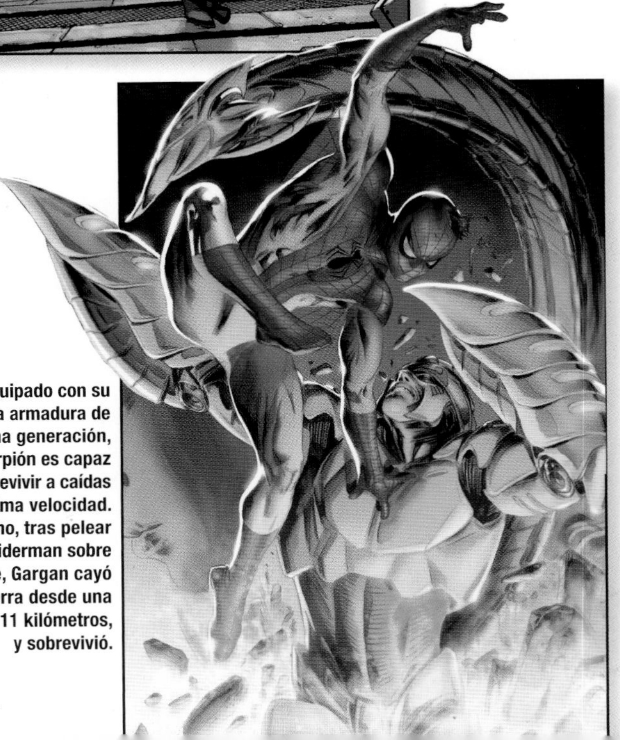

Equipado con su nueva armadura de última generación, Escorpión es capaz de sobrevivir a caídas a máxima velocidad. De hecho, tras pelear contra Spiderman sobre un cohete, Gargan cayó a la Tierra desde una altura de 11 kilómetros, y sobrevivió.

Febrero 1966

THE AMAZING SPIDER-MAN #33

«¡Pero no puedo rendirme! ¡Debo seguir **intentándolo**!»

SPIDERMAN

EDITOR JEFE
Stan Lee

PORTADA
Jack Kirby
y Steve Ditko

GUION
Stan Lee

DIBUJO
Steve Ditko

ENTINTADO
Steve Ditko

ROTULACIÓN
Art Simek

PERSONAJES PRINCIPALES: Spiderman; tía May Parker; Dr. Curt Connors; Dr. Octopus; J. Jonah Jameson; Betty Brant
PERSONAJES SECUNDARIOS: Frederick Foswell; Bennett Brant; Kraven (cameo)
ESCENARIOS PRINCIPALES: hospital (Nueva York); oficinas del *Daily Bugle*; laboratorio del Dr. Connors; calles de Nueva York; escondite submarino de Doc Ock

EN CONTEXTO

Aunque quizá no pueda rivalizar con los suspenses de las series de televisión, como el enigma «¿Quién disparó a J. R.?», de *Dallas*, o los misterios en torno al planteamiento de *Perdidos*, volviendo a 1965, los fans de Spiderman tuvieron su propio misterio en marcha para cavilar. Porque, ¿quién era el Planeador Maestro?

Un en apariencia nuevo jugador que intentaba jugar su mano en el mundo del hampa, Planeador Maestro apareció en *The Amazing Spider-Man* #31 instalado en un escondite submarino poblado por secuaces con uniformes púrpuras. Aunque los fans de Spiderman solo tuvieron que esperar a la entrega #32 para averiguar que Planeador era Dr. Octopus, para entonces, los lectores estaban enganchados a una trama múltiple que ponía en juego la vida de la anciana tía May.

Sin embargo, esta no era la primera vez que Lee y compañía usaban un enigma para hacer que los lectores regresaran mes a mes. Tal vez su intento de mayor éxito fue la cuestión de la identidad secreta de un villano recurrente, Duende Verde. El uso de estas intrigantes subtramas añadía disfrute al título, y creaba una mayor sensación de serialización para las entregas que los cómics con historias autónomas de algunos de los competidores de Marvel.

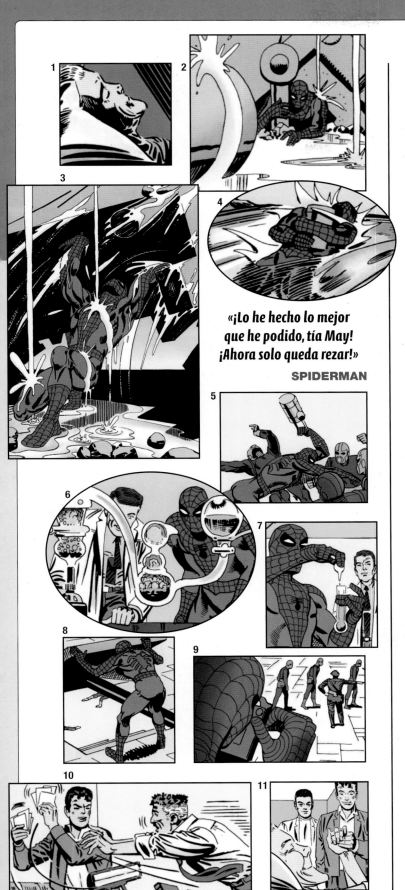

«¡Lo he hecho lo mejor que he podido, tía May! ¡Ahora solo queda rezar!»

SPIDERMAN

LA HISTORIA

Aplastado bajo un peso insoportable y con la vida de la querida tía May dependiendo de su huida, Spiderman debe encontrar fuerzas para abrirse camino hasta un lugar seguro.

Lo llamaron suero ISO-36, una fórmula experimental desarrollada en la Costa Oeste de la que se había informado que ayudaba mucho a aliviar el envenenamiento radiactivo. Pero, para Peter Parker, era mucho más que una curiosidad científica. Para Parker, el ISO-36 era la última esperanza de tía May (**1**).

Semanas atrás, en un esfuerzo por ayudar a la debilitada May, Peter había ofrecido ansiosamente su propia sangre para una transfusión. May se recuperó entonces del todo, pero, al poco tiempo, la radiación en la sangre de Spiderman la debilitó hasta el punto en que debió ser hospitalizada de nuevo, a las puertas de la muerte. Después de visitar el laboratorio del Dr. Curt Connors, antes Lagarto, Spiderman supo de la existencia del ISO-36, y empeñó todo su equipo científico para financiar su elevado coste. Connors organizó un envío del suero desde el otro extremo del país, pero ni él ni Peter tenían idea de que un conocido rostro del pasado de Spiderman había puesto los ojos sobre la fórmula experimental.

Bajo el disfraz de Planeador Maestro, Dr. Octopus hizo que sus hombres robaran el suero a su llegada a Nueva York y lo llevaran a su cuartel general submarino. Allí, Doc Ock planeaba proseguir su investigación, esperando controlar la radicación a fin de obtener aún más poder. Spiderman rastreó al villano hasta su escondrijo, pero, tras una violenta pelea, se halló atrapado bajo un amontonamiento de maquinaria pesada, con el envase de ISO-36 fuera de su alcance y el agua entrando lentamente por la estructura dañada del cubil submarino (**2**).

Canalizando toda su fuerza interior y pensando en la vida de su tía May –y también en la pérdida de su querido tío Ben–, Spiderman logró lo imposible. Poco a poco, empezó a alzarse sobre sus pies, levantando más y más los escombros hasta quedar liberado (**3**). Tropezando a través de la cámara inundada, con varias lesiones graves y con el contenedor de ISO-36 fuertemente aferrado contra su pecho (**4**), Spiderman tuvo luego que abrirse paso a través de la cámara inundada, enfrentándose a algunos hombres de Dr. Octopus, equipados con trajes de buceo. Finalmente emergió en una cámara seca, pero allí tuvo que luchar contra docenas de sicarios del villano (**5**) antes de escapar hasta el laboratorio del Dr. Connors.

Spiderman trabajó con el Dr. Connors para probar el suero (**6**). Mientras Connors no miraba, se tomó una muestra de su propia sangre radiactiva. Probó el suero sobre la muestra (**7**) sin decirle a Connors de dónde ni a quién pertenecía. Spiderman sabía que, si el suero funcionaba en su propia sangre, también lo haría con tía May. Todo lo que faltaba era entregar el suero en el hospital y esperar que eso fuera suficiente para curar a su tía. Las dos horas siguientes de expectante espera fueron un borrón nebuloso para Peter Parker. Spiderman regresó al almacén para descubrir que la banda de Planeador Maestro seguía fuera de combate (**8**). Alertó a la policía y tomó fotos del arresto de los esbirros (**9**), llevándolas al *Daily Bugle* y a las extasiadas manos de su editor, J. Jonah Jameson (**10**).

Pero el tiempo pasó, y enseguida Peter estuvo en el hospital, al lado de su tía. Los médicos le dijeron que el suero había detenido el deterioro sanguíneo y que su tía se estaba recuperando. La tía May abrió brevemente los ojos, apretó la mano de Peter e incluso sonrió (**11**). Spiderman había ganado esta batalla. Mientras los desconcertados médicos cavilaban cómo encajaba Spiderman en todo esto, Peter Parker se dirigió a casa para permitirse, por fin, un muy necesario descanso.

RINO

Tan fuerte como la bestia de la que toma el nombre, Rino es uno de los enemigos más poderosos de Spiderman. Por fortuna para este, no es realmente uno de los más brillantes. Pero lo que le falta de cerebro lo compensa de sobra con pura determinación.

Aunque Rino odia realmente a Spiderman, nunca se permite una distracción para completar una misión, pues odia aún más perder una recompensa.

ORÍGENES

Aleksei Sytsevich buscaba tres cosas en la vida: dinero, poder y mujeres. Ciudadano ruso de origen humilde que trabajaba como matón de poca monta para criminales profesionales, Aleksei tenía problemas con todas las partes de su ecuación. Actuaba de recaudador para los tiburones locales y era contratado allí donde un atraco precisara de alguien fuerte. Pero, cuando se ofreció voluntario a un grupo de espías extranjeros que habían desarrollado un traje blindado, su vida dio un gran giro. Con una prima de 10 000 dólares, aceptó someterse a un tratamiento químico y radiológico para aumentar su físico, y permitió que le injertaran un material superdenso en el cuerpo, fusionando al mismo, y de forma permanente, una casi impenetrable coraza de «rinoceronte». Su fuerza, energía y resistencia se vieron aumentadas exponencialmente. Sin embargo, su mente siguió en su poco espectacular estado original.

Cuando lo soltaron contra los oponentes de los espías, Rino atacó y destruyó de manera accidental su propio campamento, un error que le llevó a ser contratado por esos oponentes. Pero a Aleksei no le preocupó ese tropezón; porque, ahora que era Rino, empezó a comprender que su fuerza podía reportarle una suma realmente apetecible.

Aleksei sufrió durante meses una serie de tratamientos químicos y radiactivos que lo convirtieron en Rino.

Rino posee una increíble fuerza superhumana, y se sabe que ha levantado pesos de hasta 73 toneladas. Es prácticamente inmune al dolor y sumamente veloz para su tamaño.

«Solo quiero darte una vez... ¡Una!»

Rino

Rino es lo bastante profesional como para reconocer sus limitaciones, y a menudo busca aliarse con otros villanos, como Hydroman, Bumerang y Escarabajo. Si por sí solo ya es un portento, como parte de un grupo es prácticamente imparable.

Cuando Rino trató de retirarse para estar con su esposa Oksana, un indeseado sucesor ocupó su papel. El aspirante a sustituto mataría más tarde a la esposa de Rino, devolviendo a Aleksei a la senda criminal.

Gracias a su misteriosa resistencia, Rino puede correr durante horas sin cansarse y alcanzar una velocidad máxima de casi 160 km/h, destruyendo todo lo que desafortunadamente se ponga en su camino.

El traje de Rino está hecho con capas de polímero a prueba de balas y soporta incluso el impacto ¡de un misil antitanque!

Sus cuernos son afilados como cuchillas y pueden atravesar el acero.

Tras matar aparentemente a Marta Plateada y ocultarse, Rino regresó al crimen cuando el villano Chacal apareció para resucitar a su esposa, Oksana.

FICHA

PRIMERA APARICIÓN: *The Amazing Spider-Man* #41 (octubre 1966)

NOMBRE REAL: Aleksei Sytsevich

FILIACIONES: Sindicato Siniestro, Seis Siniestros, Emisarios del Mal

PODERES Y HABILIDADES: Posee fuerza y energía aumentadas, y es excepcionalmente veloz a pesar de sus inmensos tamaño y masa. Tiene una «piel» exterior extremadamente densa, similar a la de un rinoceronte, resistente a la mayoría de los daños y a las altas temperaturas. Rino es casi inmune al dolor.

A velocidad de embestida, Rino puede virar a derecha o izquierda, pero no puede hacer curvas cerradas o frenazos repentinos.

CÓMO PARAR LA CARGA DE RINO

Rino se topó por primera vez con Spiderman cuando fue contratado para secuestrar a John Jameson, el hijo del editor del *Daily Bugle*. John era un astronauta del programa espacial de EE UU, así que los jefes de Rino pretendían venderlo al mejor postor. Cuando Spiderman conoció los planes de Rino, acudió en defensa de John. Con una velocidad, una agilidad y una capacidad táctica superiores, el lanzarredes mareó al inexperto Rino, que luego fue capturado por la policía. En su siguiente encuentro, Spidey estaba preparado con una versión especial de su fluido arácnido. Esta telaraña única contenía bolitas de ácido que se fundían con la gruesa «piel» protectora de Rino y le hacían más vulnerable a los ataques.

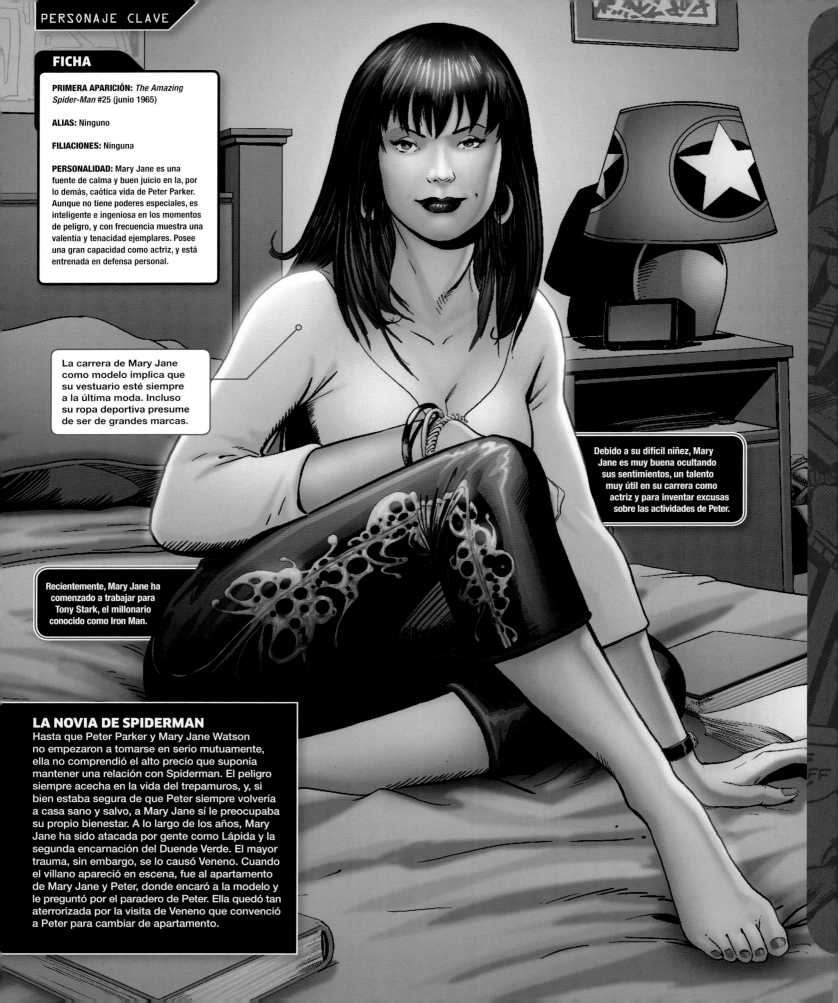

FICHA

PRIMERA APARICIÓN: *The Amazing Spider-Man* #25 (junio 1965)

ALIAS: Ninguno

FILIACIONES: Ninguna

PERSONALIDAD: Mary Jane es una fuente de calma y buen juicio en la, por lo demás, caótica vida de Peter Parker. Aunque no tiene poderes especiales, es inteligente e ingeniosa en los momentos de peligro, y con frecuencia muestra una valentía y tenacidad ejemplares. Posee una gran capacidad como actriz, y está entrenada en defensa personal.

La carrera de Mary Jane como modelo implica que su vestuario esté siempre a la última moda. Incluso su ropa deportiva presume de ser de grandes marcas.

Debido a su difícil niñez, Mary Jane es muy buena ocultando sus sentimientos, un talento muy útil en su carrera como actriz y para inventar excusas sobre las actividades de Peter.

Recientemente, Mary Jane ha comenzado a trabajar para Tony Stark, el millonario conocido como Iron Man.

LA NOVIA DE SPIDERMAN

Hasta que Peter Parker y Mary Jane Watson no empezaron a tomarse en serio mutuamente, ella no comprendió el alto precio que suponía mantener una relación con Spiderman. El peligro siempre acecha en la vida del trepamuros, y, si bien estaba segura de que Peter siempre volvería a casa sano y salvo, a Mary Jane sí le preocupaba su propio bienestar. A lo largo de los años, Mary Jane ha sido atacada por gente como Lápida y la segunda encarnación del Duende Verde. El mayor trauma, sin embargo, se lo causó Veneno. Cuando el villano apareció en escena, fue al apartamento de Mary Jane y Peter, donde encaró a la modelo y le preguntó por el paradero de Peter. Ella quedó tan aterrorizada por la visita de Veneno que convenció a Peter para cambiar de apartamento.

MARY JANE

Por su apariencia, Mary Jane Watson es el opuesto absoluto de Peter Parker. Parece una chica desinhibida y amante de la diversión, con una sonrisa constante en el rostro, pero las apariencias engañan. En Mary Jane hay mucho más que una bonita cara.

ORÍGENES

Mary Jane es hija de Philip y Madeline Watson. Su madre fue estudiante de teatro, y su padre estudió literatura norteamericana y deseaba ser escritor. Se casaron cuando salieron de la universidad, pero, cuando su sueño de ser escritor flaqueó, Philip lo pagó con su familia, maltratándola verbalmente y culpándola de su incapacidad para concentrarse. La relación se deterioró hasta el extremo de que Madeline tomó a sus hijas, Gayle y Mary Jane, y dejó a Philip.

La vida no iba a resultar nada fácil para ellas. Gayle se casó con su amor de instituto, Timothy «Timmy» Byrnes, justo después de graduarse. Timmy pretendía ser abogado, pero ella se quedó embarazada. Incapaz de hacerse cargo de las exigencias de la facultad de derecho, y con un hijo más en camino, Timmy abandonó a Gayle. La desgracia volvió a golpear cuando la madre de Mary Jane murió, justo antes del nacimiento del segundo hijo de Gayle, y esta recurrió a su hermana, a la que pidió su apoyo. Pero Mary Jane no estaba dispuesta a renunciar a su sueño de convertirse en actriz para ayudar a su hermana. En lugar de eso, Mary Jane se marchó con su tía favorita, Anna Watson, que vivía en Forest Hills. Fue en esa época cuando Anna le presentó a un joven que iba a cambiar su vida para siempre: un joven llamado Peter Parker.

Peter era renuente a que su tía May le arreglara una cita, pero, cuando conoció por fin a Mary Jane, no podía creer lo bella que era.

Mary Jane descubrió la doble identidad de Peter cuando vio a Spiderman escabullirse de la habitación de este la noche en que el tío Ben murió. Pero pasaron años antes de que ella le revelara que lo sabía.

MARY JANE

«Afróntalo, tigre... ¡Te acaba de tocar la **lotería**!»

Mary Jane

Mientras Mary Jane vivía con Peter, fue secuestrada por el Duende Verde Harry Osborn. Aunque en un primer momento estaba aterrorizada, Harry no deseaba hacer daño a su amiga.

Popular modelo y antigua estrella de la telenovela *Hospital secreto*, Mary Jane está acostumbrada a una vida de brillo y glamur.

Mary Jane ha tenido muchos admiradores, pero ninguno tan obsesivo y peligroso como su antiguo casero, Jonathan Caesar, que incluso intentó secuestrarla.

Aunque ya no son pareja, Mary Jane y Peter siguen compartiendo sentimientos profundos. Ella sigue siendo una verdadera amiga para Peter, y una de las pocas personas que conocen su doble identidad.

Spidey estaba madurando. En la década de 1970, el héroe se enfrentó a la muerte de seres queridos y vio a un amigo caer víctima de la droga. Aun en medio de controversias, Spiderman siguió tan popular como siempre, e incluso ganó un nuevo título mensual con *Peter Parker: The Spectacular Spider-Man.*

DÉCADA DE
1970

Ya era hora de dejar que Spiderman se las apañara solo. En 1971, por primer vez en su vida de ficción, el lanzarredes sería obligado a abrirse paso en el Universo Marvel sin la ayuda directa del guionista Stan Lee. Después de llevar a Peter Parker hasta el histórico *The Amazing Spider-Man* #100 (el número en el que Spidey se ve dotado de cuatro brazos extra), Lee pensó que era mejor alejarse de la mesa del autor para ir en busca de otras aventuras. Y, aunque después volvería a escribir aventuras de Spidey un par de veces, Lee ya no marcaría el rumbo de la vida del héroe.

Este no era el primer cambio en el equipo creativo responsable de Spiderman. El legendario dibujante Steve Ditko había dejado el título en 1966, después del #38, y esto había dejado sitio para el igualmente renombrado John Romita. El magnífico artista John Buscema había dibujado un puñado de números, y el asombroso Gil Kane también había asumido la tarea de dibujar a Spidey en alguna ocasión. Pero la prueba de fuego definitiva para el título fue la salida de Lee, la cual pasó sobradamente. Con el revolucionario trabajo de futuros guionistas como Gerry Conway, *The Amazing Spider-Man (El asombroso Spiderman)* siguió ganándose el adjetivo de su título entrega tras entrega.

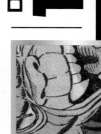

AL DORSO *The Amazing Spider-Man* #103 (diciembre 1971): Por si combatir villanos en el jardín de su casa no fuera ya arduo, Spidey viaja a menudo a lugares exóticos. En la prehistórica Tierra Salvaje, se alió con Ka-Zar contra el fantasmagórico Gog.

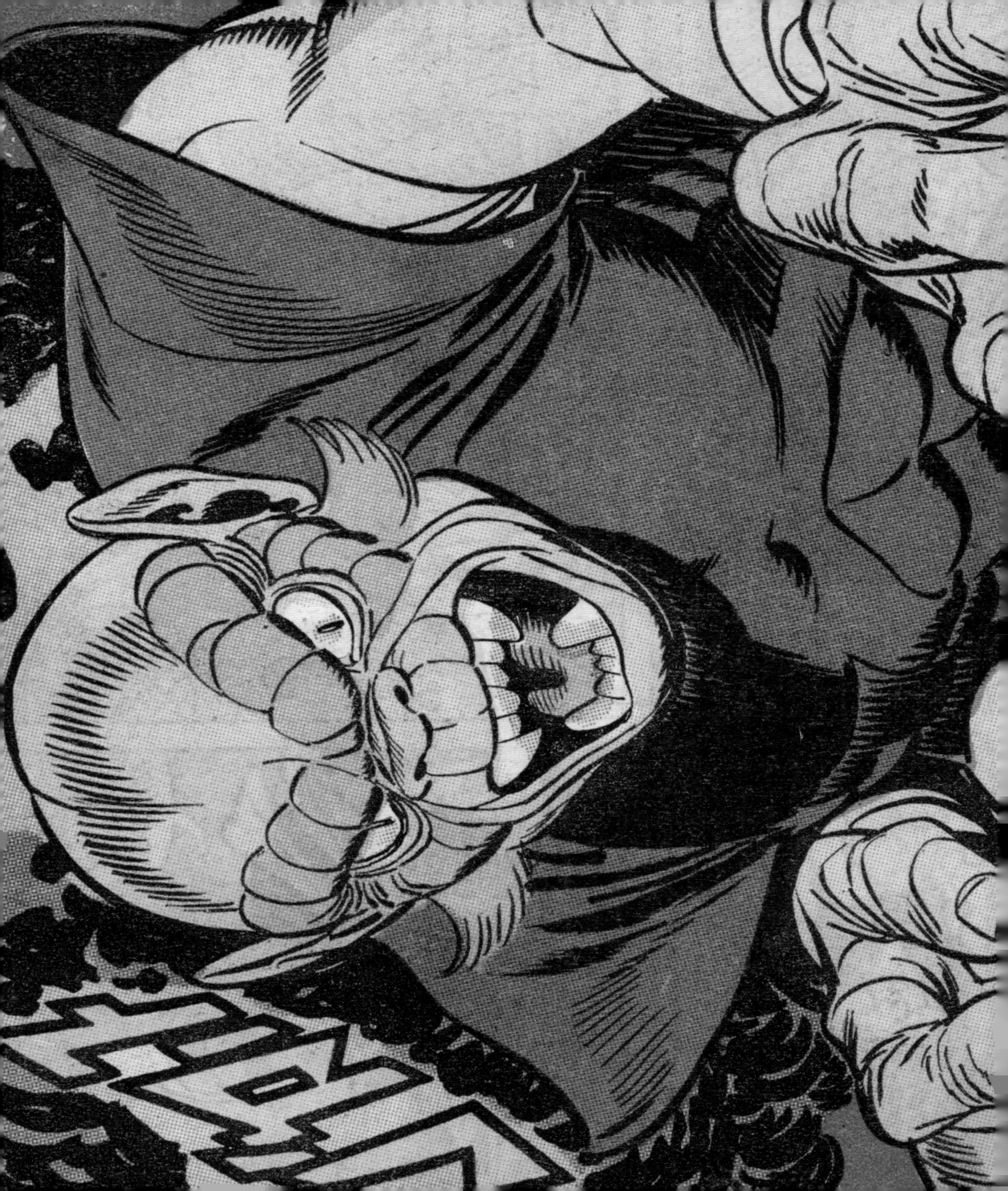

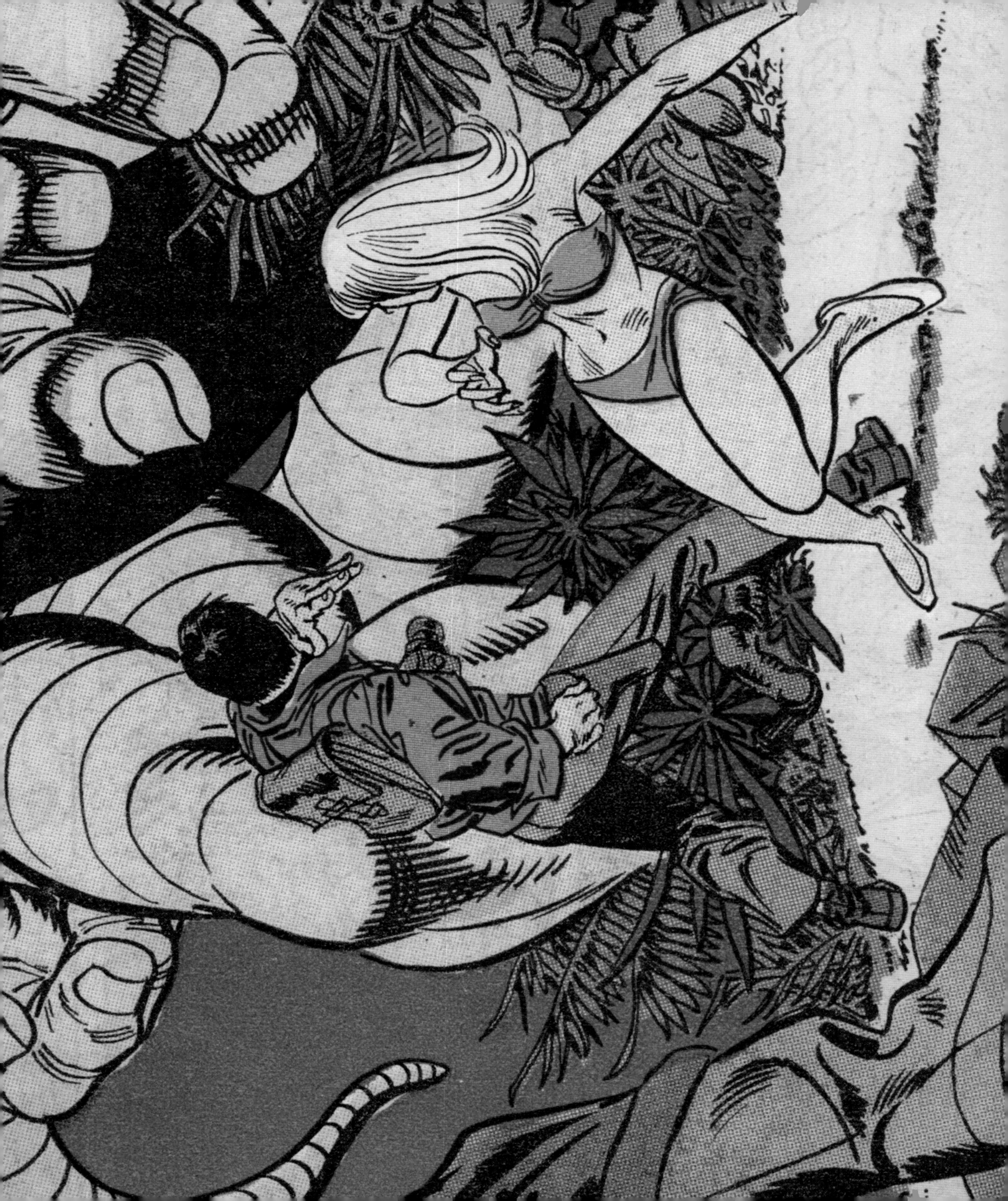

LA MUERTE DE LOS STACY

La estudiante de ciencias Gwen Stacy fue la primera mujer que atrapó realmente el corazón de Peter Parker. Con el progreso de su relación, Peter llegó a amarla más que a ninguna otra con la que hubiera salido, y deseaba pasar el resto de su vida con ella. Pero el destino tenía otros planes para ellos.

EL PRINCIPIO DEL FIN

Tras salir un tiempo, Gwen y Peter se tomaron su relación más en serio, y ella le presentó a su padre, el capitán de policía jubilado George Stacy. Stacy se mostró amable con Peter y, mejor aún, parecía apoyar a Spiderman. Se diría que, como Peter, George tenía corazón de héroe. Y ese heroísmo quedó demostrado durante una batalla en una azotea entre Spiderman y Dr. Octopus. Cuando los restos de un muro se precipitaron sobre un niño, George entró en acción y se lanzó al peligro para salvar la vida del pequeño.

Horrorizado por lo que había sucedido, Spiderman sacó al padre de su novia de debajo de los escombros. George Stacy sabía que se estaba muriendo, y le desveló que había deducido la identidad superheroica de Spiderman. Mientras moría en brazos de Peter, le pidió que vigilara y protegiera a Gwen. Aunque el capitán Stacy había aceptado su destino, Peter se culpó siempre por su muerte.

EL REGRESO DEL DUENDE VERDE

Un tiempo después de la muerte de George Stacy, comenzaron a surgir problemas para los amigos de Peter. Harry Osborn cayó en la drogadicción; la tensión de afrontarlo empujó a Norman, su padre, a la locura, haciéndole retomar el rol de Duende Verde. Norman culpó a Peter de la situación de Harry, y quiso vengarse secuestrando a Gwen Stacy, la novia de Peter.

TARJETA DE VISITA

Cuando Spiderman volvió a su apartamento, el lugar estaba destrozado, y sobre el bolso de Gwen reposaba una linterna de calabaza, el arma típica de Duende Verde. Comprendiendo que Gwen había sido secuestrada, Spidey usó su sentido arácnido para rastrear al Duende Verde hasta lo alto del puente George Washington.

Norman Osborn había secuestrado a Gwen: la había atrapado por detrás mientras ella estaba distraída, preocupada por la situación de drogadicción de su hijo, Harry.

«HAS MATADO A LA MUJER QUE AMO... ¡Y, POR ESO, MORIRÁS!»

SPIDERMAN

Durante una feroz batalla con el trepamuros en la cima del puente George Washington, Duende Verde arrojó a Gwen por un lateral. Spiderman lanzó una telaraña que la capturó en plena caída, pero, cuando la izó, descubrió horrorizado que ya estaba muerta. Mientras Spidey se lamentaba, el Duende escapó.

VENGANZA

Spiderman se dispuso a encontrar al Duende Verde y poner fin a su carrera de una vez por todas. Pero, por más que le odiase, Spidey sabía que no podría quitarle la vida a otro ser humano. Derrotó a Osborn, y, a punto de capturarlo, el villano ordenó a su deslizador que ensartara a Spiderman. Advertido por su sentido arácnido, Spidey lo esquivó en el último momento. El deslizador empaló a Osborn, matándolo en el acto, o eso parecía...

SPIDERMAN VS. CASTIGADOR

Frank Castle era un marine experimentado cuando la tragedia lo moldeó como Castigador: un vigilante obsesionado con castigar a los criminales fuera del alcance de la ley. Aunque Spiderman busque vencerlo para acabar con su cruzada contra el crimen, ambos se han aliado a veces para combatir a enemigos.

EL CASTIGO

Asesino despiadado, partidario de tirar a matar, Castigador es enemigo del sistema judicial, pero por buenos motivos. Ha peleado contra Spiderman en muchas ocasiones, y ve al cabeza de red como un tonto idealista, sin estómago para usar la fuerza letal. Spiderman piensa que Castigador es un asesino en serie atormentado que realiza actos inadmisibles para dar cauce a sus propias buenas intenciones. Ha intentado acabar con la enloquecida carrera del vigilante varias veces, e incluso se ha aliado con Lobezno y Daredevil para reducirlo, pero al final el Castigador siempre logra escapar.

HA NACIDO EL CASTIGADOR

Estando de permiso en Nueva York, Frank Castle llevó a su mujer y a sus dos hijos a Central Park, donde accidentalmente presenciaron un asesinato mafioso. Temiendo ser identificados por los Castle, los gánsteres dispararon a la familia: la esposa y los hijos de Frank murieron, y él sobrevivió. Traumatizado por el incidente, Frank juró castigar a los mafiosos. Desertó de los marines y se equipó por sí mismo para una guerra en solitario contra el crimen.

OBJETIVO: SPIDERMAN

Castigador se encontró con Spiderman cuando formó equipo con Chacal, del que Frank pensaba que era otro vigilante disfrazado. Chacal manipuló a Castle para que creyera que Spidey era un asesino, y Frank intentó llevar al trepamuros ante la justicia. Pero, en el combate, Spidey probó su inocencia, y Castigador comprendió que le habían engañado.

«A VECES ME PREGUNTO SI NO SE ME HABRÁ PEGADO ESE MAL... PERO SÉ QUE NO IMPORTA. SOLO IMPORTA EL TRABAJO.»

CASTIGADOR

ALIADOS INCÓMODOS

Spiderman y Castigador han fluctuado constantemente entre la alianza y el antagonismo. Las circunstancias los han forzado a trabajar juntos para proteger a un inocente, y la mayoría de las veces han acabado asociándose para detener a enemigos mortíferos. Así sucedió cuando colaboraron para perseguir a Moses Magnum, un criminal traficante de armas que estaba vendiendo una versión de la droga HCM (hormona de crecimiento mutante) irradiada con rayos gamma. Pero Spidey reconoce que el Castigador, en última instancia, es un asesino.

Castigador montó una operación encubierta para asesinar a Moses Magnum. Aunque Spidey no estaba de acuerdo con sus métodos, unió sus fuerzas con él para capturar al villano.

Cuando Spiderman lo ayudó a derrotar a Moses Magnum, Castigador disparó a este en el estómago: así obligó a Spidey a llevar al villano al hospital, y él aprovechó para volver a escapar.

THWIP

99

FICHA

PRIMERA APARICIÓN: *The Amazing Spider-Man* #31 (diciembre 1965)

NOMBRE REAL: Harry Osborn

FILIACIONES: Ninguna

PODERES Y HABILIDADES: Después de utilizar la Fórmula Duende de Norman Osborn, Harry obtuvo fuerza, reflejos, resistencia, velocidad, agilidad y poder de curación. También utilizó y mejoró muchas de las armas de Duende Verde, incluido el deslizador volante y sus bombas explosivas de calabaza.

Harry Osborn ha batallado siempre con su adicción a las drogas y su desequilibrio mental, esforzándose al máximo por mantener a raya sus demonios interiores.

A diferencia de su padre, Harry no tenía interés por la riqueza o el poder. Solo quería matar a Spidey.

FALLOS DEL CORAZÓN

Harry Osborn nunca ha tenido suerte en el amor, lo que le ha afectado mucho. Cuando iba al Instituto Standard con Gwen Stacy, Harry estaba loco por ella, pero nunca tuvo el valor de decírselo. Cuando Peter le presentó a Mary Jane Watson, empezó a salir con ella. Pero Mary Jane lo rechazó cuando él se hizo posesivo. Esto llevó a Harry a caer en la drogadicción y a retorcer su mente lo suficiente como para encontrar atractiva la idea de convertirse en el segundo Duende Verde.

Harry actualizó el viejo equipo de su padre, y diseñó un modelo más moderno de deslizador, que más tarde adoptaría Phil Urich.

EL NUEVO DUENDE VERDE

Harry fue puesto al cuidado del Dr. Barton Hamilton, quien logró «curarlo» de su locura. El doctor logró encontrar un medio para incluso borrar temporalmente el recuerdo de Harry de haber sido el Duende Verde. Pero, conociendo los secretos de Harry, Hamilton se aprovechó de él para convertirse en el tercer Duende Verde.

Harold «Harry» Osborn conoció a Peter Parker en la universidad, y ambos se hicieron grandes amigos. Pero todo eso cambió cuando Harry descubrió que su padre, Norman, era el Duende Verde original y que Peter era su archienemigo Spiderman.

Cuando apareció el tercer Duende, Peter supuso que detrás de la máscara estaba Harry, sin saber que, en realidad, su amigo era prisionero de Hamilton. Al final, Harry luchó contra Hamilton hasta que el tercer Duende resultó muerto por una de sus bombas.

ORÍGENES

Hijo del empresario millonario Norman Osborn, Harry siempre fue un hombre atormentado. Su madre murió siendo él niño, y su padre se encerró en su trabajo y fue un progenitor autoritario que raramente tenía tiempo para su hijo. Como resultado, Harry creció sintiéndose fuera de lugar. Aunque resentido hacia su padre, habría hecho cualquier cosa por obtener su aprobación. Percibiéndose a sí mismo como un fracaso, cayó en la drogadicción.

Oculto, Harry fue testigo de la batalla final de Spiderman con el Duende Verde original. Vio con horror cómo su padre era ensartado, y culpó erróneamente a Spiderman de su muerte. Antes de que llegara nadie más al lugar, Harry le quitó la máscara y el traje de Duende a su padre, y se aseguró de que la policía no vinculara la muerte del industrial con el Duende Verde. Más tarde, encontró el traje de Spiderman en el apartamento que compartía con Peter, y supo que su amigo era el hombre al que él culpaba de la muerte de su padre. Volviéndose contra él, Harry se convirtió en el nuevo Duende Verde, e intentó arruinar el mundo de Peter y demostrar que era lo bastante poderoso para ser el sucesor de su padre.

> «Llevaba este traje mucho **antes** de que tú lo **vieras**... ¡Y lo llevaré cuando tú ya no estés!»
>
> Harry Osborn

Aunque Harry ya ha jubilado su traje de Duende Verde, se ha visto obligado a vestirlo alguna vez, sobre todo para combatir alguna amenaza pendiente del pasado de su padre.

En un momento en que se dio por muerto a Harry Osborn, Phil Urich, sobrino del reportero del *Daily Bugle* Ben Urich, ocupó temporalmente el papel de Duende Verde…, pero no como villano, sino como héroe.

A lo largo de toda su vida adulta, Harry ha oscilado entre la estabilidad y la locura. En sus mejores días, se estableció y se casó con la vieja amiga de instituto de Peter Parker, Liz Allan. Incluso tuvieron un hijo, Normie. En los días más oscuros recayó en su personaje de Duende Verde, perdiendo todo lo ganado, y concentró sus esfuerzos en derrotar a Spiderman.

Octubre 1975

SPIDER-MAN

MARVEL COMICS GROUP

25¢ 149 OCT 02457

the AMAZING SPIDER-MAN

ONE WEB-SLINGER MUST *SLAY* THE OTHER-- OR NED LEEDS IS *DOOMED!*

EITHER WAY, THE JACKAL WILL HAVE HIS *REVENGE!*

THIS IS IT! THE ASTONISHING *CLIMAX* OF THE *SPIDEY-JACKAL WAR...*

'EVEN IF I LIVE...I DIE!'

THE AMAZING SPIDER-MAN #149

EDITOR
Marv Wolfman

PORTADA
Gil Kane

GUION
Gerry Conway

DIBUJO
Ross Andru

ENTINTADO
Mike Esposito

COLOR
Janice Cohen

ROTULACIÓN
Annette Kawecki

«El día en que no sepa si yo soy yo realmente... ¡ese día colgaré los lanzarredes para **siempre**!»

SPIDERMAN (O TAL VEZ SU CLON...)

PERSONAJES PRINCIPALES: Spiderman; Chacal; clon de Gwen Stacy; clon de Spiderman
PERSONAJES SECUNDARIOS: Ned Leeds; Tarántula, Anthony Serba; Mary Jane Watson; Joe Robertson; J. Jonah Jameson; Betty Brant
ESCENARIOS PRINCIPALES: puente de Brooklyn; bloque de pisos abandonado en el bajo Manhattan; campus de la Universidad Empire State; laboratorio de Chacal; oficinas del *Daily Bugle*; estadio Shea; un cementerio en Queens; apartamento de Peter Parker

EN CONTEXTO

Este fue el arranque de uno de los argumentos más controvertidos de la historia de Spiderman. La semilla plantada en esta trama, en varias entregas de 1975, crecería hasta convertirse en el mayor *crossover* que haya sacudido nunca el universo de Spidey... en la épica Saga del Clon, de la década de 1990.

El guionista Gerry Conway no era ajeno a la polémica. Unos años antes había escrito la muerte del viejo amor de Peter, Gwen Stacy, a manos de Duende Verde. Y, cuando Gwen regresó en los meses anteriores al #149, los fans no estaban preparados para enterarse de que solo era un clon creado por Miles Warren, un profesor de Parker. Y los fans quedaron aún más conmocionados al saber que, de hecho, Warren era el supervillano Chacal, el culpable de la mayoría de los problemas recientes de Parker. Pero, aun tras asumir estas sorpresas, los fans tampoco estarían preparados para el último clon que Chacal lanzó en *The Amazing Spider-Man* #149. Y volverían a encontrarse con la guardia baja casi veinte años después, con el regreso de ese mismo clon.

LA HISTORIA

Enfrentado a una serie de retos por el perturbado Chacal, Spiderman debe derrotar a su propio clon para salvar una vida inocente.

En el mundo de Spiderman nunca falta la emoción. Recientemente se había enfrentado a Grizzly, había destrozado su spidermóvil por culpa de las maquinaciones de Mysterio y había sabido de un supervillano dispuesto a matarle, Chacal. Y, si la vida de Spidey era complicada, la de Peter Parker no lo era menos. Porque justo cuando Peter y Mary Jane parecían estar llevando su relación al siguiente nivel, un rostro familiar regresaba a la vida de este: el rostro de Gwen Stacy, la antigua novia de Peter, a la que creía muerta tiempo atrás.

Junto con el inexplicable retorno de Gwen, volvieron también los sentimientos de Peter por ella. Pero, antes de que pudiera procesarlos, se encontró metido en un conflicto con Chacal y su cómplice Tarántula. Aunque Spiderman consiguió derrotar a Tarántula, Chacal logró sojuzgarlo con sus garras empapadas en drogas. Con Spiderman a su merced, Chacal se identificó como el viejo profesor de biología de Peter en la universidad, el profesor Miles Warren. Atado a una mesa en los sótanos de un edificio abandonado en el bajo Manhattan, el lanzarredes no tuvo más remedio que escuchar los locos desvaríos de su exprofesor (**1**). Incluso después de liberarse de sus ataduras y de haberse enfrentado a Chacal en una brutal lucha (**2**), el villano seguía empeñado en contar su extravagante historia. Según Chacal, mientras enseñaba en la clase de Peter, se enamoró de Gwen Stacy. Cuando la joven murió a manos de Duende Verde, el profesor Warren culpó a Spiderman de su muerte. Usó muestras de tejido obtenidas durante un trabajo de clase para clonar a la joven. Durante ese proceso, Warren mató a su ayudante de laboratorio, Anthony Serba, cuando este descubrió lo que estaba haciendo. Fue este traumático suceso el que acabó de hundir a Warren en la locura (**3**) e hizo aflorar el *alter ego* y la personalidad escindida de Chacal. Él trajo a la vida a la doble de Gwen Stacy (**4**) y juró derrotar a Spiderman.

Acabado su relato, Chacal escapó, no sin antes decirle a Spidey que, si quería volver a ver a Gwen, tendría que ir al estadio Shea esa medianoche. Obligado a seguir las instrucciones del loco, Spidey llegó al campo de béisbol (**5**), donde fue drogado una vez más por el villano. Cuando despertó, quedó anonadado al ver que no estaba solo; en el suelo, frente a él, estaba su clon: un doble exacto de Peter Parker, incluso bajo el disfraz de Spiderman que vestía.

Chacal les dijo a ambos lanzarredes que solo el Peter Parker real sería capaz de liberar a su cautivo, Ned Leeds. Con una bomba de tiempo lista para explotar sobre la cabeza de Ned, Spiderman y su clon lucharon (**6**), pero se dieron cuenta de la estupidez de sus actos y dirigieron su atención hacia Chacal y el rescate de Ned. Mientras, el influjo hipnótico que Chacal había impuesto sobre el clon de Gwen Stacy se desvaneció. Al acusarle de asesino, Gwen provocó que Chacal se diera cuenta de la insania de su plan (**7**); liberó a Ned en brazos de Spiderman y su clon (**8**), pero la bomba estaba a punto de explotar. Ned Leeds y Spiderman sobrevivieron a la explosión; Chacal murió en el acto. Y, atrapado en medio de la devastación, se diría que el clon de Spiderman también había muerto (**9**).

Cuando se disipó la humareda, el clon de Gwen Stacy partió a explorar el mundo, y un exhausto Peter Parker se encaminó a casa (**10**). Con su sentido arácnido zumbándole, Peter abrió la puerta; pero se trataba de una agradable sorpresa: Mary Jane Watson estaba esperándole.

> «Algún día aprenderé a llevar **tapones** en los oídos para combatir el crimen.»
>
> **SPIDERMAN**

Sometida a cirugía experimental, Gata Negra tiene garras retráctiles de felino afiladas como cuchillas.

MALA SUERTE

Se supone que un gato negro provoca mala suerte, y Felicia intentó utilizar esa superstición en su beneficio. Antes de cometer un delito, estudiaba la zona y elegía una vía de escape. Luego, para obstaculizar a quien intentase darle caza, amañaba trampas en el lugar: caída de muros, cuerdas rotas y coches fuera de control. Planificados al detalle, estos trucos convencían a sus enemigos de que ella podía hacer que la mala suerte cayera sobre cualquiera que se cruzara en su camino. Luego conoció a un grupo de científicos que le ayudaron a obtener superpoderes que le permiten influir en los sucesos y hacer que se produzcan accidentes fortuitos: las máquinas explotan y los disparos fallan. Ahora tiene ese poder de traer mala suerte que antes fingía con elaboradas trampas.

Gata Negra utiliza un garfio de agarre integrado en el uniforme. Su dominio le permite balancearse desde edificios, escalarlos, o incluso usar el dispositivo en combate como arma ofensiva.

FICHA

PRIMERA APARICIÓN: *The Amazing Spider-Man* #194 (julio 1979)

NOMBRE REAL: Felicia Hardy

FILIACIONES: Héroes de Alquiler

PODERES Y HABILIDADES: Posee uñas retráctiles integradas, así como un variado arsenal de dispositivos que le permiten ser uno de los mejores ladrones escaladores de la historia reciente. Experta en artes marciales, gimnasia y técnicas de ocultación, ahora posee superpoderes que le permiten provocar «mala suerte» en quienes se oponen a ella.

Gata Negra es muy ágil y posee unos reflejos excepcionales. Ejecuta giros, piruetas y saltos mortales en el aire con facilidad.

Gata Negra estudió vídeos de los robos de su padre para aprender sus movimientos y hacerse tan buena atleta como él.

GATA NEGRA

Es la *femme fatale* del mundo de Spiderman. Es una exnovia con demasiadas intimidades compartidas, una ladrona convertida en luchadora contra el crimen y reconvertida en señora del crimen. Gata Negra es todas esas cosas y más, y Spidey ha pasado años intentando descifrarla.

Felicia se coló de tal forma por Spiderman que decidió dar la espalda a su vida delictiva para ayudarle a combatir criminales y ganarse su cariño.

«Todo el mundo necesita algo que le saque de su vida de vez en cuando.»

Gata Negra

Gata Negra y Spiderman salieron en serio durante un tiempo. Pero la falta de interés de Felicia por la vida civil de Spiderman los distanció. Hace poco, Gata Negra ha vuelto a su antigua vida, convirtiéndose en señora del crimen, y ya no como aliada de Spidey.

Aunque en el pasado colaboraron a menudo, ahora Gata Negra odia al trepamuros, al que culpa de los actos de Spiderman Superior.

ORÍGENES

Como muchas otras mujeres en la vida de Spiderman, Felicia Hardy oculta un pasado trágico bajo su barniz de amiga de la diversión y tras su sempiterna sonrisa. Creció adorando a su padre, y solo tenía 13 años de edad cuando supo que él tenía una vida secreta. Aunque Walter Hardy fingía ser un viajante de comercio, en realidad era un famoso ladrón escalador. Cuando fue capturado y sentenciado a cadena perpetua, Felicia sintió el deseo de seguir sus pasos y retomarlo donde él lo había dejado.

Felicia usó sus habilidades como ladrona para rescatar de la prisión a su padre, Walter Hardy.

Mientras iba a la Universidad Empire State, Felicia conoció a un joven llamado Ryan con el que empezó a verse. Pero, cuando ella rechazó sus insinuaciones, Ryan la violó. Buscando venganza, Felicia inició un entrenamiento físico que aumentara su fuerza, resistencia y agilidad. También estudió artes marciales, y, de paso, inspirada por el trabajo de su padre, adquirió habilidades para forzar puertas y cajas fuertes. Sin embargo, cuando Ryan murió en un accidente de coche provocado por el alcohol antes de que Felicia pudiera cumplir sus planes de venganza, ella sintió que se le había arrebatado algo. Dando uso a sus nuevas habilidades, se puso un ajustado uniforme negro que ocultaba su identidad y se convirtió en Gata Negra.

El padre de Felicia le enseñó que, si el juego no funciona, debes cambiar el juego. Así que, cuando fue violada, rechazó convertirse en una víctima y decidió contraatacar y, por último, perseguir su destino como ladrona.

A lo largo de los años, el manto de Spiderwoman ha sido tomado por más de una mujer con superpoderes. En total ha habido cuatro Spiderwomen (aunque una resultó ser creación de un genio maligno), además de una Spidergirl.

Jessica tiene la capacidad de lanzar «rayos venenosos» bioeléctricos para aturdir o matar a sus oponentes.

JESSICA DREW

Aunque Jessica Drew y Peter Parker adquirieron superpoderes de formas muy distintas, Jessica se convertiría en parte integrante de la vida de Spidey. Durante algún tiempo, ambos fueron Vengadores, e intimaron mucho, a pesar de lo que irritaba a Jessica la necesidad de Spiderman de sazonar cada batalla con ocurrencias y comentarios brillantes.

Jessica obtuvo sus poderes en el vientre de su madre, cuando esta sufrió un accidente de laboratorio durante uno de los experimentos científicos de su padre. Fue entrenada desde tierna edad como agente de campo de la organización criminal Hydra, y luego le dio la espalda al siniestro grupo y se labró un nombre como la primera Spiderwoman del mundo.

Aunque ahora tiene un hijo que criar, Jessica prosigue sus aventuras heroicas como luchadora contra el crimen y como investigadora privada.

Como Spiderman, Jessica puede adherirse a casi cualquier superficie. Posee, además, velocidad, fuerza y resistencia aumentadas.

JULIA CARPENTER

Aunque ahora es conocida como la precognitiva Madame Web, Julia Carpenter inició su carrera de superheroína como la segunda Spiderwoman. Después de que le inyectaran un misterioso suero que le permitía proyectar redes psiónicas superfuertes con la mente, Julia adoptó un uniforme blanco y negro y se dispuso a darlo todo para ayudar a la sociedad. Su traje inspiró muchos otros en el curso de su carrera, e incluso influyó subconscientemente en Spiderman cuando este vistió de negro al enfundarse en su traje simbionte alienígena. Más tarde, Julia cambió su nombre por Arachne, antes de aceptar su papel como nueva Madame Web, y cedió su traje blanco y negro a Anya Corazón, Spidergirl. Julia ha hecho muchos amigos y aliados a lo largo de su carrera de superheroína, sirviendo en varios grupos de superhéroes, como los Vengadores.

ANYA CORAZÓN

Anya ha adoptado hace poco el papel de Spidergirl, aunque se encontraba más cómoda con su nombre heroico original, Araña. Receptora de poder por un culto arácnido místico que creía en los poderes totémicos de la araña, Anya se convirtió en aventurera, sacando partido a los poderes que le fueron concedidos y que han ido yendo y viniendo con el tiempo. Perdió a su padre a manos de un desbocado Hulk Rojo controlado por la tenebrosa organización RAVEN. No obstante y pese a que su vida no ha estado exenta de tragedia, Anya intenta ser positiva. Hace poco luchó junto a los saltadimensionales Guerreros Araña.

MATTIE FRANKLIN

Durante una época en que Peter Parker dejó de ser Spiderman, Mattie Franklin dio un paso adelante para ocupar su papel. Tras obtener poderes durante un ritual místico llamado Reunión de los Cinco, Mattie hizo uso de esas habilidades enmascarada como el trepamuros original. Cuando Parker retomó su carrera heroica, ella utilizó el nombre Spiderwoman hasta su hundimiento final. La vida de Mattie cayó pronto tan bajo que su sangre llegó a venderse en el mercado negro como la droga HCM (hormona de crecimiento mutante).

CHARLOTTE WITTER

No todas las mujeres que han adoptado el nombre de Spiderwoman han salido a proteger el mundo. Charlotte Witter era un alma torturada, programada por Dr. Octopus para destruir a los héroes del mundo con poderes arácnidos. Witter fue diseñadora de moda hasta que el Dr. Octopus vio algo en ella y decidió secuestrarla. Doc Ock empleó la tortura, la inanición y la experimentación genética para lavarle el cerebro y convertirla en su esclava «voluntaria». Sumada a la causa de Octopus y armada con cuatro patas de araña, esta Spiderwoman salió a la caza de otros con su mismo nombre. Finalmente atrajo la atención de Spiderman al atacar a la heroína incipiente Mattie Franklin.

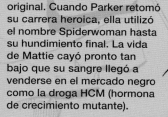

La corta vida de Mattie acabó cuando fue secuestrada por la familia Kraven durante su «Cacería Macabra». Fue apuñalada en una ceremonia ritual para sacar de su tumba al Cazador Macabro, hijo de Kraven.

En la década de 1980, plena de negras amenazas y cruda violencia, los cómics tomaron un cariz cada vez más oscuro, y ni el desenfadado Spiderman fue inmune a tal tendencia. Si bien Parker logró mantenerse al margen, su traje no lo hizo.

DÉCADA DE
1980

En la década de 1980, el traje de Spiderman ya era todo un símbolo. El simpático trepamuros había alcanzado el superestrellato de los cómics, por lo general reservado a personajes con 20 años más de historia. Sin embargo, gracias a su exitoso título, a los espacios televisivos y al *merchandising*, las redes rojiazules de Spiderman no solo cobraron fama nacional, sino mundial, de modo que Marvel decidió sorprender a todos y cambiar su traje.

En el superventas *Guerras Secretas*, su primer *crossover* gigante, Spiderman viajó a un lejano planeta llamado Mundo de Batalla, donde encontró un traje alienígena negro. Lo llevó consigo de vuelta a la Tierra y así, sin más, apareció un nuevo Hombre Araña.

El traje alienígena no llegó a ser una prenda permanente de su vestuario, pero su imagen oscura sí. En una época poblada de cómics inspirados en el clásico seminal de Frank Miller *Batman: El regreso del Caballero Oscuro* y en la lóbrega obra maestra de Alan Moore *Watchmen*, era más que pertinente que Spiderman vistiera acorde con el nuevo nivel de inquietantes peligros que afrontaría en los años venideros.

DÉCADA DE

1980

AL DORSO *Web of Spider-Man #2* (mayo 1985): El traje negro original de Spidey era un simbionte alienígena ávido de unirse a él para siempre. Al final, Peter lo desechó, pero, como le gustaba ir de negro, se hizo un traje idéntico de justiciero.

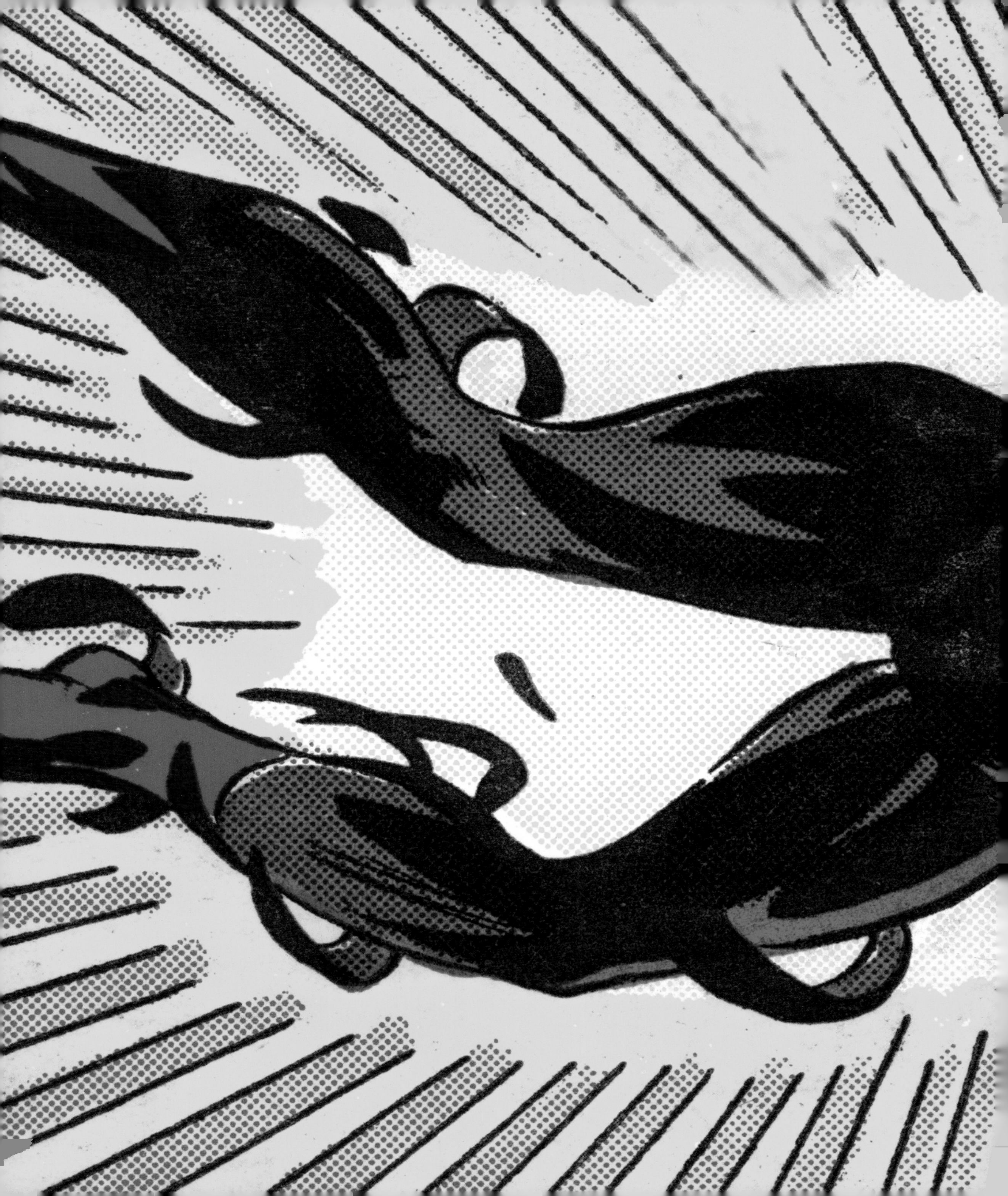

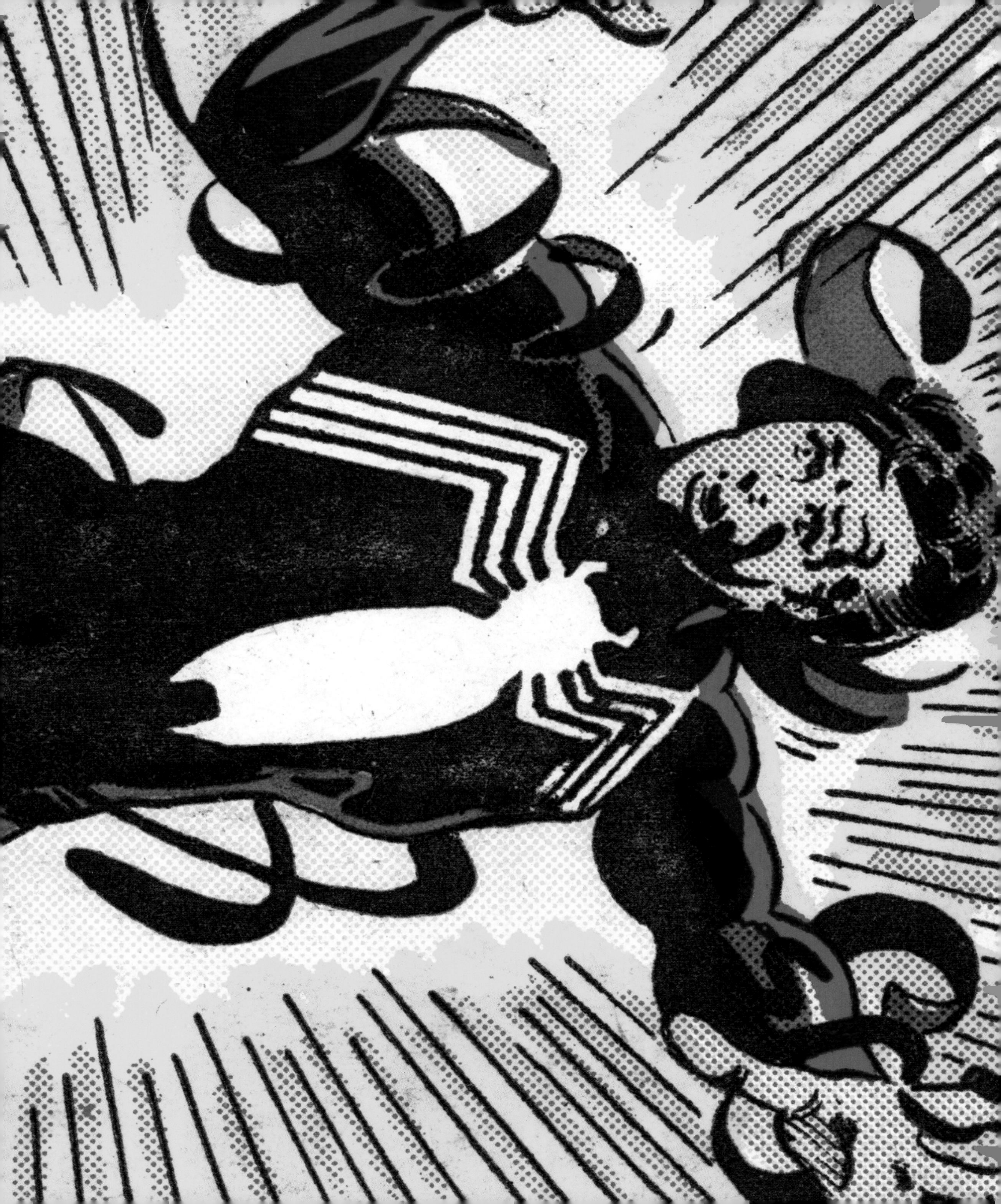

¿QUIEN ES EL DUENDE?

La identidad secreta del Duende es uno de los mayores misterios de la carrera de Spiderman. Cuando Flash Thompson, antiguo compañero de instituto de Peter, tildó al Duende de ser un cobarde y un cerdo en una entrevista de televisión, el villano se vengó drogándolo y poniéndole un traje de Duende para engañar a Spidey. Después se halló muerto a Ned Leeds, reportero del *Daily Bugle*, con un traje de Duende y rodeado de pruebas incriminatorias. Sin embargo, al final se reveló que el Duende había sido siempre Roderick Kingsley, un magnate de la moda sin escrúpulos.

PRIMERA APARICIÓN: *Peter Parker, the Spectacular Spider-Man* #43 (junio 1980)

NOMBRES REALES: Roderick Kingsley (Duende I); Arnold «Zurdo» Donovan (Duende II); Ned Leeds (Duende III); Jason Macendale (Duende IV); Daniel Kingsley (Duende V); Phil Urich (Duende VI)

FILIACIONES: Seis Siniestros (Duende IV); Solitarios (Duende VI)

PODERES Y HABILIDADES: El Duende tiene velocidad, resistencia, fuerza y reflejos aumentados, y todo un arsenal de armas tecnológicas, como sus bombas calabaza. La «risa lunática» del Duende VI distorsiona las ondas de sonido.

El Duende luce una armadura a prueba de balas bajo el peto.

En su bolsa lleva farolillos de calabaza explosivos, granadas y afilados bumeranes en forma de murciélago.

Sus guantes están entretejidos con microcircuitos que generan descargas muy potentes de energía eléctrica.

El deslizador murciélago del Duende pesa unos 40 kg y alcanza una velocidad máxima de 180 km/h. La máscara del traje incorpora sus mandos, que se activan con la voz.

En su identidad civil, Roderick Kingsley (que resultó ser el Duende original) era fabricante de ropa, así que usaba sus contactos para procurarse el equipo más puntero.

Otros hombres desempeñaron su papel, como Jason Macendale (antiguo Jack O'Lantern), pero Kingsley fue probablemente el Duende de más éxito.

> «¡El Duende Verde ya no existe! Pero en su lugar se alza... ¡¡el Duende!!»
>
> Duende

El antiguo y heroico Duende Verde Phil Urich mató al hermano de Kingsley, Daniel, quien se disfrazó de Duende. Phil adoptó el papel de Duende hasta que lo abandonó a raíz de sus conflictos con Kingsley.

DUENDE

El Duende es uno de los mayores adversarios de Spiderman, pues tiene todos los poderes y dispositivos del Duende Verde, pero sin la tara de su locura. Varios personajes han adoptado su papel, pero el más destacado es el original, cuya identidad estuvo envuelta en misterio durante años.

ORÍGENES

La saga del Duende empezó con un simple atraco a un banco. Spiderman atrapó a los bandidos, salvo a George Hill, que huyó por las alcantarillas y se topó con un escondrijo secreto que había pertenecido a Norman Osborn, el Duende Verde original. Al percatarse del valor de lo que había encontrado, George contactó con un socio anónimo, un hombre misterioso que acabó matándolo y saqueó la guarida. Con la ayuda de las notas de Osborn, el asesino dio con los otros escondites del Duende Verde y los desvalijó todos.

El Duende edificó su carrera sobre el arsenal de inventos del Duende Verde, que robó de las guaridas secretas de Norman Osborn.

El hombre misterioso acabó adorando el genio de Norman, pero también se dio cuenta de que aquel Duende Verde original estaba loco, así que juró no cometer los errores de su predecesor, modificó un viejo traje del villano y se convirtió en el Duende.

Sin embargo, al igual que Osborn, este Duende ansiaba más poder, y al poco tiempo trató de recrear el accidente que hizo superfuerte a Osborn. Como era cauto, probó la fórmula primero en un criminal llamado Zurdo Donovan. El experimento fue un éxito, el Duende eliminó a Donovan y lo probó consigo mismo. Luego mejoró la fórmula de Osborn, y obtuvo aún más superfuerza de la que poseyera jamás el Duende Verde.

El Duende era un villano más sereno y contenido, pero no hacía ascos a la teatralidad. Llevaba un excéntrico traje y una máscara de duende.

NADA PUEDE DETENER AL JUGGERNAUT

Cain Marko encontró por casualidad un rubí místico que lo transformó en el Juggernaut, un coloso humano. Cuando el villano viajó a Nueva York, Spiderman descubrió lo adecuado que era su apodo.

MISIÓN: MADAME WEB

El terrorista internacional Black Tom Cassidy supo de la existencia de una vidente llamada Madame Web y pensó que podía utilizar su poder para derrotar a la Patrulla-X. Así que mandó a su aliado, el Juggernaut, a secuestrar a la adivina. Esta, gracias a sus poderes psíquicos, supo que el Juggernaut iba en su busca y pidió ayuda a Spidey, quien comprendió enseguida que sus trucos habituales no funcionaban contra aquel gigante; aunque también sabía que no podía abandonar a su suerte a la indefensa Madame Web.

UNA BATALLA PERDIDA

Pese a su empeño, Spidey ni siquiera pudo frenar al Juggernaut. El villano capturó a Madame Web, pero, cuando se dio cuenta de que esta moriría sin su sistema de soporte vital, se deshizo de su exhausto cuerpo, irritado por haber hecho un esfuerzo en vano. Spiderman se negó a rendirse, y la batalla se desplazó a un solar en construcción. Allí, Peter consiguió engañar al Juggernaut para que cayera sobre unos cimientos de hormigón aún blando. El titán se vio arrastrado al fondo por su propio peso, pero, gracias a las propiedades místicas del rubí que le dio sus poderes, no se ahogó. Spidey sabía que, tarde o temprano, el Juggernaut saldría de aquella trampa.

UNA FUERZA DE LA NATURALEZA

El Juggernaut posee fuerza suficiente como para levantar más de 90 toneladas y además puede rodearse de un campo de fuerza impenetrable que lo protege de todo daño. Cuando Spiderman lo ataca de frente, el villano apenas siente una ligera molestia.

Unos años y varios encuentros después de que Spidey lo dejara sumergido en hormigón, el Hombre Araña recibió un buen susto cuando descubrió el cuerpo sin fuerzas del Juggernaut estrellado en Central Park. Al parecer había algo que sí podía con él, pero el trepamuros no tenía prisa por saber qué era.

AFERRADO A LA VIDA

Cuando el Juggernaut se estrelló en Central Park, la policía lo encerró en un sitio seguro, pero Spiderman se coló dentro para interrogarlo. Y allí se encontró con la poderosa fuerza que derrotó al titán, William Nguyen, la última encarnación del Capitán Universo, quien no deseaba otra cosa que matar al gigante. Pero Spiderman no le dejaría cometer un asesinato a sangre fría.

EL CAPITÁN UNIVERSO

William Nguyen recibió los poderes cósmicos del Capitán Universo tras un intento de suicidio. William culpaba al Juggernaut de dañar un edificio y costarle el trabajo, así que lo primero que hizo con ellos fue dar caza y destruir al hombre que causó su caída en picado. Pero había más en juego que la simple venganza. Cuando, unos años atrás, el Juggernaut escapó del cemento, agitó el lecho rocoso bajo Nueva York. Nguyen estaba obsesionado con matar al coloso en vez de arreglar las placas tectónicas, pero él y Spidey se hicieron a un lado, atónitos, cuando el poder del Capitán Universo se transfirió de forma temporal al Juggernaut a fin de que el poderoso villano remediara su error del pasado y reparara el daño hecho a Nueva York.

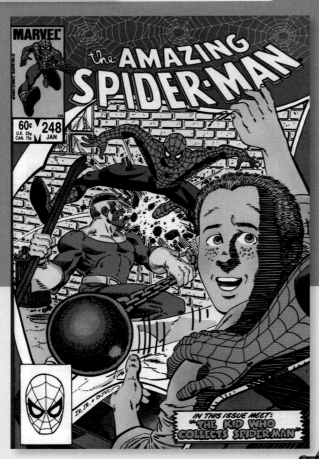

Enero 1984

THE AMAZING SPIDER-MAN #248

«**¿¿Spiderman quiere conocerme?!
¡Ahora sé que estoy soñando!**»

Timothy Harrison

EDITOR JEFE
Jim Shooter

PORTADA
John Romita Jr.
y Terry Austin

GUION
Roger Stern

DIBUJO
Ron Frenz

ENTINTADO
Terry Austin

ROTULACIÓN
Joe Rosen

COLOR
Christie Scheele

PERSONAJES PRINCIPALES: Spiderman; Timothy Harrison
PERSONAJES SECUNDARIOS: Jacob Conover; el ladrón;
tía May Parker; tío Ben Parker
ESCENARIOS PRINCIPALES: clínica contra el cáncer
Slocum-Brewer; estudio de televisión en Nueva
York; hogar de los Parker; almacenes de
Acme en Queens (Nueva York)

EN CONTEXTO

A simple vista, *The Amazing Spider-Man* #248 era muy similar a otros números de Spiderman del momento. La portada lucía una imagen llena de acción de Spidey luchando contra un villano, y parecía prometer un combate habitual entre el bien y el mal. La primera historieta del número brindaba exactamente lo que se esperaba, ya que Spiderman se enfrentaba a Bola de Trueno, miembro de la malvada Brigada de Demolición. Sin embargo, fue la segunda historia la que hizo que este cómic se destacara de entre los otros publicados ese mes. De hecho, esa historia, titulada «El niño que coleccionaba Spiderman», acabaría siendo una de las más queridas e inolvidables de todos los tiempos.

Su guionista, Roger Stern, influido por el estilo de *The Spirit*, cómic del autor y dibujante Will Eisner, confirió al relato un interés humano que arrebató el protagonismo a Peter Parker y a su *alter ego*, Spiderman. Stern utilizó al superhéroe como personaje secundario, y, pese a ello, se las arregló para crear un clímax sorprendente y darle un giro final que aún genera debates entre los fans. Para muchos lectores, el meollo de esta historieta hace de ella una de las mejores del trepamuros.

«¡Es nuestro secreto! Para siempre jamás... Te lo juro.»

Timothy Harrison

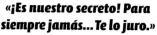

LA HISTORIA

Spiderman visita a su admirador número uno, Timothy Harrison, y toma la compasiva decisión de desvelarle su identidad secreta al chico.

Timothy Harrison era distinto a muchos muchachos de su edad. Sin duda, Tim disfrutaba de la mayoría de los pasatiempos habituales de los chicos de nueve años, pero tenía un interés particular que lo diferenciaba. Coleccionaba todo lo habido y por haber sobre Spiderman. Por eso, cuando un día apagó la luz de su cuarto y se preparó para otra noche de sueño sin acontecimientos memorables, se volvió loco de emoción cuando cierto trepamuros le hizo una visita (**1**).

Spidey descubrió a Timothy a raíz de un artículo del columnista Jacob Conover en el *Daily Bugle*. Timothy tenía rebosantes álbumes con recortes de artículos de revistas y periódicos sobre su ídolo, y hasta un vídeo de las primeras apariciones del cabeza de red en televisión. El artículo de prensa sobre Tim hizo que Spiderman dejara por un momento su papel de justiciero para conocer en persona a su fan número uno. Pero nuestro héroe no había tenido en cuenta que Timothy, como buen neoyorquino, tendía a ser un tanto escéptico. Sin embargo, cuando Spiderman levantó como si tal cosa al chico, con cama y todo, por encima de su cabeza, Tim se dio cuenta de que estaba de verdad en presencia de su héroe favorito.

Enormemente ilusionado con la visita, le enseñó a Spidey su álbum de recortes (**2**). Ambos hojearon artículos de prensa que se remontaban a los inicios de la carrera de Spiderman, y el héroe le explicó cómo obtuvo sus poderes. Hasta le dio una clase práctica sobre cómo funcionaban sus lanzatelarañas (**3**).

Pero Tim era muy curioso, y no iba a dejar pasar esa oportunidad de oro para preguntarle por qué razón abandonó su vida de fama y fortuna para dedicarse a combatir el crimen. Para sorpresa de todos, Spidey fue honesto con él y le habló del ladrón al que no detuvo, el cual mató después a alguien que le era muy querido. Timothy lo comprendió, y no envidió en absoluto los errores pasados de su héroe (**4**).

Luego, a medida que ambos hacían un viaje por los recuerdos, su charla se hizo más relajada. Tim le mostró a Spidey unas balas que extrajo de la pared de un banco una vez en que unos atracadores dispararon al héroe y fallaron. Y los dos se rieron de lo lindo con un álbum de recortes lleno de las retractaciones que J. Jonah Jameson se había visto obligado a publicar en el *Daily Bugle* cada vez que se había equivocado en sus conclusiones sobre el trepamuros (**5**).

De pronto, Spiderman se dio cuenta de lo tarde que era, así que tapó al muchacho y se dirigió a la ventana para irse (**6**). Pero, justo cuando se disponía a hacerlo, Tim le pidió un último favor: le rogó que se quitara la máscara y le mostrara su auténtico rostro. Para su asombro, Spidey lo hizo (**7**).

Spiderman le contó que su nombre real era Peter Parker, que era fotógrafo del *Daily Bugle* y el autor de casi todas las fotografías de los artículos que acababan de hojear. Abrumado por la confianza que su héroe depositó en él, el joven Tim se juró a sí mismo que jamás desvelaría todo eso, y le dio a Spiderman –Peter Parker– un abrazo antes de que se fuera (**8**). Spidey lanzó unas redes y salió por la ventana de su cuarto (**9**). Un segundo después, se detuvo en un muro cercano y se tomó un respiro para reponerse de la emoción (**10**). Luego se adentró en la noche, lejos de la clínica contra el cáncer Slocum-Brewer (**11**).

Y es que Tim Harrison era distinto de muchos niños de su edad. Le habían diagnosticado leucemia, y solo viviría unas semanas.

THE AMAZING SPIDER-MAN #248

ADIÓS A LO VIEJO

En un momento dado, Spiderman se encontraba en la Tierra investigando un extraño edificio en Central Park, y al siguiente, un ser casi omnipotente llamado Todopoderoso lo llevó a una galaxia muy lejana. El Todopoderoso obligó a Spidey y a un puñado de héroes y villanos a luchar en un planeta llamado Mundo de Batalla. Tras varias peleas, el traje del trepamuros quedó hecho trizas.

El traje alienígena se adaptaba a su cuerpo y reaccionaba a sus pensamientos.

En Mundo de Batalla, Spiderman halló una máquina que remplazó su viejo uniforme por una versión negra alienígena.

LA SAGA DEL TRAJE ALIENÍGENA

Spiderman regresó de un épico combate entre superhéroes y supervillanos en el lejano planeta Mundo de Batalla con un recuerdo singular: un elegante traje negro que cambiaría su vida para siempre.

El nuevo traje podía generar un suministro aparentemente infinito de telaraña y cambiar su aspecto a voluntad, e incluso imitar su ropa de calle.

Y HOLA A LO NUEVO

Tras vencer a los malos y huir del Todopoderoso, los héroes volvieron a la Tierra, y Spidey se llevó el traje alienígena. Lo adoptó como nuevo uniforme y estableció con él una especie de vínculo psíquico que ambos mantenían incluso cuando se separaban físicamente. Si el traje estaba en otra habitación, acudía a Peter cuando lo llamaba con su mente.

TERRORES NOCTURNOS

Cada noche, mientras Peter dormía, el traje alienígena se acoplaba a su cuerpo, y, aun estando inconsciente, sacaba a Spidey a trepar muros de noche, sediento de la adrenalina que segregaba Parker. Por las mañanas, el lanzarredes no recordaba sus aventuras nocturnas, pero se levantaba agotado. Sabía que algo iba mal, pero ni se imaginaba la increíble verdad.

El nuevo traje de Spiderman lanzaba redes desde las muñecas, hecho que el Puma comprobó de primera mano, para disgusto suyo.

¡ESTÁ VIVO!

Exhausto, Spiderman pidió ayuda a Reed Richards, alias Mr. Fantástico (de los 4 Fantásticos). Tras una serie de pruebas, Mr. Fantástico hizo una declaración asombrosa. En lugar de un traje compuesto de una tela desconocida extraterrestre, el nuevo traje de Spidey era una criatura viva, un simbionte consciente que había formado un vínculo psíquico y mental con el lanzarredes.

CON VOLUNTAD PROPIA

En cuanto se desveló el secreto del simbionte, este trató de aferrarse de modo permanente al cuerpo de Spiderman. El héroe hizo cuanto pudo por rehuirlo, pero el alienígena lo tenía bien agarrado y casi acaba con él en el proceso. Por fortuna, Reed Richards descubrió que el simbionte era vulnerable a ciertas frecuencias de sonido. Con esas ondas, Richards logró separar a Spidey del traje, y nuestro héroe se liberó. Luego, el alien fue encarcelado.

DOBLAN LAS CAMPANAS

Posteriormente, el simbionte escapó del laboratorio y se abalanzó sobre un desprevenido Spiderman. Desesperado, Spidey lo condujo hasta el campanario de Nuestra Señora de Todos los Santos, seguro de que el ruido de las campanas lo liberaría del alienígena. Este sabía que solo uno de ellos lograría sobrevivir, y se sacrificó para salvar a Peter.

LA MUERTE DE JEAN DeWOLFF

DeWolff estaba del lado de Spiderman. Era una miembro leal del cuerpo de policía, una devota de la justicia que hacía lo correcto. Y, como tantos de los buenos que Spiderman y Peter Parker conocieron a lo largo de la vida, estaba destinada a una muerte violenta.

UN NEGOCIO FAMILIAR

El padre de Jean DeWolff era policía. Es más, su querido padrastro también lo era. Y ella creció creyendo que la vida en el cuerpo policial era glamurosa, sin advertir al principio los peligros que implicaba. Pero, cuando ascendió al rango de capitana en el NYPD, descubrió esos peligros por sí misma.

Jean ascendió rápido en el escalafón del cuerpo, recibió muchas distinciones por su esfuerzo y alcanzó un cargo superior al de su idolatrado padrastro.

EL PECADO ORIGINAL

Jean DeWolff estaba en su casa cuando recibió un disparo en el pecho. Por si fuera poco, no encontraron su cuerpo hasta que los vecinos advirtieron el olor en el pasillo. Fue un horrible y misterioso asesinato y, como Jean era amiga de Spiderman, este no iba a dejar su resolución simplemente en manos de la policía.

Para Jean, Spidey era un valioso aliado del cuerpo policial.

A fin de ayudar a dar con el asesino de Jean, Spidey se reunió a menudo con Stan Carter, el sargento a cargo del caso. Eran como dos compañeros: cada uno le pasaba al otro información para hallar al homicida. Y, de paso, Carter le dio a Spiderman unos consejos detectivescos. Uno de ellos se le quedó grabado en su mente: vigilar a los sospechosos más sutiles en vez de a los más obvios «locos declarados».

UN HOMBRE TRANQUILO

Cuando interrogaron al delincuente en comisaría, Daredevil escuchó sus latidos y supo que estaba mintiendo. Él y Spiderman registraron el piso del sospechoso y descubrieron que el auténtico Devorador de Pecados vivía al lado. Era el sargento Stan Carter, el detective que ayudaba al lanzarredes. Resultó que era un antiguo agente de SHIELD que fue sujeto de pruebas voluntario de una droga de violentos efectos secundarios. Al final, el verdadero villano era exactamente el tipo de sospechoso que el sargento Carter había descrito a Spidey.

DAREDEVIL ENTRA EN ESCENA

Lo que no sabía Spidey era que quien mató a Jean estaba a punto de convertirse en un asesino en serie. Se cubría el rostro con un pasamontañas, se hacía llamar Devorador de Pecados y apareció en un juzgado de Manhattan con una ametralladora. Mató al juez Horace Rosenthal y llamó la atención del abogado Matt Murdock, también conocido como Daredevil. Mientras este lo perseguía, Spiderman se las vio con el Devorador de Pecados en una calle de Nueva York.

A pesar de los esfuerzos de Spidey, el Devorador de Pecados logró escapar, y en su huida disparó a un civil. El villano continuó con su frenesí homicida por la ciudad, y Spiderman y Daredevil fueron tras él. Finalmente, cuando el Devorador de Pecados entró en el edificio del *Daily Bugle* para matar a J. Jonah Jameson, Peter Parker lo derribó por sorpresa, y el villano fue arrestado.

Hubo un tiempo en que el mundo se asombraba ante sus proezas físicas; su valor causaba admiración y sus hazañas despertaban envidia. Hasta que Spiderman le dio a conocer el fracaso y la humillación. Ya era hora de que Kraven el Cazador recobrara su gloria en una última cacería.

LA ÚLTIMA CACERÍA
DE KRAVEN

ENTERRADO VIVO

Kraven era más raudo que una pantera y más fuerte que un gran primate, pero sabía que ya no estaba en su mejor forma, y creía que jamás descansaría en paz hasta que hiciera morder el polvo a Spiderman. Así que ideó un osado plan. El demente villano se imbuyó de la esencia de Spidey, sepultándose vivo bajo una montaña de arañas y usando pociones y hierbas de la jungla para aumentar su conciencia y prepararse mentalmente. Y luego se enfrentó al Hombre Araña.

Spiderman estaba una noche por ahí lanzando redes cuando, de pronto, Kraven lo atacó, lo drogó y se lo llevó. Lo cierto es que Spidey no se alarmó demasiado cuando el cazador avanzó hacia él, hasta que vio el rifle y la mirada de Kraven, que lo apuntó y le disparó en la cabeza. Tras ello, el villano se llevó su cuerpo a su finca, lo metió en un ataúd y lo enterró allí.

Sin embargo, pese a haber vencido a su peor enemigo, Kraven no estaba satisfecho.

Kraven derrotó a su enemigo, pero no quedó saciado. Aún tenía la necesidad de demostrar su superioridad.

Pensaba que, para demostrar su superioridad, él mismo debía convertirse en su adversario. Así que se vistió con el traje de Spidey y empezó a patrullar por la ciudad, dispensando su atroz sentido de la justicia y matando a varios criminales.

Kraven se hizo pasar por Spidey, y hasta salvó a Mary Jane de unos atracadores, pero ella lo descubrió enseguida.

RESURRECCIÓN
Mientras Kraven vencía a Alimaña, el genuino Spidey empezaba a agitarse –Kraven solo lo había drogado–. Sepultado bien hondo, Peter abrió los ojos. Ansioso por reunirse con Mary Jane, rompió el ataúd y se abrió paso escarbando la tierra hasta la superficie. Habían pasado dos semanas desde que Kraven lo enterrara vivo.

ALIMAÑA

Alimaña, un rostro maligno del pasado de Spidey, es increíblemente fuerte y bestial, y acechó las calles de Manhattan cuando Kraven hizo de Spiderman. Kraven empleó su talento para rastrear al monstruo por las cloacas y lo capturó.

EL DESAFÍO

Tras escarbar la tierra hasta la superficie y después de reunirse con Mary Jane, Spiderman localizó a Kraven. Furioso, el trepamuros atacó al cazador, pero este no se molestó en ponerse alerta. Se limitó a sonreír. Y es que, desde su sesgada perspectiva, él había vencido. Había dejado vivir a su archienemigo cuando podía haberlo matado, así que por fin había demostrado que era superior a él.

Kraven condujo a Spiderman hasta una jaula donde tenía cautivo a Alimaña, e intentó que el lanzarredes combatiera con él. Spiderman se negó, pero Alimaña, desconcertado, lo atacó de todas formas. Al instante, Kraven intervino para salvar a Spiderman, pues, en su perturbada mente, ya había demostrado lo que quería.

Cuando Kraven se quedó por fin satisfecho, liberó a Alimaña, que desesperaba por huir de su tortura diaria.

LA ÚLTIMA MUERTE

Alimaña venció a Spiderman, pero Kraven dejó que su adversario viviera para que persiguiera a aquella peligrosa bestia. Al final, Kraven se dio cuenta de que Spidey era un buen hombre, y dejó de molestarlo. Tras demostrar que podía derrotarlo, le invadió un inmenso sentimiento de paz, se puso un revólver contra la sien y se suicidó.

«DIJERON QUE MI MADRE ESTABA LOCA.»
KRAVEN

¿LA BODA?

Fue la boda del siglo. Peter Parker y Mary Jane Watson sentaron por fin la cabeza y se comprometieron para el resto de su vida. Por desgracia, su matrimonio no estaba hecho para durar. Es más, en verdad, ni siquiera llegó a tener lugar.

Peter y Mary Jane eran la pareja perfecta, y su unión habría arrancado lágrimas hasta a J. Jonah Jameson.

EL GRAN DÍA

Peter llevaba mucho tiempo queriendo casarse con su novia, Mary Jane. Pero ella lo rechazó varias veces debido a cuestiones familiares irresueltas. Sin embargo, al final, Mary Jane se dio cuenta de que ya era hora de hacer frente a las cosas y aceptó la mano del

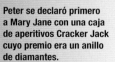

Peter se declaró primero a Mary Jane con una caja de aperitivos Cracker Jack cuyo premio era un anillo de diamantes.

UNA VEZ EN LA VIDA

Peter y Mary Jane llevaban años felizmente casados. Como muchos matrimonios, habían superado incontables crisis. Pero un demonio llamado Mefisto lo cambió todo.

Unos años después de que Peter y Mary Jane se dijeran el «sí, quiero», la tía May fue alcanzada por una bala de francotirador destinada a Spiderman. Mientras la mujer que había sido una madre para él yacía en su lecho de muerte, un demonio llamado Mefisto visitó a Peter y le prometió que la devolvería a la vida. Eso sí, había que pagar un precio muy alto. Mefisto, que medraba en la infelicidad, no solo quería acabar con la relación entre Peter y Mary Jane, sino, sobre todo, asegurarse de que jamás se casarían. La pareja llegó a la conclusión de que no tenía más remedio que aceptar su oferta, y entonces todo cambió.

En esta nueva realidad, Peter no llegó a tiempo a la iglesia. Su vida como Spiderman lo entretuvo; Mary Jane se cuestionó su relación y decidió que jamás podrían casarse. Sin embargo, no quiso cortar del todo con él. Así que siguieron unidos y vivieron todas las aventuras que habían vivido antes, pero sin contraer matrimonio. En esta ocasión, sin embargo, la tía May sobrevivió al disparo del francotirador y, tras la tragedia, Mary Jane rompió con su prometido, pues le inquietaba que su relación con él pusiera en peligro a su familia.

Años más tarde, Peter y Mary Jane hablaron de su ruptura. Tras sincerarse, su amistad salió fortalecida.

Mary Jane y Peter eran el uno para el otro. Cada uno comprendía las debilidades del otro, y ambos se apoyaban en sus puntos fuertes.

lanzarredes en el escenario menos romántico imaginable: la sala de embarque del aeropuerto de Pittsburgh.

No obstante, según se acercaba el gran día, Peter empezó a tener dudas. Recordó a su antigua novia, Gwen Stacy, y se preguntó qué curso habría tomado su vida si ella no hubiera muerto. Mary Jane también estaba indecisa, y varios exnovios trataron de disuadirla de casarse con Peter. El día de la boda, ni Mary Jane ni Peter fueron puntuales. Sus amigos temían que se hubieran echado atrás, pero al final aparecieron, y los casó el tío de Mary Jane, el juez Spencer Watson, quien los declaró señor y señora Parker. Aunque en realidad no sucedió así exactamente...

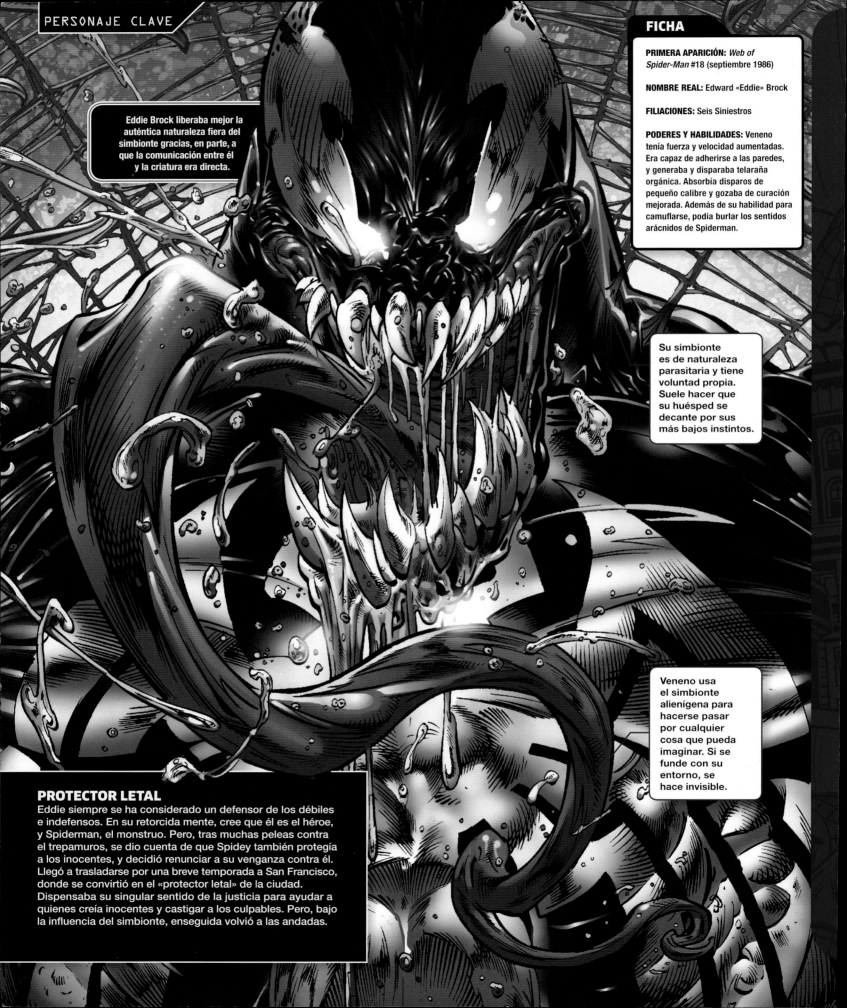

FICHA

PRIMERA APARICIÓN: *Web of Spider-Man* #18 (septiembre 1986)

NOMBRE REAL: Edward «Eddie» Brock

FILIACIONES: Seis Siniestros

PODERES Y HABILIDADES: Veneno tenía fuerza y velocidad aumentadas. Era capaz de adherirse a las paredes, y generaba y disparaba telaraña orgánica. Absorbía disparos de pequeño calibre y gozaba de curación mejorada. Además de su habilidad para camuflarse, podía burlar los sentidos arácnidos de Spiderman.

Eddie Brock liberaba mejor la auténtica naturaleza fiera del simbionte gracias, en parte, a que la comunicación entre él y la criatura era directa.

Su simbionte es de naturaleza parasitaria y tiene voluntad propia. Suele hacer que su huésped se decante por sus más bajos instintos.

Veneno usa el simbionte alienígena para hacerse pasar por cualquier cosa que pueda imaginar. Si se funde con su entorno, se hace invisible.

PROTECTOR LETAL

Eddie siempre se ha considerado un defensor de los débiles e indefensos. En su retorcida mente, cree que él es el héroe, y Spiderman, el monstruo. Pero, tras muchas peleas contra el trepamuros, se dio cuenta de que Spidey también protegía a los inocentes, y decidió renunciar a su venganza contra él. Llegó a trasladarse por una breve temporada a San Francisco, donde se convirtió en el «protector letal» de la ciudad. Dispensaba su singular sentido de la justicia para ayudar a quienes creía inocentes y castigar a los culpables. Pero, bajo la influencia del simbionte, enseguida volvió a las andadas.

VENENO

Eddie Brock ya odiaba a Spiderman, pero Veneno nació cuando el azar lo envolvió en un simbionte alienígena vivo y con una inquina igual de poderosa contra el trepamuros. Así, el mundo de Peter Parker fue mucho más terrorífico.

Veneno siempre ha tenido ventaja al enfrentarse a Spiderman, pues es mucho más fuerte y cuenta con los poderes del simbionte, como la habilidad de camuflarse. Además, podía acechar a Spidey sin que este pudiera detectarlo con su sentido arácnido.

«¡Tú eres la araña, y yo soy tu **veneno**, que ha vuelto para matarte!»

Veneno

Hace poco, Eddie Brock perdió su vínculo con el simbionte, lo cual dio paso a varios sucesores de Veneno, como Flash Thompson.

A veces, Spiderman y Veneno se han visto obligados a unirse contra un enemigo común, como en su lucha contra el asesino en serie Matanza.

Veneno empleó al simbionte para imitar los lanzatelarañas de Spiderman y disparar telaraña orgánica desde las muñecas.

Patricia Robertson, única superviviente de un desastre en una estación de radar ártica, fue la reacia heredera de un traje sintético del villano e intentó matar al genuino Veneno.

ORÍGENES

Eddie Brock era un respetado reportero del *New York Globe*, rival del *Daily Bugle*. Se convirtió en una estrella de los medios de comunicación tras exponer al hombre que confesó ser el Devorador de Pecados, un asesino en serie. Pero entonces se descubrió que el hombre a quien entregó era un confeso compulsivo, y Spiderman atrapó al auténtico villano. Tras ello, despidieron a Eddie, y su esposa lo abandonó.

Brock culpó a Spiderman de hacer trizas su carrera y destrozar su matrimonio, y deambuló de iglesia en iglesia rogando el perdón por odiar al héroe. En Nuestra Señora de Todos los Santos, su incontenible emoción despertó a un simbionte alienígena en estado latente. Era el mismo que había compuesto el traje de Spiderman; se había quedado en la iglesia desde su último encuentro con él. Ahora se unió al cuerpo de Eddie, y ambos formaron Veneno. Como en su día el alienígena mantuvo un lazo psíquico con Peter Parker y conocía sus secretos más íntimos, Veneno era más fuerte y peligroso que el lanzarredes, y se entregó a la noche con un nuevo objetivo: destruir la vida de Spiderman.

Spiderman resolvió el caso policial del Devorador de Pecados, pero Brock lo culpó de su caída.

Eddie siempre manipulaba los hechos para quedar como un héroe, así que le encantó la idea de convertirse en Veneno, consciente de que ahora poseía el poder que siempre ansió.

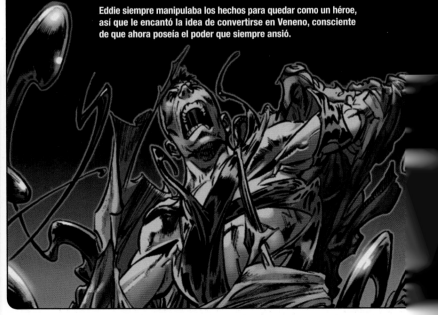

EL LEGADO DE VENENO

Son muchos los que han heredado el simbionte Veneno a lo largo de los años. En su rol de Escorpión, Mac Gargan fue uno de los rivales más temibles de Spiderman, pero, cuando asumió el traje simbionte de Eddie Brock y se transformó en Veneno, se hizo casi imparable. Luego, el traje se lo enfundó el antiguo abusón de Parker en el colegio, Flash Thompson, que pudo así emular a su héroe, Spiderman. Pero la última encarnación de Veneno es quizá la más letal de todas.

UN VENENO MÁS LETAL

Cuando Eddie Brock vistió por primera vez el traje viviente alienígena, los unió un lazo tan fuerte que jamás imaginó renunciar al poder y la intimidad que compartían como Veneno. Sin embargo, tras años de llevarlo, descubrió que tenía cáncer y que se le agotaba el tiempo, así que decidió redimirse y separarse del traje. Logró desvincularse lo bastante de él como para venderlo en una subasta criminal clandestina.

Pero el traje se abrió paso enseguida hasta las manos del delincuente Mac Gargan, y ambos se unieron al instante. Mac abandonó su papel de Escorpión por una identidad mejorada: Veneno. El nuevo y brutal Veneno, despiadado y a menudo canibalesco, trabajó para el corrupto Norman Osborn, y hasta engañó al mundo haciéndose pasar por Spiderman durante un tiempo.

El simbionte reclutó al criminal Mac Gargan como huésped, deleitado con su ira y sus tendencias violentas.

Justo cuando Spiderman creía que ya sabía lidiar con el Veneno de Brock, el alienígena se unió a un huésped más despiadado aún.

Don Fortunato ganó la subasta del traje de Brock, y se lo dio a su hijo Angelo. Pero Veneno dejó al débil adolescente por Mac Gargan.

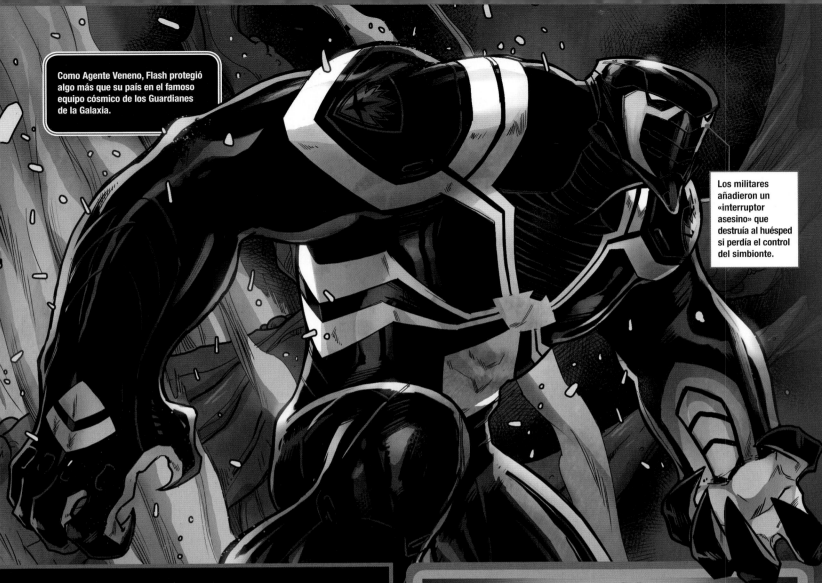

Como Agente Veneno, Flash protegió algo más que su país en el famoso equipo cósmico de los Guardianes de la Galaxia.

Los militares añadieron un «interruptor asesino» que destruía al huésped si perdía el control del simbionte.

UNA FUERZA DEL BIEN

Flash Thompson siempre soñó con ser un héroe. Creció en torno a Spiderman y, cuando tuvo la ocasión, incluso lo imitó. Como director del club de fans del trepamuros, aprendió de su ejemplo heroico y luchó por ser mejor persona.

Spidey le enseñó a luchar como un soldado, y, durante un viaje, Flash perdió las piernas por salvar a un camarada de tropa. Entonces dio por acabada su vida de acción, pero se quedó perplejo cuando los militares lo reclutaron para un proyecto clandestino que no solo le devolvió su movilidad, sino que le concedió habilidades superhumanas. Flash fue escogido para ser el nuevo Veneno y lucir el traje alienígena en misiones secretas. Los militares sabían que el simbionte establecería una conexión mental con su huésped a la menor oportunidad, así que solo podría llevarlo 48 horas seguidas.

Flash aceptó el reto e hizo realidad su sueño de convertirse en un héroe uniformado. Como Agente Veneno se unió a los Vengadores, de los que fue emisario ante los Guardianes de la Galaxia y un Caballero del Espacio. Durante una visita al planeta de los simbiontes, llegó a comprender mejor a su propio simbionte y a ejercer mayor control sobre él. Al final volvió a la Tierra.

Cuando Flash Thompson fue Veneno, negó al simbionte el odio y la crueldad que ansiaba, y sus poderes sirvieron al bien. Pero el último Veneno estaba unido a un huésped cruel y se estaba consolidando como su versión más mortífera.

AVENTURAS CÓSMICAS

Spiderman no se queda atrás en potencial físico, pero tampoco es el héroe más fuerte del mundo. No obstante, eso cambió cuando un «accidente» de laboratorio expuso a Peter Parker a una fuente ignota de energía y lo transformó en el Spiderman Cósmico.

Cuando Peter le salvó la vida a su colega, el profesor Lubisch, recibió un baño de energía desconocida. Dio por sentado que su fuerza y resistencia arácnidas lo salvarían, pero jamás sospechó que una fuerza misteriosa había orquestado el «accidente».

UN GRAN PODER...

Loki, el dios nórdico de las mentiras, pensó que ya era hora de reunir a un equipo de villanos. Así que, mientras los héroes seguían con sus tareas cotidianas, él reunió a un grupo de supervillanos para tramar un plan y derrotarlos mediante actos de venganza. Varios de los hombres más célebres y poderosos del planeta –como el Dr. Muerte, Cráneo Rojo, Magneto, Kingpin, Mandarín y Mago– unieron sus fuerzas y mandaron a una serie de criminales enmascarados a luchar contra los héroes. Como aquellos villanos jamás los habían atacado, esperaban sorprenderlos y dejarlos fuera de juego, derrotándolos de una vez por todas. Lo que no sabían es que no eran los únicos que habían hecho planes.

En la otra punta de la ciudad, Peter Parker seguía con sus estudios en la Universidad Empire State cuando quedó atrapado en la explosión de un generador experimental. Al instante se dio cuenta de que una fuerza ignota había aumentado sus poderes. Así que, cuando la coalición de villanos lo atacó con todo su empeño, Spiderman la venció sin esfuerzo. ¡Se había convertido en el Spiderman Cósmico!

El Spidey Cósmico oía a una araña cruzando una ventana a dos manzanas de distancia y olía la fragancia de una planta aromática en un edificio lejano. Con su nuevo poder, ningún villano podría sorprenderlo.

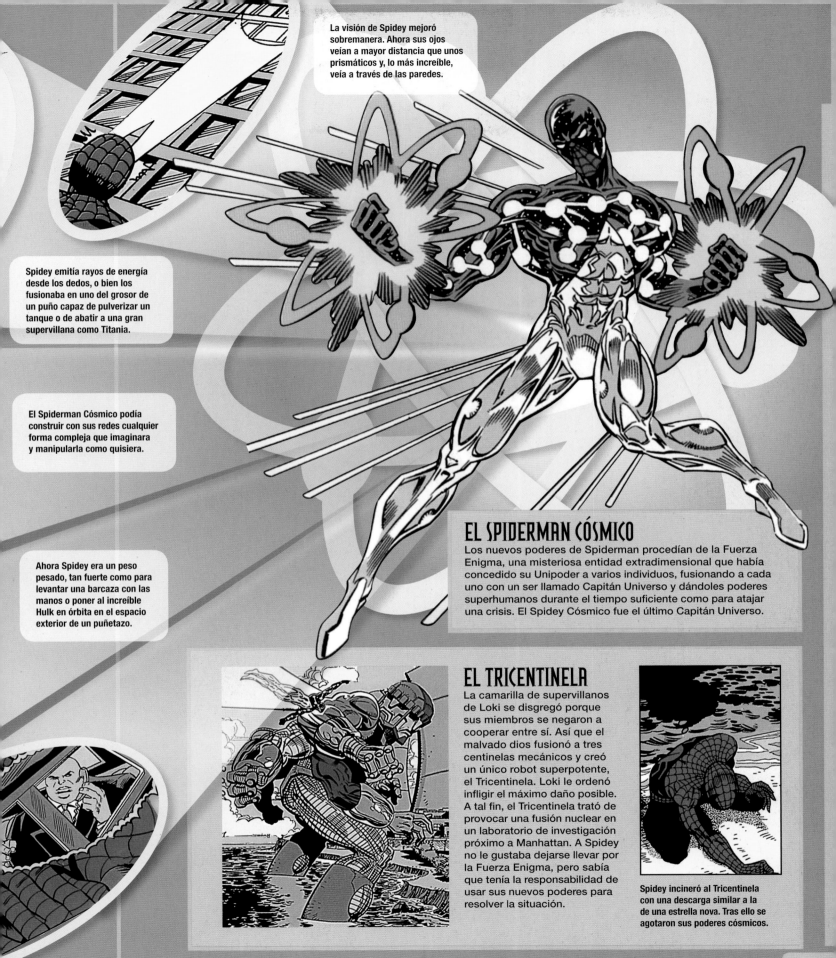

La visión de Spidey mejoró sobremanera. Ahora sus ojos veían a mayor distancia que unos prismáticos y, lo más increíble, veía a través de las paredes.

Spidey emitía rayos de energía desde los dedos, o bien los fusionaba en uno del grosor de un puño capaz de pulverizar un tanque o de abatir a una gran supervillana como Titania.

El Spiderman Cósmico podía construir con sus redes cualquier forma compleja que imaginara y manipularla como quisiera.

Ahora Spidey era un peso pesado, tan fuerte como para levantar una barcaza con las manos o poner al increíble Hulk en órbita en el espacio exterior de un puñetazo.

EL SPIDERMAN CÓSMICO

Los nuevos poderes de Spiderman procedían de la Fuerza Enigma, una misteriosa entidad extradimensional que había concedido su Unipoder a varios individuos, fusionando a cada uno con un ser llamado Capitán Universo y dándoles poderes superhumanos durante el tiempo suficiente como para atajar una crisis. El Spidey Cósmico fue el último Capitán Universo.

EL TRICENTINELA

La camarilla de supervillanos de Loki se disgregó porque sus miembros se negaron a cooperar entre sí. Así que el malvado dios fusionó a tres centinelas mecánicos y creó un único robot superpotente, el Tricentinela. Loki le ordenó infligir el máximo daño posible. A tal fin, el Tricentinela trató de provocar una fusión nuclear en un laboratorio de investigación próximo a Manhattan. A Spidey no le gustaba dejarse llevar por la Fuerza Enigma, pero sabía que tenía la responsabilidad de usar sus nuevos poderes para resolver la situación.

Spidey incineró al Tricentinela con una descarga similar a la de una estrella nova. Tras ello se agotaron sus poderes cósmicos.

Con tres títulos ya en su haber (*The Amazing Spider-Man, The Spectacular Spider-Ma*n y *Web of Spider-Man*), la década de 1990 alumbró la incorporación más popular de todas, la del nacimiento del Spiderman a secas, sin atributos. Pero, aunque tuvo un inicio radiante, pronto tomaría un cariz conflictivo.

DÉCADA DE
1990

Si se le pide a un amante del cómic que resuma en una palabra las aventuras de Spiderman en la década de 1990, seguramente contestará «clon». Esta década presenció el clímax de la fama de Spidey, y la mayoría de los fans son incapaces de olvidar el gran *crossover* de la Saga del Clon.

El artista Todd McFarlane trasladó su trabajo desde las páginas de *The Amazing Spider-Man* a su propio título, llamado simplemente *Spider-Man*, y Marvel vendió millones de ejemplares de ese número inicial con las nuevas aventuras del trepamuros. Por entonces, los cómics ya estaban en auge, y Spiderman encabezaba el género. Según avanzó la década, Marvel observó el éxito que estaba obteniendo DC con sus *crossovers* y decidió confeccionar uno para Spidey. El polémico relato de la Saga del Clon dividió a los fans, pero al final pasó la prueba del tiempo, aunque aún es tema de debate entre los aficionados. La Saga del Clon corroboró una vez más cuánto significa Peter Parker para sus lectores.

AL DORSO *Venom: Lethal Protector* #1 (febrero 1993): El empeño de Spidey por mantener la paz hace que a veces entre en conflicto con quienes no comparten su filosofía, desde gánsteres hasta amenazas superpoderosas, como Veneno y Matanza.

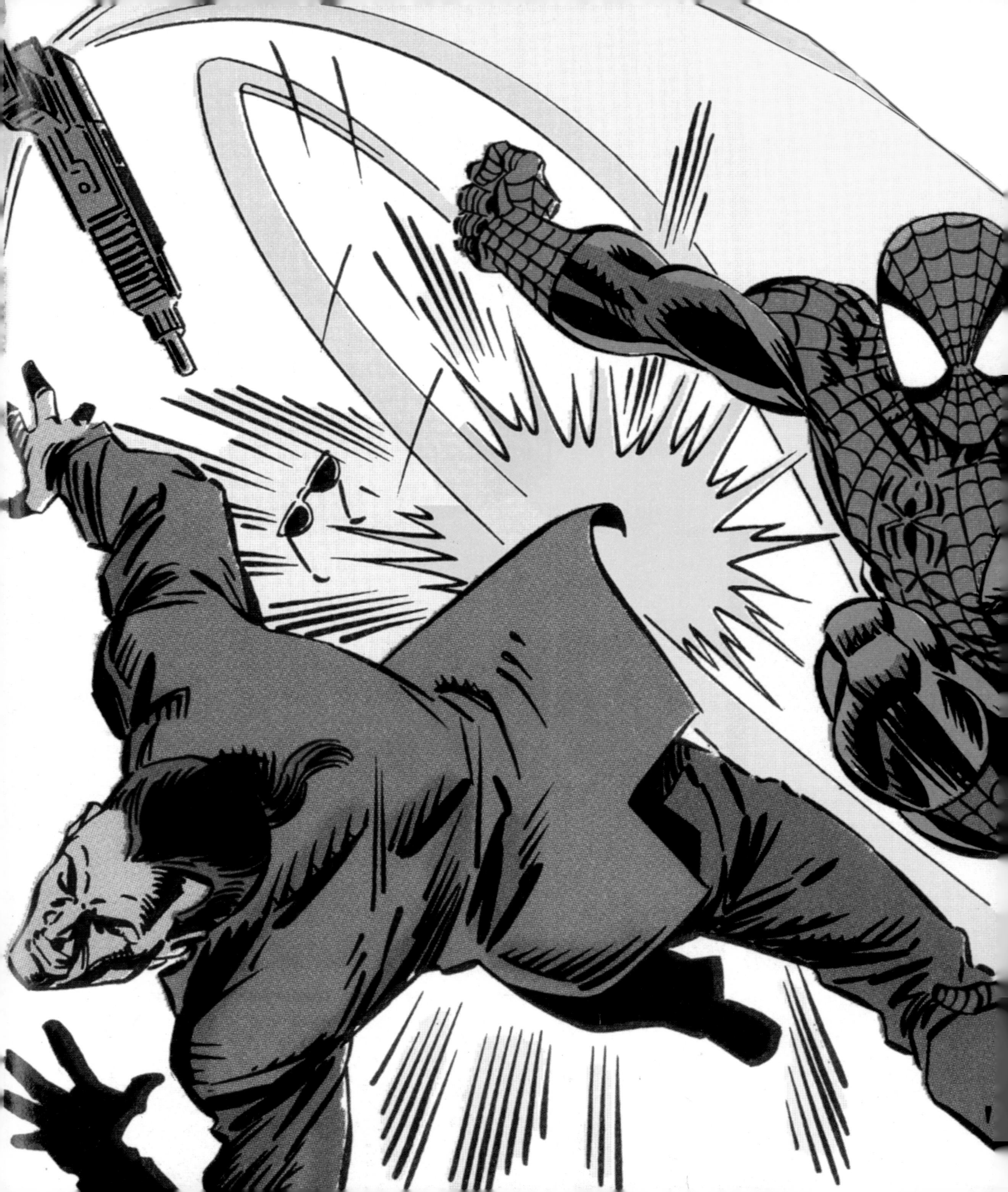

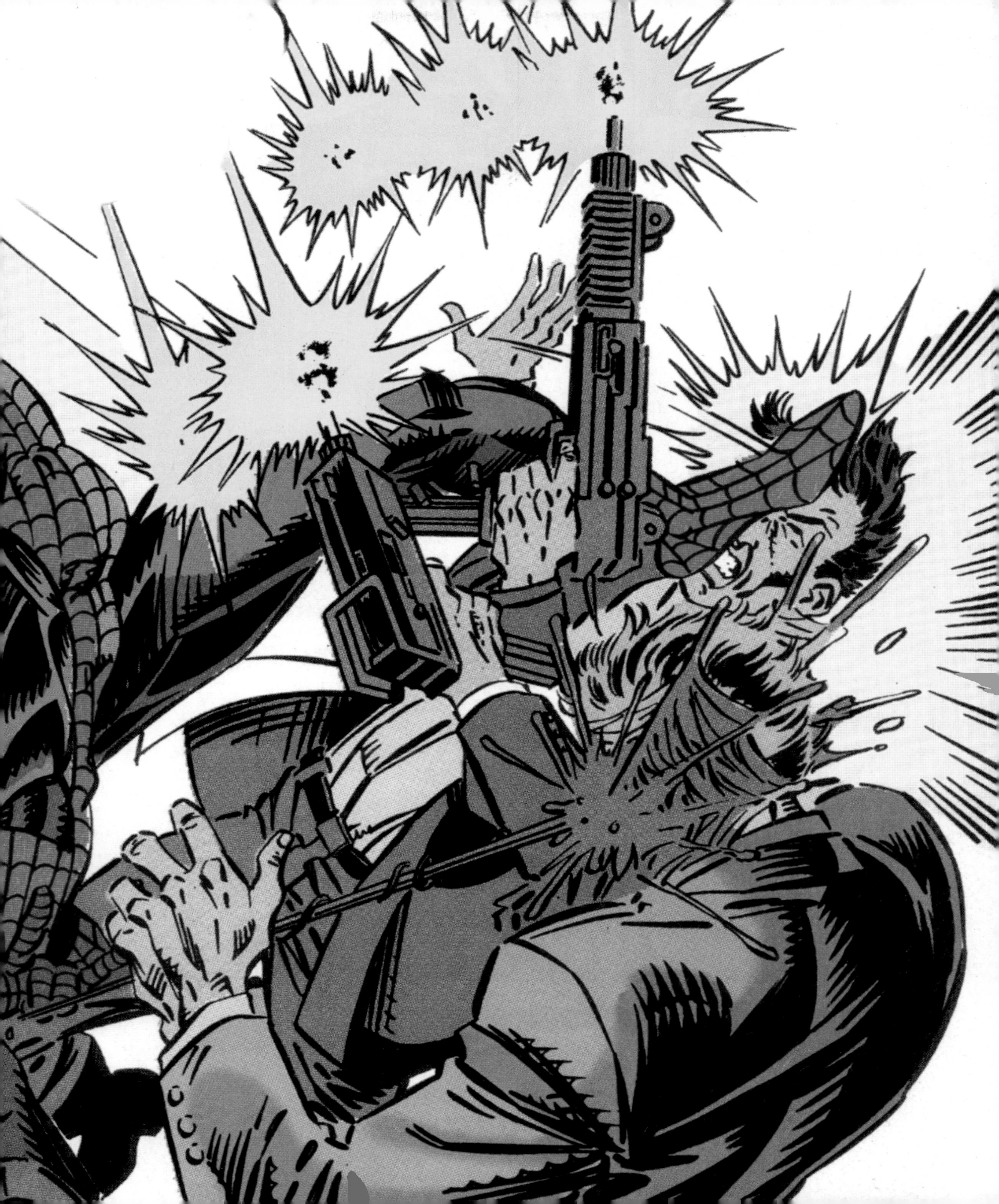

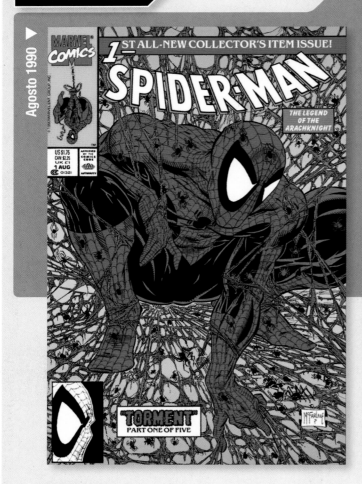

Agosto 1990

SPIDER-MAN #1

«Pero hay que decir que cuando hace **falta** puedo ser **impresionante** si quiero.»

PETER PARKER

EDITOR JEFE
Tom DeFalco

PORTADA, GUION, DIBUJO Y ENTINTADO
Todd McFarlane

ROTULACIÓN
Rick Parker

COLOR
Bob Sharen

PERSONAJES PRINCIPALES: Spiderman; Lagarto; Mary Jane Watson-Parker; Calypso
PERSONAJE SECUNDARIO: Ralph Dill
ESCENARIOS PRINCIPALES: calles de Nueva York; el santuario de Calypso en el Upper East Side de Nueva York; el piso de Peter Parker en el SoHo de Nueva York

EN CONTEXTO

Durante el periodo de mayor auge del cómic en la década de 1990, no hubo nadie más grande que Todd McFarlane, artista que pareció salir de la nada con títulos como *Infinity Inc.*, de DC, o *Incredible Hulk*, de Marvel, y que llegó al estrellato con *The Amazing Spider-Man*, junto al guionista David Michelinie. Su estilo pictórico era dinámico, y aportó clase y energía a todo, desde las exageradas posturas de balanceo del trepamuros hasta las redes que lanzaba desde sus muñecas. De pronto, Spidey era llamativo y excitante; era el héroe a seguir.

Por eso, el equipo editorial de Marvel decidió dar a McFarlane todo el espacio que necesitaba para jugar. El resultado fue *Spider-Man #1*, el primer número de una nueva serie que se lanzó en 1990 y que expuso el talento del autor, que era su dibujante y entintador, además de su guionista. Y, tal como era de esperar, los lectores devoraron el número, que vendió la cifra récord de dos millones de ejemplares y encabezó las listas de los más pedidos en las tiendas de cómics.

McFarlane dejaría pronto Marvel para fundar su propia empresa, Image Comics, con varios compañeros ilustres, pero dejó a Marvel un sólido y popular título que se prolongó durante 98 números antes de cerrarse en 1998.

LA HISTORIA

Mientras Spiderman anda ocupado con su vida hogareña junto a Mary Jane y dando caza a un vulgar ladrón, una fuerza siniestra cobra forma bajo su querida ciudad.

Algo crecía en los rincones de Nueva York. Algo maligno acechaba oculto a la vista de miles de ciudadanos atareados en su vida diaria. Una verdadera fuerza de la naturaleza preparaba su venganza, y ahora todas las piezas encajaban. Pero, sobre las calles atestadas, lejos de esa tensión creciente, Spiderman se columpiaba por el aire sobre una fina red, felizmente ajeno a lo que se cocía en las tinieblas.

La noche llegó de pronto y, con ella, las cosas que solo habitan en las sombras. Una mujer aterrada, y un hombre desesperado por conseguir el contenido de su bolso y que la apunta con una pistola a unos milímetros del rostro (**1**). Era el tipo de cosas a las que Spiderman estaba acostumbrado. Los horrores cotidianos que brotaban de las grietas de Manhattan. Pero, cuando llegaba al escenario del crimen envuelto en sus telarañas, era él quien parecía lo más terrible que la noche podía ofrecer (**2**). Los rescates eran una rutina para el lanzarredes, así que salvó a la mujer, capturó al hombre y rompió la pistola. Pero lo que ocurría en la otra punta de la ciudad era de todo menos habitual. Una mujer llamada Calypso confeccionaba una poción (**3**) que hizo emerger de entre las profundidades de las cloacas a una feroz criatura llamada Lagarto (**4**).

De vuelta y a salvo en su piso del SoHo, relajado en los brazos de su esposa, Mary Jane, Spidey se había quitado el traje y regresado a su vida de neoyorquino corriente como Peter Parker (**5**). Sin embargo, afuera, en el aire húmedo de la urbe, reverberaba un sonido primigenio. Embriagado por ese sonido, Lagarto se nutría, primero, con una rata y, luego, con sus equivalentes humanos: ladrones y criminales (**6**). El humano atrapado en Lagarto actuaba guiado por el instinto animal y bajo la voluntad de la oculta Calypso, pero se tomaba su tiempo etiquetando a sus presas. Sobre el muro a espaldas de sus víctimas escribía con sangre «CNNR», letras que representaban su nombre humano, Connors (**7**), un nombre alejado de la bestia alienada en que se había convertido. Esa sería la primera pista de Spiderman para resolver un misterio que pondría a prueba su resolución, su resistencia y hasta su humanidad.

Mientras se balanceaba feliz de tejado en tejado (**8**), Spidey era ajeno a la criatura que acechaba debajo. La oscuridad se acercaba, y el Lagarto se escondía en las tinieblas. Su cena llegó en forma del pobre Ralph Dill, que tomó un fatídico atajo para ir al trabajo (**9**). Y el Lagarto aguardó. ¿Su plan? Aplastar a Spiderman (**10**).

La historia fue avanzando en los siguientes números, y Spiderman y el Lagarto se enfrentaron en una cruenta pelea, la más salvaje de su vida para ambos. Al final, el rastro del dolor le llevó hasta Calypso, antigua amante de Kraven el Cazador y maestra del más oscuro arte vudú. Tras rendirse hacía años a las fuerzas del mal, Calypso ansiaba reclamar más almas. Spidey derrotaría a esta bruja y a su inconsciente mascota reptiliana. No obstante, cuando todo acabó, el Hombre Araña no tuvo esa sensación de vuelta a la normalidad que solía acompañar un trabajo bien hecho.

Aún había algo ahí fuera. Y era malo. Y era oscuro.

«Se arrastra. Esperando. Con hambre de ese héroe que se balancea por encima. Pronto tendrá un festín.»

MATANZA

Retorcido y trastornado fuera de toda salvación, Cletus Kasady fue probablemente la peor persona que se fusionó con un feroz simbionte alienígena. Juntos formaron al monstruo Matanza, uno de los peores enemigos de Spidey.

ORÍGENES

Cletus Kasady era un asesino en serie antes de convertirse en Matanza. Su primera víctima fue su padre, y también afirma haber matado él mismo a su madre. Creció en el Hogar St. Estes para huérfanos, en Brooklyn. Era un niño tímido y menudo que solía ser blanco de abusos de los mayores. Cuando un incendio quemó St. Estes hasta los cimientos, lo trasladaron a otra institución. En el incendio murieron casi todos sus compañeros de clase y la encargada de la disciplina.

Según crecía Cletus, una cifra cada vez más alarmante de conocidos suyos moría en extrañas circunstancias. Una chica que se rio de él cuando le pidió una cita acabó siendo empujada frente a un autobús, y un padre adoptivo alcohólico fue hallado muerto a palos en un callejón de barrio.

Cuando era veinteañero ya lo habían acusado de once asesinatos, pero se jactaba de haber cometido otras docenas más. Fue sentenciado a cadena perpetua en la penitenciaría de Ravencroft, donde compartió celda con Eddie Brock. Eddie, que había sido Veneno, se acababa de separar de su simbionte alienígena. Una noche, el simbionte regresó para unirse a Eddie y liberarlo, y Cletus se quedó atónito ante lo que vio. Después, una pequeña parte del alienígena que quedó por allí se fundió con Kasady. La combinación del simbionte y la mente de Cletus formó al asesino psicópata que el mundo conoció como Matanza.

Kasady observa pasmado cómo el simbionte se funde con su compañero de celda Eddie Brock y lo libera.

Un pedazo del simbionte cayó en el brazo de Kasady, se fundió con su sangre y se convirtió en parte de él. En un primer momento se sorprendió, pero desde entonces bendice su llegada.

Matanza es más fuerte que Spiderman y Veneno juntos. Puede levantar más de 50 toneladas y, gracias al suministro de energía de su simbionte, no se cansa nunca.

Matanza engendró a un simbionte al que se unió el policía Pat Mulligan, que se transformó en Toxina y usó sus poderes para el bien hasta su muerte. Luego, el simbionte Toxina halló un nuevo huésped en el antiguo Veneno, Eddie Brock.

«No me detuviste. La marea cambió.»

Matanza

La doctora Tanis Nieves se unió a otro simbionte de Matanza y se convirtió en Desdén para detener a la villana Grito.

Al parecer, el héroe Vigía aniquiló a Matanza partiéndolo en dos en el espacio exterior, pero la bestia volvió para hacerle la vida imposible a Spiderman y Iron Man.

Como Matanza, Kasady tiene dientes afilados y garras como cuchillas, que de hecho son parte del simbionte.

Sus manos y pies se pegan a casi cualquier superficie.

Como el simbionte alienígena estuvo una vez unido a Spidey, Matanza puede proyectar redes desde cualquier parte de su cuerpo.

FICHA

PRIMERA APARICIÓN: *The Amazing Spider-Man* #344 (febrero 1991)

NOMBRE REAL: Cletus Kasady

FILIACIONES: Ninguna

PODERES Y HABILIDADES: Matanza goza de fuerza y velocidad aumentadas. Se adhiere a casi todas las superficies, genera y dispara redes y burla el sentido arácnido de Spiderman. Tiene habilidades regenerativas, y es inmune a muchas armas de fuego. Manipula su forma: puede generar «zarcillos», alargar su cuerpo y dislocarse miembros para usarlos como potentes armas.

MATANZA TOTAL

Al parecer, el traje de simbionte de Matanza ha obtenido ciertos poderes que Veneno no tenía, como la habilidad de convertir grandes fragmentos del traje en potentes armas punzantes. Además, al igual que el simbionte de Veneno, en el pasado el de Matanza estuvo unido a Spiderman, de modo que su presencia no activa el sentido arácnido del trepamuros, lo cual le permite sorprenderlo. Pese a todo, cuando se conocieron, en un concierto de rock, Spiderman descubrió su único punto débil: el sonido. Así que el lanzarredes utilizó el equipo de sonido del escenario contra él, golpeándolo con una frecuencia tan alta que dejó inconsciente al simbionte.

Mayo 1993

MARVEL COMICS

GIANT-SIZED 200ᵀᴴ ISSUE

$2.95 US
$3.75 CAN

the SPECTACULAR SPIDER-MAN

200 MAY

Sal Buscema

THE SPECTACULAR SPIDER-MAN #200

«**Admitámoslo**... Gente como tú y yo debemos **morir**.»

EL DUENDE VERDE (HARRY OSBORN)

PERSONAJES PRINCIPALES: Spiderman; Duende Verde (Harry Osborn); Mary Jane Watson-Parker; Liz Osborn
PERSONAJES SECUNDARIOS: Norman Osborn Jr.; J. Jonah Jameson
ESCENARIOS PRINCIPALES: el piso de Harry Osborn; el puente de Brooklyn; el apartamento de Peter Parker; la oficina del *Daily Bugle*; el restaurante Tony's Italian Kitchen; el edificio de la Fundación Osborn

EDITOR EN JEFE
Tom DeFalco

PORTADA
Sal Buscema

GUION
J. M. DeMatteis

DIBUJO
Sal Buscema

ENTINTADO
Sal Buscema

COLOR
Bob Sharen

ROTULACIÓN
Joe Rosen

EN CONTEXTO

Los números de aniversario son una larga tradición en el mundo del cómic. Los fans están habituados a leer los desenlaces de grandes relatos en los números 50 o 100 de sus títulos favoritos. *The Spectacular Spider-Man #200* se centró en el clímax del relato sobre Harry Osborn. Desde la muerte de su padre, Norman Osborn (el Duende Verde original), Harry sufría algunos ataques de locura inducidos por las drogas, y su enfermedad mental protagonizó este número, que pretendía retratar el último capítulo de su vida. Y, aunque en 2008 Brand New Day lo traería de regreso de su supuesta muerte, el relato del guionista J. M. DeMatteis y las resueltas imágenes de Sal Buscema explotaron el uso de las viñetas sin texto para realzar el impacto de la historia. El efecto general fue un número verdaderamente digno del prestigioso #200 que agraciaba su portada.

«Lo hice, Peter. Igual que... Igual que tú. Como un héroe.»

HARRY OSBORN

LA HISTORIA

Harry Osborn pierde por fin su lucha contra la locura y se entrega al Duende Verde para un aparente combate final contra Spiderman.

Todo comenzó cuando Harry Osborn presenció la muerte de su padre. Eso ya sería un suceso traumático para cualquiera, pero la escena que se desarrolló ante los ojos de Harry fue mucho más rara y retorcida que cualquier cosa que le hubieran obligado a ver. Y es que su padre era Norman Osborn, el Duende Verde original, y la persona a quien Harry culpaba de su muerte era su mejor amigo, Peter Parker, el asombroso Spiderman.

Desde aquel día, Harry anduvo a vueltas con la locura, que le fue ganando terreno con el tiempo. Finalmente, cedió ante el Duende que llevaba dentro, e hizo lo mismo que había hecho su padre antes: secuestrar al amor de la vida de Spidey y llevarla a lo alto del puente de Brooklyn.

En esta ocasión, la víctima del Duende era la esposa de Spidey, Mary Jane Watson-Parker (**1**). Sin embargo, en vez de arrojarla por el puente, como hizo su padre con Gwen Stacy años antes, este Duende Verde se quitó la máscara para desvelar que Harry Osborn no estaba tan loco como Mary Jane creía. Es cierto que culpaba a Spiderman de las atrocidades que cometió su padre en el pasado, pero solo la había llevado allí para hacerle saber que, pasara lo que pasara entre él y Spiderman, se aseguraría de que ella estaba a salvo.

Tras esto, Norman devolvió a Mary Jane a su piso en el SoHo, gesto que a Spiderman le gustó bien poco. Cuando el héroe volvió a casa tras buscarla por todas partes y descubrió al Duende Verde esperándolo allí, su primera reacción fue abalanzarse lleno de rabia sobre Harry (**3**). Mary Jane detuvo el torpe intento de su esposo por protegerla, y le dijo que Harry no estaba allí para pelear. Harry le quitó la máscara a Spidey para mirar a su viejo amigo a la cara (**4**), y aseguró de nuevo a Mary Jane que no tenía por qué temerlo, aunque a Peter no le dijo lo mismo. Luego, sin mediar palabra, el Duende Verde se adentró volando en la noche y regresó a su piso y a la vida aparentemente normal de Harry Osborn, con su esposa, Liz, y su hijo, Normie. Pero, ya cuando se disponía a inaugurar la benéfica Fundación Osborn, Harry estaba tramando la muerte de Peter Parker (**5**).

Unos días después, el Duende Verde tendría la pelea que tanto había anhelado. Se encontró con Spiderman en el tejado de la fundación y comenzó el combate (**6**), hasta que el Duende drogó al trepamuros y activó un temporizador remoto que haría explotar el edificio al cabo de dos minutos (**7**). No solo moriría Spiderman; con él también lo haría el Duende. Pero en ese momento sucedió lo inesperado: la personalidad de Harry Osborn emergió de nuevo dentro del Duende Verde. Se dio cuenta de que Mary Jane y su hijo, Norman Jr., todavía se encontraban en el edificio, de manera que saltó a su deslizador y se los llevó en brazos para ponerlos a salvo (**8**). El sedado Spiderman continuó en el tejado (**9**) hasta que, una vez más, el Duende Verde sorprendió a todos volviendo al edificio a toda prisa y salvando a su mejor amigo (**10**). Cuando el edificio de la fundación estalló en un caos de humo y fuego (**11**), el Duende Verde había salvado la vida a Spiderman.

Ya en la calle, Harry Osborn se desmayó. La fórmula experimental del Duende que se había inyectado fue excesiva para el joven, que al parecer murió (**12**), al igual que su padre, con su traje de Duende Verde y con su hijo de testigo. Y de este modo fue como Harry se convirtió en otra vida perdida que hacía más pesada la ya cargada conciencia de Spiderman (**13**).

«¡DEMASIADO TARDE, MATANZA!»

SPIDERMAN

> ## «¡SE ACABÓ LA HORA FELIZ!»
> VENENO

MÁXIMA MATANZA

El mundo de Spiderman se había hecho un poco más oscuro. Con la reciente y supuesta muerte de Harry Osbom, que fuera su mejor amigo, Peter creyó que lo peor ya había pasado. Pero, en la Institución de Máxima Seguridad Ravencroft, el asesino en serie Cletus Kasady estaba a punto de demostrarle que estaba equivocado. Kasady se transformó en su *alter ego* Matanza y huyó del penal para criminales alienados, pero antes liberó a una colega de prisión, Grito, capaz de manipular las emociones. Ambos se juntaron con el monstruoso doble de Spiderman, y el trío se dispuso a dar caza a Veneno y al cabeza de red, así como a sembrar el caos por toda Manhattan. Según proseguía su campaña de terror, Matanza reclutó a otros aliados para su causa de caos y asesinatos, entre ellos al Demoduende y a Carroña. Entre tanto, Spidey contó con la ayuda de Gata Negra, Capa, Puñal, Estrella de Fuego y hasta de impensables aliados, como Morbius y Veneno. Y, a medida que aumentaban las bajas de inocentes, se les unieron otros héroes como Deathlok, Puño de Hierro, el Capitán América y el Vigilante Nocturno, hasta que Matanza y Veneno quedaron atrapados en una explosión climática que dejó inconsciente al primero.

El frenesí asesino de Matanza pescó a Spidey por sorpresa, pues sus atrocidades eran arbitrarias e impredecibles.

LA SAGA DEL CLON

La llamada Saga del Clon fue una de las mayores pruebas superadas por Spiderman en su vida. Obligó a Peter Parker a analizar el valor de su existencia y cuestionar todas sus certezas.

EL ATAQUE DEL CLON

Cinco años antes, el villano conocido como Chacal logró lo inimaginable al clonar a Peter Parker. Este creía que su idéntico duplicado había muerto en una explosión que también se llevó por delante a Chacal. Así que, cuando reaparecieron ambas figuras de su pasado, Spidey se quedó con más preguntas que respuestas. La principal de todas fue: ¿era Peter el original o el clon?

«TREPAR MUROS ES LO MÍO, PARKER... Y LA ARAÑA... ¡CUIDA DE SU TERRITORIO!»
SPIDERMAN

CALCADO

Cuando la tía de Peter entró en coma y su vida parecía llegar a su fin, el clon de Peter regresó a Nueva York para visitarla y se encontró con el auténtico Spidey. El clon poseía todos los recuerdos y sentimientos originales de Peter Parker y sentía un fuerte vínculo con May, por lo que no podía vivir sin hablar con ella otra vez.

Ahora el clon se hacía llamar Ben Reilly y compartía el sentido de responsabilidad de Peter. Por ello, aunque sabía que solo Peter tenía derecho a llamarse Spiderman, adoptó un traje similar y se convirtió en el héroe que la prensa bautizó como Araña Escarlata.

EL DÚO DINÁMICO

A Peter le llevó un tiempo acostumbrarse a la presencia de Ben, pero enseguida formaron un buen equipo y acabaron considerándose hermanos. Ese lazo les fue útil cuando reapareció Chacal y empezó a jugarles malas pasadas.

LOS JUEGOS DE CHACAL

El profesor Warren, alias Chacal, estaba seguro de que podía repoblar el mundo con clones. A tal fin, Warren creó docenas de dobles de Parker. Ben y Peter consiguieron derrotarlo, pero no pasó mucho tiempo hasta que el villano los convenció de que Peter era el clon, y Ben, el Spiderman original.

Tras oír esa revelación, Peter se retiró, y Ben adoptó el papel del trepamuros. Luego llegó la sorpresa de que Norman Osborn era el cerebro tras la Saga del Clon. Cuando Ben cayó asesinado y se redujo a cenizas, se supo que Peter era el genuino Spidey.

KAINE

Es considerado en general como un cruel asesino, un matón a sueldo sin remordimientos que deja su marca personal en el rostro de sus víctimas. Pero pocos conocen la verdad sobre Kaine. De hecho, es un clon de Peter Parker, la primera de las versiones del profesor Warren que llegó a la madurez. No obstante, como Warren aún estaba perfeccionando su técnica de clonación cuando lo hizo, Kaine padecía un mal llamado «degeneración clon», cuyos síntomas le dejaron horribles cicatrices.

Kaine creía que Ben Reilly era el Parker original, y lo persiguió por toda América. Lo odiaba, e hizo cuanto pudo para hacerle la vida imposible. Creía que Peter era un clon como él, y deseaba proteger la vida que nuestro héroe se había labrado. Con su siempre cambiante código moral, a veces héroe y a veces villano, Kaine sigue acechando en las sombras de la vida de Spidey.

ARAÑA ESCARLATA

Ben Reilly era un clon de Spiderman y, tras ausentarse cinco años de Nueva York, había aceptado quién era y lo que era. Se había creado una identidad como Ben Reilly y otra para seguir con su misión: la Araña Escarlata.

ORÍGENES

Cuando Peter Parker y su clon se conocieron, los dos iban vestidos de Spiderman. El profesor Warren, en su papel del villano Chacal, clonó a Peter y convenció a su creación de que era el genuino Spiderman. Luego, Ben quedó atrapado en una explosión en pleno combate, y Peter lo dio por muerto.

En teoría, el estallido también mató a Chacal.

Sin embargo, el clon no había fallecido. Recobró la conciencia en la chimenea donde Peter lo arrojó, y decidió vivir su vida. Armado con los recuerdos de Spidey y sus poderes arácnidos, se bautizó como Ben Reilly: Ben en honor al tío que tanto había enseñado a Peter sobre responsabilidad, y Reilly porque era el apellido de soltera de la tía May.

Durante cinco años deambuló por el país y usó sus poderes para ayudar a la gente. Pero, cuando volvió a Nueva York para visitar a la enferma May Parker, se dio cuenta de que ya no podía seguir eludiendo la responsabilidad que acompañaba a sus poderes, y se puso el traje de Araña Escarlata.

En un gesto por distanciarse de Peter Parker, Ben se tiñó el pelo de rubio.

Cuando Peter y Ben lucharon por primera vez, ambos creían que eran el Parker original. Ello suscitó la pregunta de si ese día murió el clon.

Ben hizo en parte su traje con una sudadera estampada con una araña que vio en la tienda de un museo, y a la que le quitó las mangas.

En una de sus primeras incursiones como Araña Escarlata, Ben capturó a Veneno y lo entregó a las autoridades, triunfando donde tantas veces había fracasado Spiderman.

«No soy ningún héroe. Es algo que debo hacer.»
Araña Escarlata

Durante un combate memorable contra Matanza, el simbionte trató de vincularse a Reilly, que por un tiempo fue Spider-Matanza.

El mayor enemigo de Ben Reilly era Kaine, un imperfecto clon de Spiderman con inquina hacia cualquiera que arruinara la vida de Parker. Llevaba años acechando a Reilly de forma obsesiva.

Ben sufrió una muerte prematura al interponerse entre Spidey y el deslizador del Duende Verde, que lo ensartó. Al morir se redujo a polvo, prueba incontestable de que él era el clon de Peter.

Hace poco, Kaine adoptó la identidad de Araña Escarlata, reclamando el nombre de su eterno adversario.

EL SEGUNDO SPIDERMAN

Cuando Ben volvió a Nueva York, Chacal lo manipuló una y otra vez para que se cuestionara si era el clon o el auténtico Spiderman. Al final, él y Peter llevaron a cabo pruebas por su cuenta, y los resultados apuntaron a que Ben era el original. Entonces, Peter pensó que en realidad aquello era lo mejor, y abandonó su vida de justiciero de manera voluntaria. Por su parte, Ben adoptó el papel de Spidey hasta que murió al pie del cañón.

Ben creó unos dardos que disparaba desde sus lanzatelarañas, y también unos rastreadores arácnidos más pequeños y rápidos que los de Spidey.

Araña Escarlata usaba telarañas de impacto que se abrían en rama al contacto, atrapando a su oponente.

Durante los cinco años que vivieron separados, Peter y Ben desarrollaron personalidades muy distintas.

FICHA

PRIMERA APARICIÓN: *The Amazing Spider-Man* #149 (octubre 1975)

NOMBRE REAL: Benjamin «Ben» Reilly

FILIACIONES: Nuevos Guerreros

PODERES Y HABILIDADES: Ben era un clon casi perfecto de Peter Parker y, por tanto, poseía todos los poderes y habilidades de Spiderman. Se adhería a las paredes, detectaba el peligro con su «sentido arácnido» y se recuperaba pronto de sus heridas. Poseía fuerza, reflejos, agilidad, resistencia y velocidad aumentados, así como la mayoría de los recuerdos de Peter. Rediseñó sus lanzatelarañas y añadió nuevas armas a su arsenal.

Abril 1995

MARVEL COMICS
M
400
APR

THE AMAZING
SPIDER-MAN
400

"A DEATH IN
THE FAMILY..."

DIRECT EDITION
$2.95 US 40011>

THE AMAZING SPIDER-MAN #400

«No quiero médicos ni hospitales... Esta vez estamos tú y yo... para despedirnos.»

TÍA MAY PARKER

EDITOR JEFE
Bob Budiansky

PORTADA
Mark Bagley y
Larry Mahlstedt

GUION
J. M. DeMatteis

DIBUJO
Mark Bagley

ENTINTADO
Larry Mahlstedt con
Randy Emberlin

COLOR
Bob Sharen

ROTULACIÓN
Bill Oakley
y NJQ

PERSONAJES PRINCIPALES: Spiderman; tía May Parker; Araña Escarlata; Mary Jane Watson-Parker
PERSONAJES SECUNDARIOS: Anna Watson; J. Jonah Jameson; doctora Julia Caputo; Marla Jameson; Liz Osborn; Norman Osborn Jr.; Flash Thompson; Gata Negra; Joe Robertson; detective Connor Trevane; teniente Jacob Raven
ESCENARIOS PRINCIPALES: un hospital de Nueva York; Instituto Ravencroft; el hogar de los Parker; el Empire State Building; un cementerio anónimo de Nueva York

EN CONTEXTO

La Saga del Clon fue probablemente la trama más polémica del llamado «Spiderverso». Se lanzó en *Web of Spider-Man* #117 (octubre 1994), y puso patas arriba la vida de Peter Parker. Nació como una ocurrencia del guionista Terry Kavanagh durante una reunión de lluvia de ideas sobre la vuelta del clon de Spiderman. Al ver el potencial narrativo que podía brotar de aquel sencillo concepto, la idea floreció en un ambicioso evento que ansiaba ser más que un mero medio para aumentar las ventas.

Los chicos de las oficinas de Spiderman querían un relato de peso y de efectos perdurables. Y aunque la muerte de tía May no fue tan larga como se quiso al principio, sus momentos finales en *The Amazing Spider-Man* #400 eran justo el relato sólido que el equipo deseaba contar. Por otro lado, pese a que en el mundo del cómic los personajes buenos no suelen morir del todo, la muerte de la tía May puede leerse como lo que fue: el fin de una era.

> «Suéltate. Vuela.
> "La segunda a
> la derecha... y
> todo recto hasta
> mañana".»
>
> **PETER PARKER**

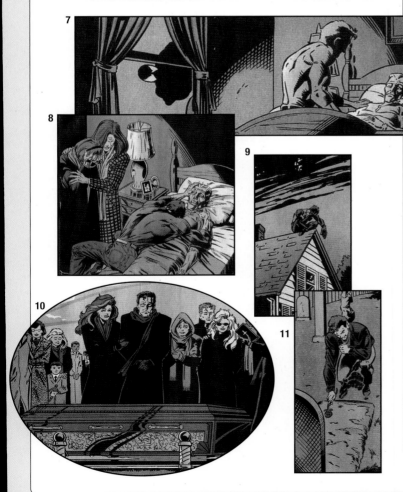

LA HISTORIA

En la historia «El regalo», Peter Parker pasa sus últimos y preciosos momentos con la tía May antes de que, aparentemente, muera; mientras, su clon los observa sin poder despedirse de ella.

Para Spiderman tuvo que ser como un sueño. Su tía May llevaba días en coma, y los médicos creían que jamás despertaría. Así que, cuando lo llamaron del hospital, se temió lo peor (**1**). Columpiándose sobre Manhattan a toda velocidad, Spidey adoptó su identidad civil con el corazón en un puño y entró en la habitación de la mujer que había sido una madre para él, una mujer de quien aún no estaba preparado para despedirse. Y, por suerte para Peter, no tendría que hacerlo, pues la mujer que aguardaba detrás de la puerta estaba tan llena de vida como antes (**2**). Se había despertado del coma y estaba dispuesta a regresar a casa y reanudar su vida. Mientras Peter lloraba de alegría por la sorpresa, vio algo por el rabillo del ojo. Ben Reilly, Araña Escarlata, contemplaba la escena desde fuera (**3**). Y es que, aunque el clon de Spiderman vivía al margen de la vida que un día creyó suya, no podía evitar querer a May como si fuera su tía.

May volvió a su hogar en Forest Hills, y recibió la deliciosa noticia de que Peter y Mary Jane esperaban un bebé (**4**). Pero, ahora que Peter podía empezar a disfrutar aquella feliz vida familiar, Araña Escarlata emergió de las sombras para hablar con él y contarle sus planes. Ahora que sabía que May estaba bien, dejaría a los Parker para siempre (**5**).

Durante un tiempo, la vida volvió a la normalidad en casa de los Parker. Felices, recordaron los buenos momentos, y la tía May y Peter fueron de excursión hasta lo alto del Empire State a fin de pasar un rato a solas. Fue allí donde la tía May le confesó que hacía varios años que conocía su secreto (**6**). Sabía que su sobrino era Spiderman y, aunque esa otra vida suya la asustaba, se sentía muy orgullosa de él. Aquella revelación libró a Peter de un gran peso, pero dejó agotada a su tía, de modo que decidieron volver a casa, más unidos que nunca tras haber salvado el abismo de aquel secreto innombrable.

Lo que Peter no sabía era que la tía May ya había hecho lo que se había propuesto. Ahora le habían vuelto las fiebres, pero ya no quería luchar (**7**). Le había llegado la hora, y ella lo sabía. Y aunque Peter no estaba preparado, May sí lo estaba. Así que su sobrino le tomó la mano y le habló en susurros sobre un libro que ella le leía cuando era un niño. May se quedó dormida, y Peter y Mary Jane lloraron su muerte (**8**). Fuera, en la ventana de la tía May, otro hombre lloraba su pérdida, un hombre que había jurado dejar en paz a los Parker, un hombre con un traje rojiazul de Hombre Araña que se dolía de la muerte de la tía May tanto como los que podían llorarla a su lado (**9**).

A la tía May la enterraron un día frío. Peter y Mary Jane asistieron rodeados de sus amigos más íntimos e hicieron de tripas corazón (**10**). El ataúd fue enterrado, y enseguida la gente se dispersó para volver a su vida. Peter y Mary Jane fueron los últimos en irse. Ninguno dijo nada, pero se comprendieron en silencio antes de abandonar el cementerio.

Entonces, otro callado doliente llegó allí. Ben Reilly no pudo decirle adiós a su «tía», pero necesitaba presentar sus respetos a la mujer que tanto había influido en su vida. Después de colocar una rosa en la tierra fresca frente a su tumba, Reilly arrancó a llorar, no solo por la recién fallecida, sino por la vida que jamás tuvo en realidad (**11**).

CRISIS DE IDENTIDAD

> «¡ESTA NUEVA IDENTIDAD NOS PERMITE EMPEZAR DE CERO, NOS DEVUELVE NUESTRAS VIDAS!»
>
> SPIDERMAN COMO HORNET

Norman Osborn resucitó y demostró que no era el Duende Verde. Limpió su nombre y, de paso, ensució el de Spidey, por cuya cabeza ofreció una recompensa de cinco millones de dólares. Con todos los cazarrecompensas pisándole los talones, Peter necesitaba una nueva identidad...

PERSONALIDAD MÚLTIPLE

Peter sabía de otros héroes enmascarados que habían adoptado nuevas identidades, pero también sabía que al final acabaron descubriéndolos a todos. Así que, para vencer a las probabilidades, adoptó más de un *alter ego*. Como sabía que sería difícil combinarlos, decidió que cada uno reflejara un aspecto de sus poderes o de su auténtica personalidad.

RICOCHET

Mientras rebuscaba en la sección de ropa en una tienda de segunda mano, Mary Jane dio con una chaqueta de cuero con una llamativa letra «R» en la espalda, y a partir de esa insignia diseñó un nuevo traje para su esposo. Peter usó su habilidad arácnida para fingir que era un superatleta llamado Ricochet.

Ricochet era un héroe ocurrente que no callaba ni en plena batalla.

Spiderman no habría sido capaz de concebir sus nuevas identidades sin la ayuda entusiasta de Mary Jane.

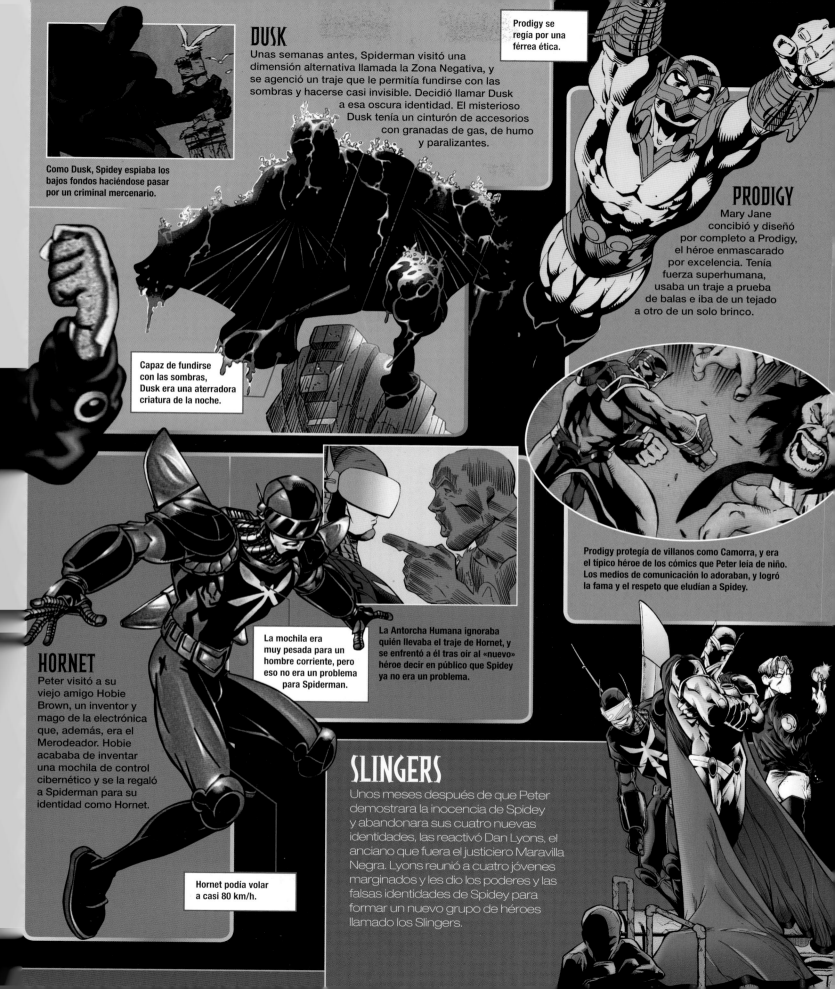

DUSK

Unas semanas antes, Spiderman visitó una
dimensión alternativa llamada la Zona Negativa, y
se agenció un traje que le permitía fundirse con las
sombras y hacerse casi invisible. Decidió llamar Dusk
a esa oscura identidad. El misterioso
Dusk tenía un cinturón de accesorios
con granadas de gas, de humo
y paralizantes.

Como Dusk, Spidey espiaba los
bajos fondos haciéndose pasar
por un criminal mercenario.

PRODIGY

Mary Jane
concibió y diseñó
por completo a Prodigy,
el héroe enmascarado
por excelencia. Tenía
fuerza superhumana,
usaba un traje a prueba
de balas e iba de un tejado
a otro de un solo brinco.

Capaz de fundirse
con las sombras,
Dusk era una aterradora
criatura de la noche.

Prodigy protegía de villanos como Camorra, y era
el típico héroe de los cómics que Peter leía de niño.
Los medios de comunicación lo adoraban, y logró
la fama y el respeto que eludían a Spidey.

HORNET

Peter visitó a su
viejo amigo Hobie
Brown, un inventor y
mago de la electrónica
que, además, era el
Merodeador. Hobie
acababa de inventar
una mochila de control
cibernético y se la regaló
a Spiderman para su
identidad como Hornet.

La mochila era
muy pesada para un
hombre corriente, pero
eso no era un problema
para Spiderman.

La Antorcha Humana ignoraba
quién llevaba el traje de Hornet, y
se enfrentó a él tras oír al «nuevo»
héroe decir en público que Spidey
ya no era un problema.

SLINGERS

Unos meses después de que Peter
demostrara la inocencia de Spidey
y abandonara sus cuatro nuevas
identidades, las reactivó Dan Lyons, el
anciano que fuera el justiciero Maravilla
Negra. Lyons reunió a cuatro jóvenes
marginados y les dio los poderes y las
falsas identidades de Spidey para
formar un nuevo grupo de héroes
llamado los Slingers.

Hornet podía volar
a casi 80 km/h.

«¡DÉJALO EN PAZ, ESCORPIÓN! ¡TÚ Y YO TENEMOS ASUNTOS PENDIENTES QUE TRATAR!»

EL SPIDERMAN IMPOSTOR

Cuando Peter se cruzó con el Escorpión, descubrió que el villano tenía una nueva imagen y mayor poder.

RETIRO TEMPRANO

Parker estaba harto de ser Spiderman, pero, por desgracia, Spiderman no se había cansado de ser Peter. Después de su última pelea contra el Duende Verde, Spidey colgó el traje para entregarse a su auténtica vida. Pero, en plena entrevista de trabajo en la Fundación Tri Corp para la Investigación, Peter no solo se cruzó con el supervillano Escorpión, sino con un nuevo Spiderman.

UN NUEVO CAPÍTULO

Últimamente, la vida de Spiderman era un caos total. El lanzarredes se vio arrastrado a un laberinto de confusión donde la muerte y la resurrección aguardaban a cada paso. Ya era hora de poner orden y empezar un nuevo capítulo.

EL REGRESO DE MAY

Los informes sobre la muerte de la tía May se exageraron sobremanera. Al parecer, como parte del plan para atormentar a Peter, Norman Osborn secuestró a May y contrató a una actriz para que la imitara. Así que Peter vio morir a la actriz, no a su querida tía, y estaba encantado de tenerla otra vez en su vida.

Durante el retiro de Spiderman apareció en escena un nuevo Hombre Araña. Peter no tenía ni idea de quién era aquel tipo con superpoderes, pero, cuando el villano Shadrac venció a su imitador, acudió al rescate del novato y descubrió que era una adolescente.

EL DEBER LLAMA

A Peter le sentaba bien la jubilación como Spidey, pero al final asumió su responsabilidad y retomó el papel para el que había nacido. Spiderman volvió a la acción y plantó cara a villanos como Ranger, Shadrac y el Capitán Poder.

> Peter volvió a proteger a los inocentes de matones, criminales y supervillanos.

> Spiderman siempre cargará con su noble sentido de la responsabilidad.

Cuando Peter Parker reclamó su papel de Spiderman para combatir a Shadrac, su sustituta adoptó su propia identidad superheroica y se convirtió en la nueva Spiderwoman. Resultó ser la adolescente Mattie Franklin, que fue toda una heroína por derecho propio.

UN ASCENSO

Peter aún visitaba de vez en cuando su vieja casa, pero, gracias al dinero que Mary Jane ganó como modelo, la joven pareja se trasladó a un ático de lujo en Manhattan. Hasta la tía May se mudó con ellos a su amplio dúplex.

En noviembre de 1998, *The Amazing Spider-Man* tocó a su fin, pero, en enero de 1999, el título renació. Spiderman estrenaba la década con un relanzamiento que daba prioridad a los relatos coherentes, y fue remodelado para un nuevo milenio de fans.

DÉCADA DE

2000

EN ADELANTE...

Poco antes de acabar la década de 1990, *The Amazing Spider-Man* se relanzó con un nuevo número uno a fin de distanciarse de su continuidad pasada. Pero, hasta 2001, y en su 30.º número, no se presentó a los fans el nuevo cariz que tomaría la vida de Spidey. El escritor J. Michael Straczynski se hizo cargo de Peter Parker y, bajo la tutela de Joe Quesada, el nuevo editor jefe, trazó un nuevo y osado rumbo para el personaje, que basó en un arco argumental de cinco o seis números que se podían recoger en un solo libro en rústica para las librerías. Las ventas se dispararon y, con la ayuda del escritor Brian Michael Bendis, que reformuló la versión adolescente de Peter Parker en el exitoso *Ultimate Spider-Man*, Spidey volvió a ser la estrella del mundo del cómic.

La numeración volvería enseguida a la de la serie original, y, en 2008, Spiderman sería relanzado de nuevo con la trama Brand New Day. No obstante, en el 700.º número de la serie, Dr. Octopus sustituyó a Parker como el Spiderman Superior. Eso acabó por un corto tiempo con la tirada de *The Amazing Spider-Man*, hasta que el siguiente regreso de Peter relanzó el título para su tercer volumen. Hoy, Spiderman protagoniza la cuarta serie de *Amazing Spider-Man* con toda una nueva ristra de aventuras.

AL DORSO *The Amazing Spider-Man* #632 (mayo 2010): La vida de Spiderman ha cambiado mucho con los años, pero sus problemas siguen siendo los mismos. Uno de ellos es el Dr. Curt Connors y su brutal *alter ego*, Lagarto.

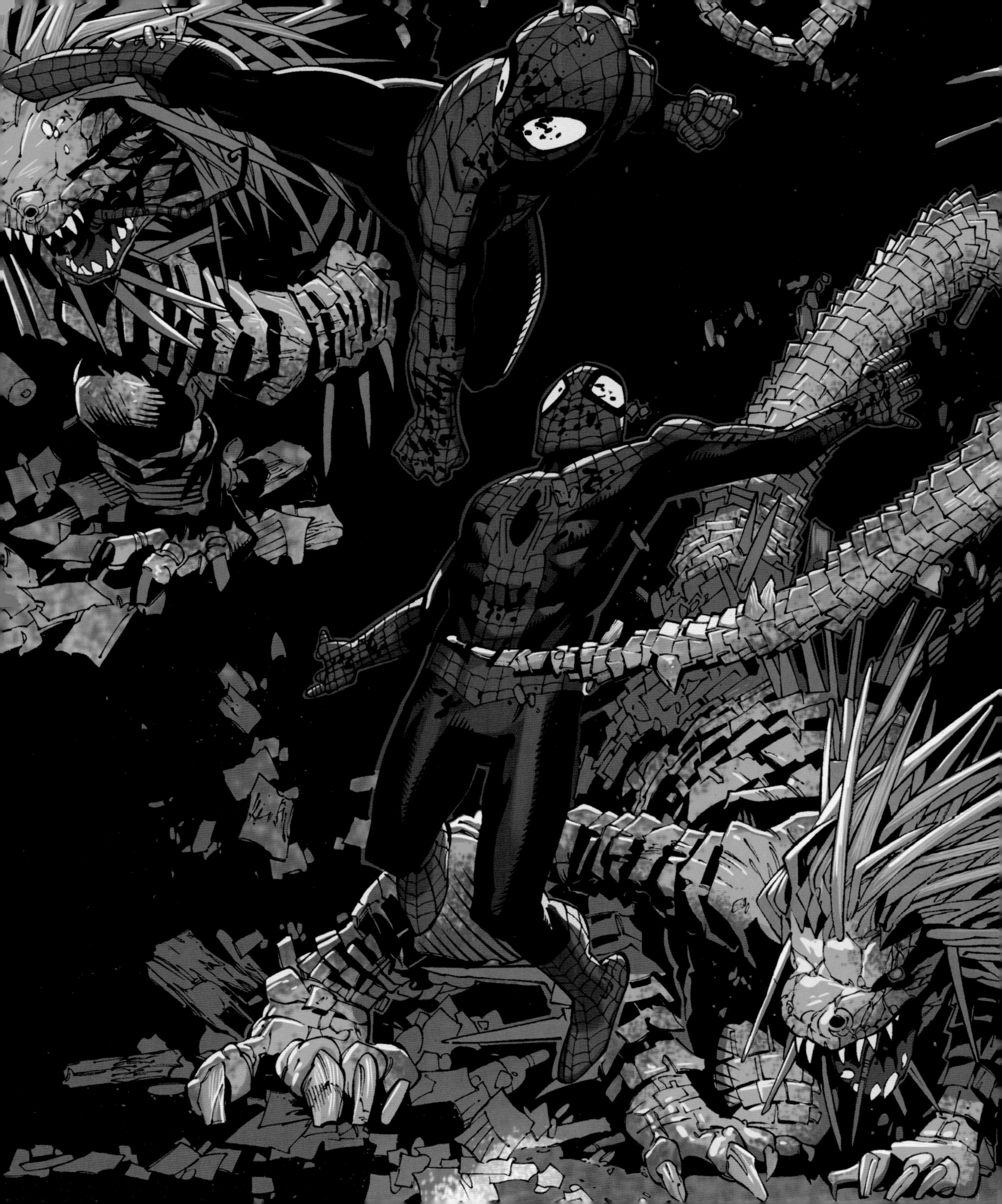

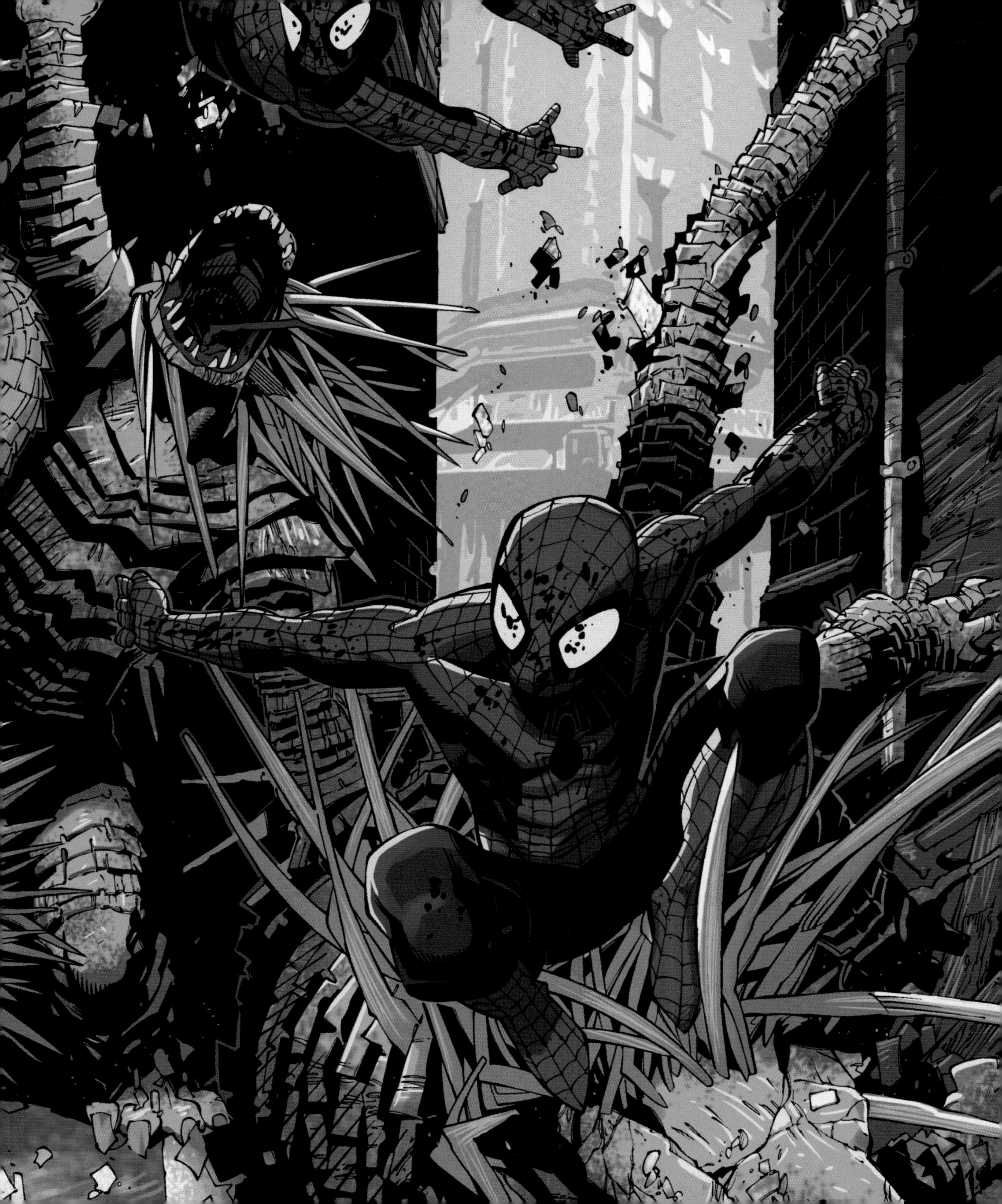

EZEKIEL

Este excéntrico y misterioso millonario con poderes tan similares a los de Spiderman apareció de pronto en la vida de Peter Parker y la volvió del revés. Con sus cuentos sobre tótems y guerreros con poderes animales, Ezekiel dio otro giro a la vida que Peter creía conocer.

ORÍGENES

El grueso de la historia personal de Ezekiel es un misterio. Lo único que se sabe del pasado de este enigmático hombre son los secretos que él mismo ha divulgado, y que tal vez modificó para lograr sus objetivos. Cuando apareció por primera vez en la vida de Spidey, le dijo a Peter que sus poderes arácnidos no eran el mero producto de un accidente científico. Según Ezekiel, Peter Parker era el nuevo elegido de un largo linaje de guerreros con poderes bestiales. Luego le advirtió sobre el depredador Morlun, que se nutría de esos poderes totémicos. Cuando ambos se enfrentaron a Morlun, sus descabelladas teorías parecieron de pronto mucho más válidas.

Ezekiel siguió apareciendo en la vida de Spiderman en momentos de crisis, y ambos acabaron entablando una suerte de amistad. Pero su rostro benevolente ocultaba su auténtica motivación. Durante un antiguo ritual de sangre, Ezekiel obtuvo poderes muy similares a los de Peter, pero le dijeron que solo podía haber un verdadero guerrero arácnido, y su intención era sacrificar a Parker para ser el único superviviente.

Ezekiel obtuvo sus poderes arácnidos por medio de un sacrificio de sangre en Sudamérica, donde le advirtieron que debía eliminar al genuino guerrero arácnido... o morir.

Ezekiel ofreció a Spiderman una habitación especial forrada de adamantium para que se ocultara a salvo de Morlun durante meses si lo necesitaba. Pero Peter rechazó su oferta, pues prefería pelear de frente con su adversario.

Tras atraer a Spidey hasta Sudamérica, Ezekiel lo venció. Luego conjuró a una entidad arácnida de carácter divino y le hizo creer que Peter era el falso guerrero arácnido que había que sacrificar.

Ezekiel se agarraba a las superficies como Spidey.

Ezekiel se ganó la confianza de Peter, y luego la explotó.

FICHA

PRIMERA APARICIÓN: *The Amazing Spider-Man* (2.ª serie) #30 (junio 2001)

NOMBRE COMPLETO: Ezekiel Sims

FILIACIONES: Ninguna

PODERES Y HABILIDADES: Ezekiel tenía fuerza, velocidad, reflejos, agilidad y resistencia mejorados, aunque algo inferiores a los de Spiderman. Podía adherirse a las superficies y tenía un increíble «sentido arácnido» que lo alertaba enseguida. Dado el parecido de sus poderes, Ezekiel podía burlar el sentido arácnido de Spidey.

Ezekiel entabló con Peter una relación de mentor y protegido. Él le ayudó a comprender una parte de sus poderes que desconocía.

Cuando Ezekiel se vio forzado a entregar a Peter al dios arácnido en su lugar, no pudo hacerlo. Se dio cuenta de que Peter había usado sus poderes para el bien, mientras que él había derrochado los suyos, así que atacó a la araña y se sacrificó para que viviera el verdadero héroe arácnido.

Morlun lleva siglos vivo, acechando a sus presas y alimentándose de ellas.

MORLUN

Este depredador por naturaleza vive para nutrirse de gente con poderes animalescos. Para alguien con habilidades arácnidas como Spidey, eso es lo más peligroso que hay.

Morlun es más duro de lo que parece. A veces, su superfuerza rivaliza con la del increíble Hulk y la de Thor.

ORÍGENES

Poco después de su primer encuentro con Ezekiel, Spidey conoció a su homólogo en el vampiro llamado Morlun. Su pasado era tan brumoso como el del nuevo mentor de Spiderman, pero Morlun no poseía poderes de naturaleza animal, sino que se nutría de ellos. Era un ser letal que llevaba siglos viviendo gracias a la absorción de la fuerza vital de víctimas superpoderosas, y viajó a Nueva York a propósito para dar caza a Spiderman. Allí sembró el caos para llamar la atención del lanzarredes y desafiarlo a un combate directo. Spiderman se percató enseguida de que la fuerza de Morlun era mayor que nada a lo que se hubiera enfrentado jamás, y sabía que era inútil luchar contra él cuerpo a cuerpo. Así que, al final, logró atraerlo hasta una planta nuclear, cuya peligrosa radiación lo debilitó. Tras ello, Dex, el criado de Morlun, harto del maltrato de su amo, le disparó y, aparentemente, lo mató.

A Morlun le gusta saborear a sus presas, así que se toma su tiempo para prepararse para su lucha contra Spiderman.

Morlun solo puede sobrevivir nutriéndose de la energía de otros seres superpoderosos, en especial de los que tienen poderes bestiales. Cuanto más espaciadas sean sus dosis, más se debilita.

Dex disparó y, en teoría, mató a Morlun, pero Spiderman lo dejó escapar, pues imaginaba el tormento al que Morlun había sometido a su sirviente y sabía que Dex lo había hecho en defensa propia, y no a sangre fría.

Hace poco, Morlun resurgió con su familia, los Herederos. Hicieron falta varios Spidermen de diferentes líneas temporales y dimensiones para apresar a ese grupo letal de depredadores.

FICHA

PRIMERA APARICIÓN: *The Amazing Spider-Man* (2.ª serie) #30 (junio 2001)

ALIAS: No tiene

FILIACIONES: Los Herederos

PODERES Y HABILIDADES: Morlun tiene la superfuerza que absorbe de seres con poderes animalescos. Con la adecuada fuente de energía, puede vivir siglos. Es capaz de rastrear a sus presas superhumanas con solo tocarlas.

LOS NUEVOS VENGADORES

Cuando Electro provocó el motín en La Balsa, la nueva cárcel de máxima seguridad de Nueva York, Spiderman se alió con otros héroes para sofocar la rebelión. El Capitán América, convencido de que los había unido el destino, decidió crear un nuevo equipo de superhéroes: los Nuevos Vengadores.

El grupo inicial lo formaban Spiderman, Spiderwoman, el Capitán América, Iron Man y Luke Cage, y su primera misión oficial los llevó a la prehistórica Tierra Salvaje, donde se les unió Lobezno. Y al poco se les juntaron el poderoso Vigía y el enigmático Ronin. Los Nuevos Vengadores combatieron tanto el crimen organizado en Japón como las amenazas mutantes en Canadá, y demostraron que eran tan formidables como sus homólogos originales.

Spiderman

Para los Vengadores, Peter solo había sido un héroe de reserva, pese a sus años como devoto justiciero. Así que no pudo rechazar la oferta de unirse al nuevo equipo cuando el Capitán América lo reclutó en persona.

Vigía

Tiene el poder de «un millón de soles explotando», poder que puso al servicio del grupo. Vigía siempre ha estado en lucha con su trastorno de personalidad múltiple, tratando de llevar una vida lo más normal posible en su caótico mundo.

Spiderwoman

Pese a su larga carrera de heroína, Jessica Drew no se unió oficialmente a los Vengadores hasta esta última versión del grupo. La criaron para ser una agente terrorista de Hydra, pero siempre tuvo un carácter heroico.

Luke Cage

Es el corazón de los Nuevos Vengadores pero oculta su buen talante bajo su recia piel y su imagen de tipo duro. Reveló su lado romántico cuando se casó con la exheroína Jessica Jones después de que tuvieran una hija.

Lobezno

Siempre dijo que era un lobo solitario. No obstante, Lobezno llevaba años sirviendo a la Patrulla-X con sus poderes mutantes y sus afiladas garras de adamantium, y después accedió a unirse a los Nuevos Vengadores.

Capitán América

En la Segunda Guerra Mundial le inyectaron el suero del supersoldado, y luego vivió congelado en hielo. Sin duda, es mucho más que un hombre. Para la comunidad de héroes, es un icono de la nobleza y la justicia de los Vengadores.

Iron Man

Con su abultada cuenta corriente y su fiel entrega a los Vengadores durante casi toda su vida adulta, Tony Stark tenía que formar parte del grupo. El Capitán América lo convenció enseguida al señalar que los Vengadores eran vitales para mantener el planeta a salvo.

Ronin

El arquero Hawkeye volvió de su aparente muerte y se unió a los Nuevos Vengadores. Eco, una vigilante del pasado de Daredevil, le pasó el cargo del enigmático Ronin, y así se convirtió en el segundo héroe en lucir su traje.

Los Nuevos Vengadores combatieron a algunos de los villanos más poderosos del planeta, incluida una alianza entre los nefastos grupos HAMMER, Hydra, IMA y la Mano.

LOS NOVÍSIMOS NUEVOS VENGADORES

En su breve temporada como equipo, triunfaron muchas veces frente a la adversidad, pero los Nuevos Vengadores, entre los que se contaba Spidey, no tuvieron un camino de rosas. Cuando Iron Man se pasó al bando del gobierno en la Guerra Civil superhumana, se vieron obligados a vivir en la clandestinidad, y defendieron un mundo deseoso de verlos arrestados. Tras sobrevivir al conflicto, junto con una invasión de skrulls mutantes y el asedio gubernamental de Asgard, hogar de los dioses nórdicos, el equipo recobró el lugar legítimo que le correspondía en el mundo. Luke Cage fue su líder, y el Capitán América les dio todo su apoyo. Su última versión incluía a la veterana Vengadora Ms. Marvel, a la exagente de SHIELD y Vengadora de la Costa Oeste Pájaro Burlón e incluso al famoso ojizarco la Cosa, de los 4 Fantásticos.

EL OTRO

El futuro de Spiderman no pintaba bien. Cuando descubrió que padecía una enfermedad terminal, trató de aceptar su mortalidad, pero lo invadían sueños inquietantes, y sus poderes seguían debilitándose. Y encima su vida dio otro giro para peor cuando Morlun, a quien se creía muerto, regresó para acecharlo. Tras hacer las paces con la muerte y pasar tiempo con su familia, el trepamuros lidió en un combate final con Morlun, consciente de que sería su última aventura. Por desgracia para los amigos y familiares de Peter Parker, el trepamuros no rehuyó ese encuentro.

LA MUERTE DE SPIDEY

Tras un combate brutal en una concurrida calle de Nueva York, Morlun derrotó a Spiderman, y estaba a punto de absorber su fuerza vital cuando lo interrumpieron. Luego se llegó hasta la cama de hospital donde el héroe yacía en estado crítico. Mientras se le acercaba, se impuso en Peter la mitad arácnida de su personalidad, y de pronto atacó al villano, lo mató y se nutrió de su energía como un animal. Después, Peter regresó a la normalidad y murió en brazos de Mary Jane.

Peter se dejó la piel para vencer a Morlun, pero no era lo bastante fuerte para superar su brutalidad.

Tras la pelea, Morlun dejó a Spidey molido y derrotado, aferrado a la vida solo por un hilo y con apenas esperanza de sobrevivir.

RENACIMIENTO

Una afligida Mary Jane regresó a casa, a la Torre Vengadores, y se quedó atónita al ver que el cuerpo de Peter se había reducido a una cáscara sin vida abierta en dos, como si algo hubiera salido de ella. Entre tanto, Peter deambuló en una especie de estado onírico bajo un puente de Nueva York y se encerró en un capullo gigante. Mientras se entregaba en sueños a una entidad arácnida, cediendo ante su auténtico ser, su capullo se abrió en el mundo real. El agua se tiñó de sangre, y la forma de Peter emergió como en un parto natural. Este se arrojó al agua, y luego efectuó su salida teatral a la superficie. Era un hombre nuevo, renacido y sin rastro de sus dolencias. Regresó a la Torre Vengadores y a los brazos de Mary Jane y de su tía May. Después se sometió a una batería de pruebas científicas bajo la tutela de sus amigos de la comunidad de superhéroes, y retomó su papel de Spiderman, pero enseguida se percató de un hecho extraño. No solo había resucitado: al salir del capullo había evolucionado.

«EVOLUCIONA O MUERE.»

Al volver a la tierra de los vivos, Spidey descubrió que sintonizaba mucho mejor que antes con su mitad arácnida. El vello de sus brazos era más sensible, como el de una araña de verdad, lo cual aumentaba su habilidad para percibir mejor su entorno. No solo se magnificaron sus sentidos naturales, sino que podía pegarse objetos a la espalda, una ampliación natural de su antiguo talento de trepamuros.

AGUIJONES

Tras resucitar, Spiderman descubrió su nuevo y más asombroso poder. Cuando lo acechaba un peligro, sus muñecas proyectaban aguijones venenosos por instinto. Pero esa nueva habilidad parece haberse esfumado tras los hechos más recientes.

LA ARAÑA DE HIERRO

Cuando Parker regresó de entre los muertos con su traje hecho trizas, Tony Stark decidió crear un nuevo uniforme para su camarada de los Nuevos Vengadores. Con la misma sofisticada nanotecnología que empleó para su traje de Iron Man, Stark diseñó una nueva imagen para ayudar a Spiderman en su lucha contra el crimen.

UN CAMBIO RÁPIDO

Spiderman se adaptó enseguida a su nuevo traje. Sus nuevas habilidades le permitían luchar contra el crimen de un modo que antes le estaba vetado. Con aquel avance podía llevar el traje en público a todas horas, ya que podía hacerse invisible a simple vista. La nanotecnología se activaba rápidamente mediante el pensamiento, y podía cambiar del traje a la ropa de calle o a su clásico uniforme rojiazul, e incluso al negro.

AHORA LO VES...

Uno de los aspectos más prácticos del traje de Stark era que se fusionaba con múltiples entornos y hacía invisible a Spidey ante sus enemigos. El héroe, que ya era ducho en métodos sigilosos, lo usó para llevar sus poderes a otro nivel.

El nuevo traje de Spidey tenía lentes que mejoraban su visión y le permitían ver el espectro ultravioleta, algo muy práctico para perseguir a criminales y detectar su posición exacta.

«HE APROVECHADO LA OPORTUNIDAD PARA HACER LEVES... MEJORAS.» TONY STARK

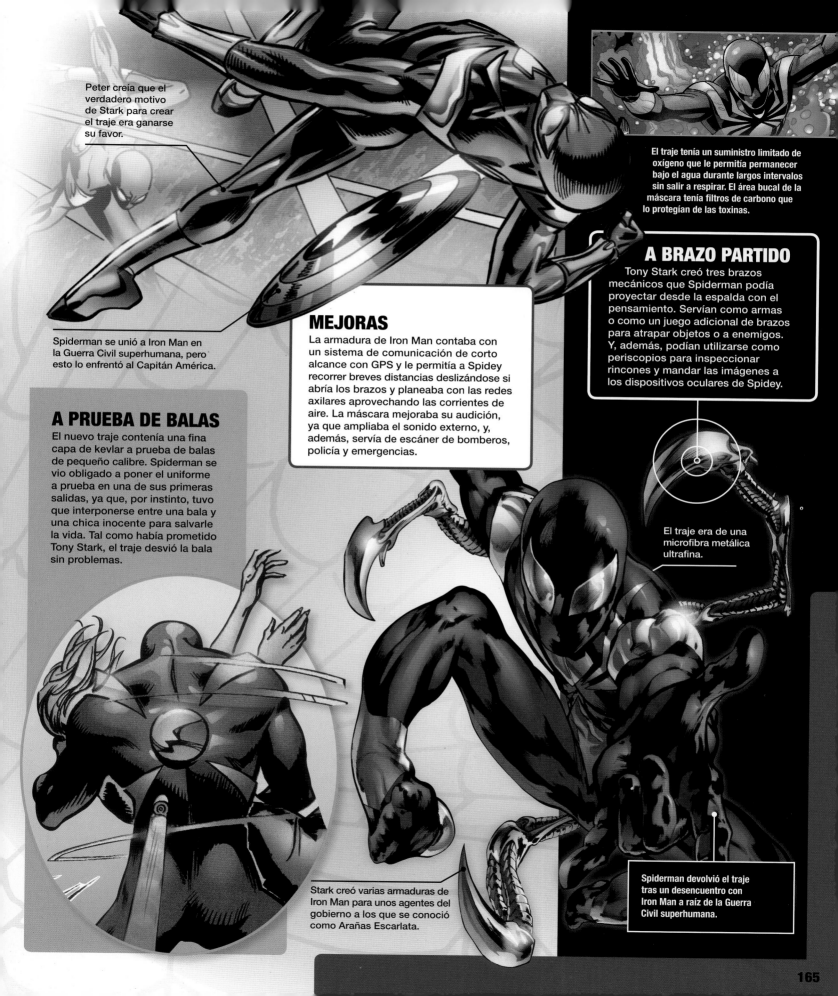

Peter creía que el verdadero motivo de Stark para crear el traje era ganarse su favor.

Spiderman se unió a Iron Man en la Guerra Civil superhumana, pero esto lo enfrentó al Capitán América.

El traje tenía un suministro limitado de oxígeno que le permitía permanecer bajo el agua durante largos intervalos sin salir a respirar. El área bucal de la máscara tenía filtros de carbono que lo protegían de las toxinas.

A BRAZO PARTIDO

Tony Stark creó tres brazos mecánicos que Spiderman podía proyectar desde la espalda con el pensamiento. Servían como armas o como un juego adicional de brazos para atrapar objetos o a enemigos. Y, además, podían utilizarse como periscopios para inspeccionar rincones y mandar las imágenes a los dispositivos oculares de Spidey.

MEJORAS

La armadura de Iron Man contaba con un sistema de comunicación de corto alcance con GPS y le permitía a Spidey recorrer breves distancias deslizándose si abría los brazos y planeaba con las redes axilares aprovechando las corrientes de aire. La máscara mejoraba su audición, ya que ampliaba el sonido externo, y, además, servía de escáner de bomberos, policía y emergencias.

A PRUEBA DE BALAS

El nuevo traje contenía una fina capa de kevlar a prueba de balas de pequeño calibre. Spiderman se vio obligado a poner el uniforme a prueba en una de sus primeras salidas, ya que, por instinto, tuvo que interponerse entre una bala y una chica inocente para salvarle la vida. Tal como había prometido Tony Stark, el traje desvió la bala sin problemas.

El traje era de una microfibra metálica ultrafina.

Stark creó varias armaduras de Iron Man para unos agentes del gobierno a los que se conoció como Arañas Escarlata.

Spiderman devolvió el traje tras un desencuentro con Iron Man a raíz de la Guerra Civil superhumana.

GUERRA CIVIL

Volvió a hermano contra hermano y tornó amigos en enemigos. La Guerra Civil superhumana estalló a raíz del Acta de Registro de Superhumanos, sacudió el universo hasta sus cimientos y abrió heridas que aún siguen abiertas. Y, para Spiderman, lo cambió todo.

LA TRAGEDIA DE STAMFORD

La última versión del equipo de superhéroes los Nuevos Guerreros inició una batalla contra un grupo de supervillanos que contaba con el colérico criminal Nitro. Su lucha causó de forma accidental una explosión que destruyó una escuela y mató a cientos de inocentes. En busca de soluciones, el gobierno aprobó el Acta de Registro de Superhumanos.

En una conferencia de prensa anunciada a bombo y platillo, Spiderman se presentó ante el público con su clásico traje. Luego, para sorpresa y pasmo de todos, se quitó la máscara e hizo pública su identidad.

EL ACTA

El Acta de Registro de Superhumanos obligaba a todo héroe y vigilante a registrar su identidad y trabajar a cargo del gobierno. Iron Man, que la apoyaba, le pidió a Spiderman que la defendiera en público. Cuando Spidey desveló al mundo su identidad secreta, sus amigos y antiguos jefes, incluido J. Jonah Jameson, se quedaron atónitos, y Peter Parker se hizo famoso de la noche a la mañana.

LA RESISTENCIA

No todo el mundo apoyaba el Acta. El Capitán América la consideraba una violación de la intimidad y de los derechos civiles. Así que, cuando se aprobó, el icónico héroe se convirtió en un fugitivo simplemente por defender sus ideas. Perseguido por Iron Man y otros héroes registrados, se vio abocado a la vida clandestina y unió sus fuerzas con otros individuos del mismo parecer.

Pese a permanecer del lado de su mentor, Spiderman empezó a lamentar la decisión de registrarse y exponerse al público. Los *paparazzi* y los supervillanos rencorosos lo acosaban a él y a su familia. Su intención de proteger a sus seres queridos fracasó, y empezaba a ver lo importante que era el secretismo. Así que, cuando el héroe Goliat murió en combate contra el ejército de Iron Man, Spiderman ya no pudo más y abandonó a Stark para unirse a los rebeldes del Capitán América.

«CREO QUE ESTE PLAN NOS DIVIDIRÁ.»

CAPITÁN AMÉRICA

¿QUIÉNES SON LOS BUENOS?

Iron Man no le hizo ascos a reclutar villanos para su causa. Spiderman, miembro de la resistencia del Capitán América, tuvo que combatir contra criminales nefastos como Veneno y Dama Mortal, la enemiga asesina de Lobezno. Estaba claro que Iron Man haría lo que fuera para demostrar que tenía razón.

Después de tanta sangrienta violencia, el Capitán América miró a su alrededor y, al ver la devastación que causaba la guerra, cual auténtico héroe, abandonó la lucha y se entregó a Iron Man.

UN LUGAR NEGATIVO

A medida que Iron Man y compañía detenían a héroes y villanos sin registrar y los encarcelaban en un penal de otra dimensión situado en la Zona Negativa, la violencia escalaba. El bando del Capitán América invadió la fortaleza y le plantó cara a los héroes registrados en otra encarnizada batalla.

Junio 2006

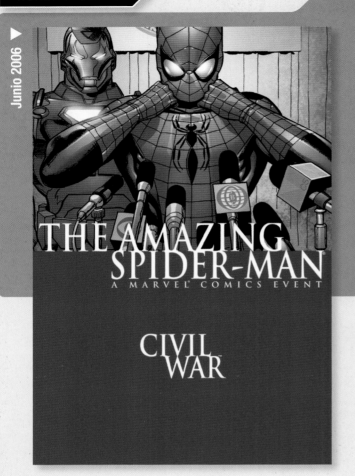

THE AMAZING SPIDER-MAN

A MARVEL® COMICS EVENT

CIVIL WAR

THE AMAZING SPIDER-MAN #533

«Me llamo Peter Parker y soy Spiderman desde que tenía quince años.»

PETER PARKER

EDITOR JEFE
Joe Quesada

PORTADA
Ron Garney

GUION
J. Michael Straczynski

DIBUJO
Ron Garney

ENTINTADO
Bill Reinhold

COLOR
Matt Milla

ROTULACIÓN
Cory Petit

PERSONAJES PRINCIPALES: Spiderman; Iron Man; Mary Jane Watson-Parker; tía May Parker
PERSONAJES SECUNDARIOS: J. Jonah Jameson; Joe Robertson; Mr. Fantástico; Mujer Invisible; Pierce McPherson; Flash Thompson; miembros de la galería de villanos de Spiderman; otros superhéroes
ESCENARIOS PRINCIPALES: sala de prensa (Washington, D. C.); oficina del *Daily Bugle*; Edificio Baxter; Torre Stark; un campo de aviación sin especificar

EN CONTEXTO

El escritor J. Michael Straczynski reinventó el título de Spiderman cuando más le urgía. Unos años después de la recreación de John Byrne, *The Amazing Spider-Man* se quedó estancado, pero recibió una inyección de estímulo cuando Straczynski y el legendario artista John Romita Jr., se encargaron del título a partir del número 30 de la segunda serie. Se revisaron sus orígenes y se le dio una capa de misticismo. Spidey se enfrentó al hijo de su mayor enemigo y conoció a Gwen Stacy, adquirió nuevos poderes a raíz de la trama El Otro, y un nuevo traje blindado gracias a Iron Man (Tony Stark). Los fans se debatieron sobre estos polémicos cambios, pero Marvel logró lo que quería: la gente volvía a hablar de Spiderman.

Luego llegó la Guerra Civil, y, mientras los grandes héroes se dividían en dos bandos, Spidey tomó una decisión aún más controvertida.

LA HISTORIA

Spidey desvela su identidad secreta al mundo y obliga a amigos, familia, aliados y enemigos a reaccionar ante la asombrosa noticia.

La comunidad de superhéroes está dividida, y Spidey ha escogido su bando. Con la inminente amenaza del Acta de Registro de Superhumanos, que exigía a todo justiciero y vigilante enmascarado registrar sus poderes y su identidad ante el gobierno de EE UU, los héroes discutían sin tregua sobre la constitucionalidad de esa ley. Pero Peter Parker debía hacer lo mejor para su familia, y, en aquel momento, eso significaba ponerse del lado del Acta y de su mentor, Tony Stark, alias Iron Man.

Tony había tomado a Spiderman bajo su tutela hacía unos meses, y ayudó a su familia cuando un malvado rostro del pasado de Peter la dejó sin casa. Así que, cuando llegó el turno de corresponder a Iron Man con su lealtad, Spidey asumió su responsabilidad e hizo lo que le pidió Stark. Se presentó ante el público en una esperada conferencia de prensa que se celebró en Washington, D. C., y se quitó la máscara, mostrando su identidad al mundo para defender el Acta de Registro de Superhumanos (**1**).

Y todo cambió. Treinta millones de personas acudieron de inmediato a hacer búsquedas de Parker en internet. En la oficina del *Daily Bugle*, J. Jonah Jameson se quedó de piedra (**2**) y arrojó su taza de café a la otra punta del despacho. Se sentía traicionado por un hombre a quien creía honesto y franco.

Entre tanto, Peter sufría los mismos sentimientos contradictorios que el público. Siempre tenía en mente la seguridad de Mary Jane y de su tía May, y, aunque creía en la causa, no la defendería si el precio a pagar era el bienestar de su familia. Así que, abriéndose paso a través de una variopinta horda de defensores y detractores (**3**), se dirigió a una de las limusinas de Stark para ir al aeropuerto y volver a Nueva York.

Como siempre, su mayor apoyo fue Mary Jane. Peter la llamó desde la limusina, pero los interrumpió Reed Richards, de los 4 Fantásticos, que lo llamó al teléfono del coche (**4**). Finalmente, Reed, su esposa Sue y hasta su tía May acabaron llevando conversaciones simultáneas. Pero Peter necesitaba pensar, así que juntó los teléfonos y los sujetó con telaraña para que hablasen entre ellos; luego, él siguió en soledad su camino al aeropuerto.

La llegada de Spiderman no fue como él esperaba. Primero lo recibió un abogado que le dijo sin rodeos ni lugar a dudas que el *Daily Bugle* lo demandaba por engaño, fraude e incumplimiento de contrato (**5**). Después tuvo que abrirse paso entre los periodistas que atestaban la acera frente a su hogar en la Torre Stark. Y la televisión lo seguía a todas partes. Flash Thompson vio las noticias en su casa, y creyó que se trataba de un engaño (**6**). En las zonas más sórdidas de la ciudad, villanos como Buitre y Dr. Octopus comenzaron a tramar su venganza (**7**).

Sin embargo, la peor sorpresa de Peter cuando regresó a Nueva York fue la que desveló Tony Stark en otra conferencia de prensa: dijo a la nación que el plazo para registrarse había acabado (**8**), de manera que quienes no lo habían hecho serían arrestados y encarcelados sin excepción. A continuación, Stark anunció que había formado una fuerza de asalto para combatir a los rebeldes clandestinos, y añadió que Spiderman se contaba entre sus filas. Peter se quedó atónito y salió a tomar el aire, pero, en vez de eso, recibió otra embestida de la prensa (**9**), esta vez acompañada de un intento de asesinato. Peter logró detener al hombre armado (**10**), un idólatra del Capitán América, pero este lo amenazó con demandarlo por volarle la mano (**11**). Gustara o no, se fraguaba una guerra entre superhéroes a la que Peter Parker acababa de ser arrastrado (**12**).

«Así que es mejor que te presente a los otros que lucharán en esta guerra… antes de que empiecen las muertes mañana.» **IRON MAN**

UN DÍA MÁS

Sería la prueba definitiva para su relación, y Mary Jane Watson y Peter Parker la pasarían con matrícula de honor. Pero, irónicamente, su recompensa por demostrar su amor mutuo sería pasar el resto de su vida separados. Solo podían disfrutar de un último día juntos antes de que una fuerza oscura destruyera la relación que tanto habían tardado en construir.

« SOLO UNOS SEGUNDOS MÁS... ESCÚCHAME, PETER, **ESCÚCHAME**. »
Mary Jane

Peter registró a su tía May en el hospital como May Morgan para no llamar la atención.

LA TÍA MAY

La identidad secreta de Parker se hizo pública durante los sucesos que desembocaron en la Guerra Civil superhumana. Al final, Peter desobedeció la ley y se unió a un grupo de rebeldes clandestinos que luchaban por los derechos de los superhéroes, convirtiéndose así en fugitivo. Con el fin de no llamar la atención, escondió a su familia en un motel de mala muerte. Por desgracia, aunque Iron Man y su ejército no dieron con él, Kingpin sí lo hizo, y mandó a un matón para que matara a Spiderman. La bala no le acertó, pero, en vez de eso, hirió a la tía May, quien acabó en el hospital aferrada a la vida por un hilo. Lo único que la salvaba era que Iron Man había pagado sus gastos de hospitalización. Y es que, aunque Tony Stark veía a Peter como un proscrito, sabía que May era una víctima inocente y no merecía lo que le había pasado.

El Dr. Extraño borró el recuerdo público del *alter ego* de Spidey.

MEFISTO

Para salvar a su tía May, Peter pidió ayuda a todo el mundo habido y por haber, incluido a Dr. Extraño, pero agotó todas las posibilidades. Al parecer, hiciera lo que hiciera, la mujer que había sido una madre para él iba a morirse, y él era el culpable. Pero, entonces, el diablo llamó a la puerta. Al demonio Mefisto le interesaba sobremanera la situación de Peter. Comprendía los complejos destinos de la humanidad y sabía que el más mínimo cambio en la vida de una persona podía tener consecuencias radicales. De manera que permitiría que la tía May se recobrara, pero a cambio de algo. Quería acabar con la relación de Mary Jane y Peter y hacer que nunca se hubieran casado. Peter y Mary Jane sabían que no tenían más remedio que aceptar el trato de Mefisto, cosa que hicieron tras pasar un último día juntos, recordando toda su vida como pareja. Mientras el diablo fue cambiando su mundo, Mary Jane prometió a Peter que, pasara lo que pasara, volverían a encontrarse.

DOCTOR EXTRAÑO

Cuando los médicos comunicaron a Peter que no había nada que pudieran hacer para ayudar a May, buscó auxilio en otra clase de médico, el mago magistral Dr. Extraño. Este no podía curarla, pero socorrió a Peter en la búsqueda de otros héroes y villanos por todo el planeta en pos de ayuda. Después Peter volvió a visitarlo, y esta vez le rogó que borrara de la memoria pública el recuerdo de su identidad secreta para proteger a su familia.

EL NUEVO STATU QUO

En la nueva realidad que fraguó Mefisto, Mary Jane y Peter nunca se casaron, pero siguieron como pareja; May recibió un disparo, pero se recuperó, y, a petición de Peter, el Dr. Extraño hizo que el mundo olvidara que él era Spiderman y que solo lo supiera Mary Jane. Sin embargo, la pareja se separó cuando ella decidió que ya no podía lidiar con el peligroso mundo de Spiderman.

UN NUEVO DÍA

En la vida de Spidey había habido mucha magia, lo cual no era precisamente bueno para Peter Parker. Tras sus últimos encuentros con demonios de otro mundo y místicos espíritus animales, Spidey estaba listo para volver a una vida más corriente. Pero, para Peter, eso era sinónimo de la existencia y las luchas letales del arácnido favorito del barrio. Era un nuevo día..., pero el mismo viejo poder y la misma responsabilidad de siempre.

LA TÍA MAY

Por fin se acabaron los problemas de salud de May. Se recuperó por completo del disparo del francotirador de Kingpin y estaba resuelta a invertir su renovado gusto por la vida en vivir plenamente y hacer de voluntaria en un comedor para pobres. Con todo, aún le sobraba tiempo para preocuparse por su sobrino, Peter, aunque ya no recordaba que era Spiderman.

En este nuevo comienzo, Peter reanudó el trabajo que hacía mejor: el fotoperiodismo.

EN EL *BUGLE*

La glamurosa vida en la Torre Vengadores y el trabajo para Tony Stark quedaron atrás, y ahora Peter volvía a pasar apuros financieros. Vivía en casa de su tía y trataba de retomar su carrera de fotógrafo. Mientras, el editor del *Daily Bugle*, J. Jonah Jameson, sufrió un infarto, y su esposa, María, vendió el periódico, angustiada por el estrés que le generaba a su marido.

En su nuevo *statu quo*, Spidey ya no tenía redes orgánicas, y tuvo que volver a usar su fluido sintético.

Peter Parker se creó una nueva vida rodeado de amigos, entre ellos, Carlie Cooper y su viejo compañero Harry Osborn. Estaba sin blanca, pero acabó dejando la casa de la tía May para trasladarse a vivir con un nuevo amigo, el policía Vin Gonzales. Vin le ofreció mudarse para ganarse el favor de Carlie, sin saber que a ella le gustaba Peter.

CARLIE COOPER

Peter conoció a esta forense de la policía científica a través de su viejo amigo Harry Osborn. Le gustó al instante, pero le llevó un tiempo darse cuenta de hasta qué punto.

HARRY OSBORN

El mundo lo creía muerto, pero Harry Osborn estaba en Europa. Era parte de un historiado engaño orquestado por su padre, Norman. De vuelta en Nueva York, Harry se convirtió en dueño del Café Bean.

JACKPOT

Esta nueva heroína era un superhumano legalmente registrado que trabajaba en Manhattan. Su notable parecido con Mary Jane Watson tenía a Spiderman muy desconcertado.

ENTRE TANTO...

Mientras Peter luchaba por poner su vida en orden, Spiderman lidiaba con sus propios problemas. Tras estallar la Guerra Civil superhumana, muchos vigilantes eran considerados forajidos, y podían arrestarlos en cualquier momento. Como Peter no se había registrado, entraba en esa categoría. Así que héroes como la nueva Jackpot podían luchar contra el crimen sin miedo a las represalias, pero Spidey debía guardarse siempre las espaldas, pues sabía que las autoridades andaban tras la ocasión de detenerlo.

La situación empeoró cuando J. Jonah Jameson se recuperó de su infarto y fue elegido alcalde de Nueva York. El *Daily Bugle* ya no estaba a su cargo, y Jameson probó suerte con la política. Y, naturalmente, utilizó su poder para dar a Spidey más dolores de cabeza que nunca. Jameson contrató a una fuerza de asalto especial para atrapar a Spidey, pero, por suerte, Peter siempre iba un paso por delante. Spiderman siempre dejaba en ridículo a Jameson esquivando en público a su caro ejército y, al final, el nuevo alcalde tuvo que abandonar su guerra sin cuartel contra el lanzarredes.

«NOS CONOCIMOS EN OTRA VIDA.»

MARY JANE

MARY JANE...

Para Peter y Mary Jane fue difícil habituarse a la soltería. Peter estuvo solo casi todo el tiempo, pero Mary Jane tuvo un romance con el actor Bobby Carr antes de regresar al círculo de amistades de Peter y tratar de vivir sola.

AMENAZAS

Spiderman tenía una conciencia renovada de su identidad, dio un nuevo rumbo a su vida y se entregó a «Un nuevo día». Por desgracia, la «suerte Parker» lo acompañó, y enseguida hubo también un nuevo grupo de supercriminales en Manhattan. Su *statu quo* recién estrenado se completaría con un montón de incorporaciones a su galería de villanos.

SCREWBALL

UNA SENSACIÓN CIBERNÉTICA

Fue la primera supervillana con un blog en directo. Se propuso ganar millones de visitas perpetrando una ola de crímenes y usando una cámara web para captar los resultados. Su transmisión en vivo mostraba todos sus movimientos, y su primer encuentro con Spidey le brindó tantas visitas que procuró cruzarse con él a cada oportunidad. Está sedienta de fama y ansía ser la nueva estrella de los *reality shows.* Es una excelente ladrona y una maestra en gimnasia, y sus maniobras aéreas mantienen a Spiderman alerta y en la mira de sus cámaras.

LA ROSA

UN LEGADO CRIMINAL

Durante un accidente de laboratorio, Sara Ehret se inyectó un virus de su investigación sobre terapia genética, y su jefe, el doctor Phillip Hayes, tuvo que afrontar los gastos financieros derivados del desaguisado. Sara adquirió poderes y se convirtió en la superheroína Jackpot, pero Hayes se entregó a objetivos más bajos y, para recuperar la estabilidad económica, se convirtió en la última versión del criminal La Rosa. Para enviar una advertencia a Jackpot, ordenó a Bumerang que matara al esposo de Sara.

SEÑOR NEGATIVO

PERSONALIDAD ESCINDIDA

De día, Martin Li era un aparente filántropo y el fundador del comedor para pobres donde hacía de voluntaria la tía de Peter. Pero, en realidad, era Sr. Negativo, el nuevo jefe de los bajos fondos de Chinatown, y usó su superpoder de influencia y a su ejército de Demonios Internos para crear un imperio criminal que al final destaparon Spiderman y el segundo vigilante que tomó el nombre de Espectro.

AMENAZA

UNA HIJA DEVOTA

Lily Hollister, prometida de Harry Osborn y amiga de Peter, quería que su padre fuera elegido alcalde, y, a tal fin, usó el equipo y la Fórmula Duende de Norman Osborn para transformarse en la supervillana Amenaza. Como tal, sembró el terror en la campaña de su padre y se ganó la simpatía y el favor de los votantes; pero, cuando Spidey la derrotó, la revelación de su doble vida acabó con la carrera política de su padre. Dio a luz al segundo hijo de Harry, y luego se entregó a una vida de fugitiva.

FREAK

BESTIA DE CARGA
Freak era un adicto capaz de cualquier cosa por una dosis. Nació tras robar la caja de donativos del centro para los sintecho donde trabajaba May Parker. Spiderman lo localizó y lo sujetó a un tejado con sus redes, pero el ladrón se despojó de su ropa y huyó. En su fuga cayó por un tejado de cristal y aterrizó en pleno experimento del Dr. Curt Connors. Vio unas jeringuillas y, al creerlas llenas de una típica droga ilegal, se pinchó con ellas. Así se transformó en el monstruoso ser llamado Freak.

TURBO

RÁPIDO Y FURIOSO
Este ladrón tiene la extraña habilidad de fundirse con cualquier coche y personalizarlo; gracias a ello ha brindado muchas persecuciones a Spiderman. Con solo tocar un vehículo, Turbo puede transformarlo en un rápido bólido capaz de maniobras imposibles. En una ocasión, sus jugarretas lo enemistaron con el jefe del crimen Sr. Negativo, pero el ingenioso ladrón logró escapar porque los secuaces del jefe cometieron el error de meterlo en el maletero de un coche. Turbo hizo suyo el vehículo y salió pitando.

MUÑECA DE PAPEL

UN RECORTE ASESINO
Esta villana puede aplanar su cuerpo hasta dejarlo como una cuchilla, de ahí su nombre. Las yemas de sus dedos son tan afiladas que hacen trizas hasta las redes de Spiderman. Le dio por acosar a Bobby Carr, el actor de Hollywood, y por matar a todo el que, según ella, frenaba su carrera. Cuando puso en su punto de mira a Mary Jane Watson, entonces novia de Carr, Spidey corrió al rescate de su exnovia y venció a Muñeca de Papel cuando esta se cayó a una piscina y tuvo que recobrar su forma tridimensional para respirar.

RAPTOR

EQUIVOCADO
El doctor Damon Ryder, antiguo jefe de Ben Reilly, el clon de Peter Parker, se inyectó ADN de dinosaurio, perdió la cabeza y mató a su esposa e hijos. Adoptó el nombre y el traje del villano Raptor, y culpó injustamente a Ben por la muerte de su familia. Incluso manipuló a Kaine, el viejo adversario de Ben, para que lo ayudara en su «venganza». Raptor tomó al inocente Peter por su clon, y lo atacó varias veces, pero al final Spidey lo detuvo y lo entregó a la justicia.

FÉRREO PATRIOTA

Tras los sucesos de la Guerra Civil, Spiderman era el villano, y Norman Osborn estaba listo para ser el héroe. Además, Osborn tenía poder y dinero, y se preparó a fondo para acabar con su archienemigo.

A MARTILLAZOS CON HAMMER

Norman Osborn, el multimillonario al mando de la agencia gubernamental Thunderbolts, mató a la reina de un ejército alienígena invasor de un disparo, suceso que tuvo eco en todo el mundo. Y, de la noche a la mañana, él se convirtió en el hijo predilecto de América. El gobierno le cedió el control de las fuerzas superheroicas que dirigía Iron Man, con lo que quedó a cargo de la organización pacificadora SHIELD, nombre que enseguida cambió a HAMMER, y la puso al servicio de sus tramas de corrupción, entre ellas, la caza y captura de los héroes con quienes tuvo rencillas cuando era el Duende Verde. A tal fin, se propuso convertirse en héroe. Con la tecnología de Iron Man creó un traje de combate inspirado en los del Capitán América y del propio Iron Man, y se transformó en Iron Patriot. Reclutó a su propio equipo de falsos Vengadores, entre ellos, el Veneno Mac Gargan, y hasta convenció al país de que Mac era el auténtico Spiderman. Con ayuda de sus secuaces, se dispuso a destruir la rebelión clandestina del Capitán América. Y, durante todo ese tiempo, la locura del Duende Verde estuvo acechando bajo su porte sereno y contenido.

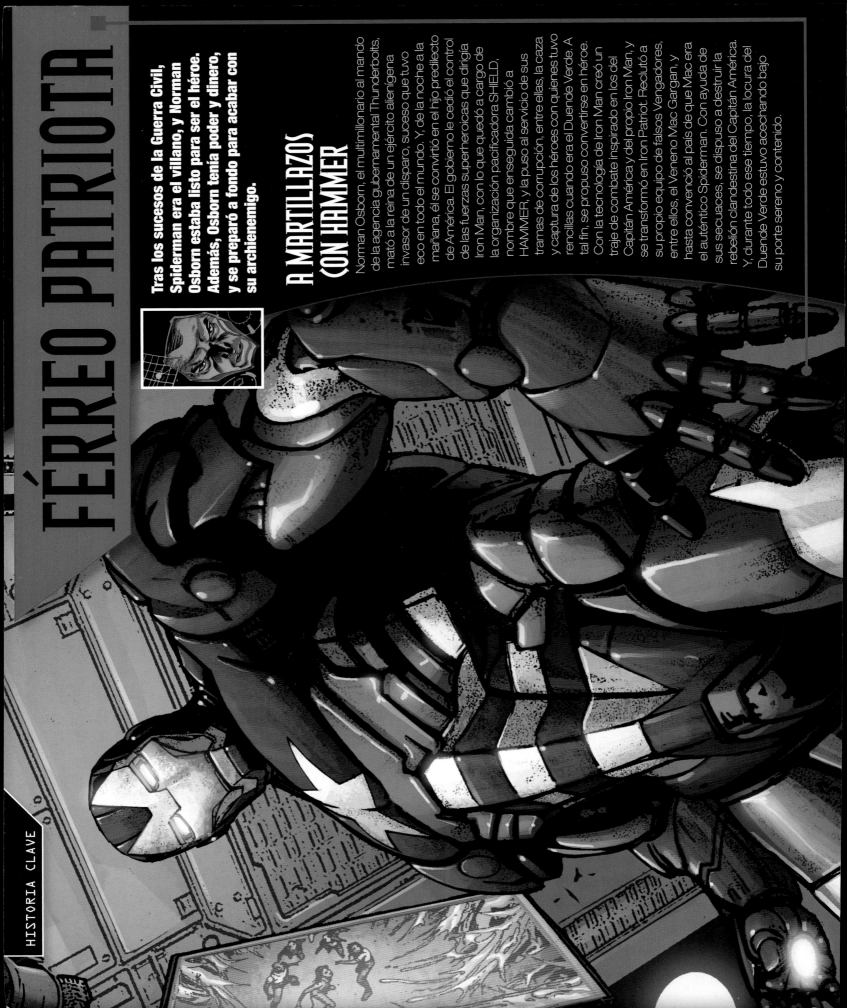

Harry Osborn pudo vengarse por fin de toda una vida de abusos y casi mata a su padre durante su pelea.

HIJO DE AMÉRICA

Al cabo de poco, Norman Osborn decidió que quería reclutar a su hijo para el negocio familiar. Para ello usó de peón a la exprometida de Harry, Lily Hollister, entonces embarazada, y convenció a Harry para que aceptara el papel del acorazado Hijo de América, pues creía que el hijo que esperaba Lily era de Harry. Pero luego Norman atrapó a Spiderman y, cuando estaba a punto de matarlo, Harry vio a su padre como el monstruo que era, y lo venció en una feroz pelea con su armadura de Hijo de América. Sin embargo, en lugar de matarlo y acabar siendo tan vil como él, Harry se fue, y Norman se quedó sin hijo. Con todo, Norman se ganó el corazón de Lily Hollister, y tenía planeado criar a su hijo como el nuevo heredero de su sádico trono.

Norman usó al ejército para atacar Asgard, tachándolo de peligro para la seguridad, y el mundo descubrió así el calibre de su locura y corrupción. Fue apresado, y se anuló el Acta de Registro de Superhumanos, pero, antes de eso, Spidey se tomó una revancha.

EL DESAFÍO

Los villanos brotaban como setas. Varios enemigos de Spiderman, como Electro y Lagarto, tenían ciertos poderes aumentados, mientras que otras figuras, como el nuevo Buitre y Rino, trataban de remplazar a los sospechosos de siempre. Spiderman recibía ataques por todos lados, y estaba al borde del agotamiento.

CACERÍA MACABRA

Hacía años que Kraven el Cazador se había suicidado. Pero su familia no pensaba renunciar al violento legado de los Kravinoff. Así que vigilaron a Spiderman desde las sombras y planearon su muerte con calma.

«NOS ESTÁN CAZANDO... ESTÁN CAZANDO ARAÑAS.»
KAINE

GUERRA A LAS ARAÑAS

Spiderman estaba más débil que un gatito. Sus adversarios lo atacaban uno tras otro y estaba exhausto. Se hallaba enfermo en la cama con gripe cuando su clon Kaine lo sorprendió, moribundo, para avisarlo de que alguien estaba cazando a las «arañas».

Luego, Spiderman oyó una explosión cerca y pasó a la acción. Se encontró con que Ana y Alyosha, hijas de Kraven, acechaban a Arachne. Spiderman le salvó la vida, y ambos huyeron a la casa más segura y cercana que se le ocurrió a Arachne, el piso saqueado de la ex-Spiderwoman Mattie Franklin. Allí hallaron a Ezekiel, el antiguo mentor de Spiderman con poderes arácnidos. Parecía haber regresado de entre los muertos, y les habló de una guerra anunciada entre Cazadores y Arañas. El siguiente objetivo de los Kraven sería Araña. Arachne y Spidey rastrearon a Araña, pero los Kraven los abatieron y secuestraron a Arachne y a Araña. Ezekiel y Spidey fueron en su busca tras los Kraven al norte de la ciudad, pero todo era una trampa. En realidad, Ezekiel era el Camaleón, hermanastro del Cazador.

Spidey creyó que Ezekiel había resucitado de forma mágica porque era un camarada «araña», pero al final resultó ser el Camaleón disfrazado.

Kaine se arrastró hasta el piso de Peter Parker cubierto con su propia sangre y apenas con vida. Debía advertirlo sobre el peligro inminente.

Los Kraven secuestraron a Mattie Franklin y a Madame Web. La esposa de Kraven, Sasha, apuñaló a Mattie y usó su sangre en un ritual arcano para resucitar al hijo de Kraven, Vladimir, el Cazador Macabro.

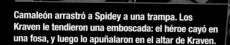

Camaleón arrastró a Spidey a una trampa. Los Kraven le tendieron una emboscada: el héroe cayó en una fosa, y luego lo apuñalaron en el altar de Kraven.

KRAVEN RENACE

Kraven no quería una segunda oportunidad, ya que creía que ya había logrado la victoria definitiva al vencer a Spiderman antes de quitarse la vida. Pero no tuvo elección en el asunto. Cuando el trepamuros llegó engañado a la finca de los Kraven, quienes lo apuñalaron y, al parecer, lo mataron, su sangre desencadenó un hechizo alquímico, y Kraven el Cazador regresó a los vivos. A diferencia de su hijo Vladimir, que renació en forma de horrenda mutación entre humana y leonina por culpa de la sangre «impura» de Mattie Franklin, Kraven retornó en perfecto estado, en principio gracias a la esencia pura de araña que contenía el cuerpo de Peter Parker. Pero, pese a su condición física, Kraven sabía que aquel ritual era una abominación de la naturaleza y que algo iba mal.

Al examinar el cuerpo de Spiderman, Kraven se dio cuenta de que aquel no era el auténtico Hombre Araña, sino su clon Kaine. Cuando Peter cayó en la fosa durante su lucha con la familia Kraven, Kaine lo enterró para mantenerlo a salvo de todo peligro y lo remplazó en la tumba abierta.

Posteriormente, Peter volvió en sí y escarbó la tierra hasta la superficie. Al lado de su viejo traje negro descubrió el cadáver de Kaine y una nota que rezaba «CÁZAME», de modo que acató los deseos de Kraven y se fue a luchar contra su familia. Venció a todos los Kraven, uno detrás de otro, pero no llegó a tiempo de salvar a Madame Web de la ira de Sasha Kraven. Esta mató a la vidente y Web legó su talento a Arachne. Cuando finalmente todo se calmó y se contaron las bajas, emergió del suelo un rostro familiar. Al parecer, ni la muerte podía detener a la fuerza de la naturaleza que era Kaine.

Spiderman venció a Kraven y se alzó sobre el villano, listo para matar a su adversario. Pero Arachne le mostró una visión fugaz del horrible futuro que se derivaría de la muerte de Kraven, y Spidey se controló.

A Kraven no le gustó nada resucitar, y, además, creía que su esposa, Sasha, se había burlado de sus hazañas.

ALYOSHA KRAVEN

SASHA KRAVEN

ANA KRAVEN

VLADIMIR KRAVEN

LA FAMILIA KRAVEN

Sergei Kravinoff sabía que llevaría trabajo devolver a su familia la gloria pasada. Tras su derrota a manos de Spidey, Kraven y su familia huyeron hasta la primitiva Tierra Salvaje. Allí, Kraven le dijo a Sasha que, dada la vergüenza que había ocasionado a su familia al perpetrar su resurrección, debían darle caza para que probara su valía. Sasha entró en cólera y le gritó. Por toda respuesta, Kraven la mató rompiéndole el cuello. Luego mató al monstruo en que se había convertido su hijo Vladimir, y después dejó que Ana diera caza a su hermano Alyosha hasta la muerte para que solo el más fuerte de los Kraven quedara vivo.

Febrero 2011

THE AMAZING SPIDER-MAN #655

«*Os juro que... a partir de ahora... cada vez que yo esté cerca, esté donde esté... ¡nadie morirá!*»

SPIDERMAN

EDITOR JEFE
Axel Alonso

PORTADA
Marcos Martín

GUION
Dan Slott

DIBUJO
Marcos Martín

ENTINTADO
Marcos Martín

COLOR
Muntsa Vicente

ROTULACIÓN
Joe Caramagna, de VC

PERSONAJES PRINCIPALES: Spiderman; J. Jonah Jameson; Marla Jameson
PERSONAJES SECUNDARIOS: Joe Robertson; Martha Robertson; Ben Urich; Randy Robertson; Carlie Cooper; Max Modell; Jay Jameson; tía May (Parker) Jameson; Glory Grant; Betty Brant; varios personajes muertos del pasado de Spiderman; Capitana Yuri Watanabe
ESCENARIOS PRINCIPALES: hogar de J. Jonah Jameson; apartamento de Peter Parker; oficina del *Daily Bugle*; catedral de San Patricio (Nueva York); un cementerio anónimo; un banco neoyorquino

EN CONTEXTO

El «Nuevo Día» de Spiderman llegó y pasó, pero sus temas pusieron los cimientos de un universo propio revisado y ligeramente inventado. Entre los cambios, había un mayor hincapié en los relatos por encima de los eventos. Ese nuevo enfoque se dejó en las manos de célebres escritores, como Joe Kelly y Mark Waid. En cuanto a la imagen, a fin de dar a cada historia un toque único, Marvel se arriesgó y contrató a artistas que, debido a su estilo original, habían trabajado en pocos proyectos comerciales.

Entre dichos artistas descollaba Marcos Martín. Con su estilo a un tiempo simple y complejo, Martín parecía hecho a medida para Spidey. Ello se hizo evidente en *The Amazing Spider-Man* #655, donde Martín brilló con sus viñetas silentes y un mundo de ensueño. Combinado todo ello con el guion de Dan Slott, el resultado fue un número conmovedor que, además, fue un perfecto ejemplo de cómo situar el relato por encima de todo.

LA HISTORIA

Después de asistir al funeral de la esposa de J. Jonah Jameson, Peter Parker tiene un angustioso sueño poblado por todos los que no pudo salvar.

La alarma de J. Jonah Jameson sonó a las 7.00 horas, pero no la necesitaba. Y es que el antiguo editor del *Daily Bugle* no pegaba ojo (**1**). Solo yacía echado en la cama, ahora vacía, junto al hueco que dejó su esposa. Pero Marla Jameson estaba muerta y Jonah tenía que seguir adelante. Así que se levantó, se duchó, se afeitó... y se fue al funeral de su mujer.

A Parker tampoco le iba muy bien –ni a nadie de la plantilla del *Bugle*, dicho sea de paso–. Pero, aun así, todos acudieron a la catedral de San Patricio, en Manhattan, para asistir al triste acto (**2**). Después, ya en el cementerio, Jameson contempló cómo enterraban el ataúd de su esposa (**3**), y luego Peter vio a su exjefe alejarse de la tumba aún fresca. Pero Parker no pensaba solo en Marla Jameson y en la pérdida de Jonah. Fue aquella noche, tras regresar a su solitario piso a dormir, cuando afloró su auténtica preocupación (**4**).

No detuvo al ladrón. Peter lo revivió como si fuera ayer. En un sueño angustioso, vio a su tío Ben y, luego, a sus padres sin rostro, muertos (**5**). Por si fuera poco, el asesino de Ben estaba sentado con ellos a la mesa de la cocina en la casa donde Peter pasó su infancia (**6**). Y, después, de pronto, lo saludó Marla Jameson.

Peter siguió a Marla por el sueño hasta un extraño paisaje urbano poblado por los muertos de su pasado (**7**). Los había a docenas, todos a los que Spidey no pudo salvar, desde Nathan Lubensky, antiguo amor de su tía May, hasta Araña Escarlata y Gwen Stacy, pasando por la detective Jean DeWolff, el reportero del *Bugle* Fredrick Foswell y el empresario Ezekiel. Era como una inquietante lista de los fantasmas y espectros de su pasado, y aquello lo dejó deshecho.

De repente, Peter estaba de vuelta en una versión retorcida del puente George Washington mirando al Duende Verde con una Gwen sin vida colgando de los brazos del monstruo (**8**). Luego se vio arrastrado hasta la tierra abierta por la mano muerta de Kraven (**9**). Al instante siguiente estaba en un bar viendo cómo Azote y Castigador mataban sin piedad a unos supervillanos mediocres. Después, en un abrir y cerrar de ojos, contemplaba indefenso cómo el Vigía destrozaba a Matanza en el espacio exterior. Y al poco estaba entre bastidores en aquel estudio de televisión donde el ladrón pasó corriendo a su lado.

Pero, esta vez, Spiderman no lo dejaría escapar. Esta vez, el héroe alzó su puño y golpeó al asesino en potencia hasta hacerlo papilla. Aunque luego resultó que no era al ladrón a quien había vapuleado..., sino a su tío Ben.

Al ver bañado en sangre el cuerpo del hombre que lo crio, el trepamuros juró que jamás acabaría así, que no sería responsable de la muerte de todo lo que Ben le enseñó. Entonces se oyó la voz de una mujer detrás de él. Era Marla Jameson. Le preguntaba qué iba a hacer ahora (**10**).

Peter se despertó empapado en sudor frío (**11**). Se puso el traje de Spiderman y fue a recibir el alba a un tejado cercano (**12**). Ya sabía lo que debía hacer. Prometió a su ciudad que, mientras él estuviera allí, nadie más moriría.

En un banco de la ciudad, un villano llamado Masacre tenía una idea algo distinta. Se hizo con varios inocentes rehenes, y demostró que la vida humana le importaba poco. Con solo apretar un gatillo, se burló en un instante del nuevo juramento de Spiderman.

*«Entonces, dinos... ¿Qué **harás** ahora?»*

MARLA JAMESON

FUNDACIÓN FUTURO

Desde el principio de su carrera, Spiderman acarició la idea de unirse a los 4 Fantásticos. Siempre fue un sueño para él, pero jamás pensó que se haría realidad. No obstante, tras la supuesta muerte de la Antorcha Humana en combate, el equipo se convirtió en una institución llamada Fundación Futuro (FF), y le pidió a Spiderman que se uniera a sus filas.

Al parecer Johnny Storm, la Antorcha Humana, falleció en un combate final contra unos alienígenas de otra dimensión procedentes de la legendaria Zona Negativa. En su testamento holográfico legó su puesto en el equipo a Peter Parker, un viejo amigo a quien siempre consideró parte de la familia.

LA COSA

Benjamin Grimm siempre fue la espina dorsal de los 4 Fantásticos. Tras exponerse a los rayos cósmicos, quedó atrapado en un cuerpo rocoso superfuerte, pero nunca perdió la fe en que algún día hallaría una cura para su monstruoso aspecto. Hasta ese día, decidió sacar partido a su nueva imagen y sus poderes, y sentirse tan cómodo en su piel como cualquier hijo de vecino. Fue uno de los Vengadores, junto a Spiderman, para quien era como un hermano mayor, alguien con quien Peter siempre podía contar. Por su parte, Grimm ocultaba su afecto por su colega tras bromas y algún que otro insulto.

LA MUJER INVISIBLE

También se la conoce por su nombre real, Sue Richards, y es probablemente el miembro más poderoso del grupo. Puede proyectar campos de fuerza y hacerse invisible. Tras años de práctica, domina sus poderes y suele usarlos para atacar, creando objetos sólidos e invisibles de la nada. Es esposa de Reed Richards y hermana de la Antorcha Humana, y no es solo una matriarca, sino la voz de la razón. Es la que devuelve a su esposo a la tierra cuando este se pierde en sus pensamientos, y, para el resto del equipo, incluido Spidey, es como una hermana mayor que los mantiene a raya cuando se desmadran.

SPIDERMAN

Como miembro de los héroes de la Fundación Futuro, Spiderman vistió un traje de moléculas inestables capaz de reaccionar a sus pensamientos, aunque él prefería su uniforme rojiazul. Estaba algo decepcionado porque el equipo se amplió a más de cuatro miembros, lo cual deslucía algo su ingreso, pero se tomó muy en serio su compromiso con él y se dejó la piel en sus batallas. Como ya había combatido junto a los 4 Fantásticos muchas veces, dichas batallas solían ser bastante cortas, pues juntos funcionaban como una máquina bien engrasada.

Spidey acudió por primera vez a la sede de la Fundación Futuro con el viejo traje de los 4 Fantásticos. El equipo tachó el gesto de mal gusto y le dio uno nuevo blanco y negro.

En uno de sus primeros lances con la FF, Spidey luchó contra Superego, el Átomo Viviente, en el Microverso, una dimensión dentro de la nuestra.

EL FANTÁSTICO SPIDERMAN

Para el lanzarredes, aquello era un mundo completamente nuevo. Habituado a los cotidianos crímenes callejeros de Nueva York y a sus viejos enemigos enmascarados, no estaba preparado para las fabulosas aventuras en las que participaría tras unirse a la Fundación Futuro. Y, aunque en el pasado ya había estado unido a los 4 Fantásticos, no era consciente de la increíble vida que llevaban estos héroes y los extraños peligros que corrían a diario.

Combatir amenazas extradimensionales en lugares exóticos era normal para el grupo, y formaba parte de la rutina de sus héroes.

La Fundación Futuro visitó el cuartel general espacial de la Futura Fundación Futuro en el año 3 141 592 653. Allí, Peter usó su talento tecnológico para arreglárselas con un ordenador «antiguo».

Justo cuando Spidey creía que sus aventuras con la Fundación Futuro no podían ser más raras, él y el resto del equipo se vieron con sorpresa luchando contra piratas zombis y los Seis Siniestros en una isla tropical en pleno Caribe. Sin embargo, al final resultó que sus adversarios no eran más que robots e ilusiones creados por Mysterio y Camaleón, ambos muy reales.

VALERIA RICHARDS

Valeria, uno de los dos hijos de Sue y Reed Richards, era casi tan brillante como su padre, una fuente de orgullo para Mr. Fantástico y, al mismo tiempo, un frustrante desafío. Siempre daba su opinión controvertida si tenía ocasión, y su rebeldía y seguridad impresionaban hasta al Dr. Muerte, el mayor enemigo de los 4 Fantásticos, lo cual preocupaba aún más a Reed.

MR. FANTÁSTICO

Reed Richards es el líder y el cerebro del equipo. Es un genio de cuerpo maleable capaz de estirarse y contorsionarse hasta extremos increíbles. Dedicó su vida y su mente a los 4 Fantásticos, pero su prioridad era su familia, así que la incluyó en su cruzada para mantener el mundo a salvo. Vivía entregado a su esposa e hijos, y su único defecto era que se abstraía de tal forma en su trabajo que perdía la noción del tiempo. Por suerte, su esposa, Sue, le recordaba siempre lo que de verdad importaba. A Reed le gustó contar con otro «cerebro» en el grupo, el de Spidey, y los dos disfrutaban exponiendo sus teorías científicas.

EN FAMILIA

En la Fundación Futuro, Spiderman empleaba tanto la maña como la fuerza. Sus poderes arácnidos eran muy útiles, pero él también servía de trampolín entre el equipo y el ingenio de Mr. Fantástico; Spidey inspiraba al líder y le indicaba la dirección correcta. Su carácter bromista le recordaba al grupo la personalidad de la Antorcha Humana, un miembro perdido de la familia. En cuanto al trepamuros, el tiempo que pasó en la formación fue de suma importancia para él.

FRANKLIN RICHARDS

Se predijo que el hijo de Reed y Sue sería el mutante más poderoso del futuro, pero él prefería ser un chico normal. Sin inmutarse ante los asombrosos aspectos de su vida diaria, vivía como un niño cualquiera, aunque podía combar la realidad a escala cósmica. Admiraba a Spidey, sobre todo tras la muerte de Johnny Storm.

REALIDADES ALTERNATIVAS

El multiverso contiene infinitas Tierras, cada una con su línea temporal. Y, dado el número infinito de realidades y futuros alternativos, hay una cifra igualmente infinita de posibles Spidermen.

2099

En un futuro alternativo en 2099, Miguel O'Hara era un genetista que trabajaba en el departamento de bioingeniería de Alchemax, una de las corporaciones más grandes del mundo. Le encargaron la labor de mejorar el rendimiento humano para producir al superespía definitivo. Inspirado por la leyenda del Spiderman original, Miguel ideó un método para reescribir el ADN de un sujeto y darle la fuerza, velocidad y agilidad proporcionales de una araña.

Entonces, su jefe le ordenó que probara su procedimiento en un humano, pero el resultado repugnó al genetista, que quiso dimitir. A fin de obligarlo a quedarse, su jefe le dio una copa de despedida aderezada con éxtasis, una droga cara y adictiva. Como el éxtasis establece un vínculo genético con sus víctimas, Miguel intentó curarse de su adicción con otro procedimiento experimental para restaurar su ADN original. Pero, en el último momento, un colega celoso cambió la secuencia, y Miguel se administró el procedimiento arácnido.

Su ADN contenía los poderes que lo transformaron en el Spiderman de una nueva generación.

Miguel O'Hara se quedó atrapado en la línea temporal de Peter y trabaja para Industrias Parker. De noche hace de Spiderman con una nueva versión de su traje.

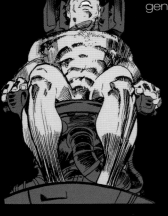

El desesperado Miguel estaba dispuesto a arriesgar su vida por liberarse de su adicción al éxtasis.

NUEVOS HÉROES VALEROSOS

La Nueva York de 2099 está muy cambiada. Las corporaciones multinacionales han sustituido a los gobiernos y dirigen la Tierra. La gente con trabajo y dinero vive en las zonas altas de la ciudad interior, donde los vigila todo el tiempo el Ojo Público, un cuerpo policial privado que vela por el cumplimiento de las leyes corporativas. Pero Spidey no está solo luciendo traje y arriesgando el tipo para combatir ese mundo injusto. Esta era cuenta con Ravage, un exbasurero que obtuvo fuerza superhumana y un aspecto bestial, y tiene sus versiones de el Castigador, el Dr. Muerte, los 4 Fantásticos, un Motorista Fantasma virtual y hasta una nueva Patrulla-X.

LA DINASTÍA DE M

Cuando la exmiembro de los Vengadores Bruja Escarlata perdió la noción de la realidad, transformó el mundo en un lugar donde los mutantes como ella no eran la minoría odiada y temida. En esa nueva realidad gobernada por mutantes, Parker era un famoso luchador profesional casado con Gwen Stacy y aclamado por la prensa. Y Spiderman era una celebridad por derecho propio. Era una vida perfecta con la que Peter jamás había soñado, y que en el fondo sabía que no podía ser verdad.

Peter se dio cuenta de que algo no encajaba en su vida perfecta, y comenzó a perder la cabeza. Incluso llegó a lucir el traje del Duende Verde. Por suerte, al poco se unió a un grupo de forajidos dirigido por Lobezno y ayudó a devolver el mundo a la normalidad participando en un ataque contra la Bruja Escarlata y el malvado líder mundial, Magneto.

El Spiderman de 2211 se vio obligado a arrestar a su hija Robin por crímenes que aún no había cometido. Sin embargo, al final fue la fuga de la cárcel lo que hizo que enloqueciera y adoptara el papel del Duende.

2211

En el futuro de otro universo alternativo, el legado de Spidey se prolongaba más allá de 2099. En el año 2211, el doctor Max Borne adoptó su papel. Se armó con dos pares de brazos artificiales, similares a los del Dr. Octopus actual, y lideró a los Timespinners («tejedores del tiempo»), una organización de protectores que viajaban en el tiempo. Borne se entregó a servir en esa especie de cuerpo de policía avanzado, y tuvo que luchar contra su hija, Duende, obsesionada con matar a toda versión de Spiderman en toda línea temporal. Su búsqueda por el tiempo no solo la enfrentó a Peter Parker, sino al Spiderman de 2099, lo que obligó al Spidey de 2211 a viajar a nuestra realidad en más de una ocasión.

En la trama Spiderverso, Max luchó con el ejército de Spiderman contra la amenaza de los Herederos, viajeros interdimensionales.

SPIDERWOMAN

En una línea temporal alternativa en la que Spiderman y Mary Jane Watson aún están felizmente casados, su hija May creció para ser la heroína Spidergirl, ahora Spiderwoman, y demostró que unos buenos genes conllevaban una gran responsabilidad.

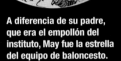

A diferencia de su padre, que era el empollón del instituto, May fue la estrella del equipo de baloncesto.

ORÍGENES

En uno de los futuros posibles, la boda de Peter Parker y Mary Jane Watson no se interrumpió, y la feliz pareja tuvo una hija llamada May. A diferencia de la realidad actual de Peter y Mary Jane, su hija no solo sobrevivió a las ramificaciones de la Saga del Clon, sino que creció para convertirse en una floreciente e increíble joven. En este mundo, Peter se retiró como justiciero tras un combate final con el Duende Verde que a él le costó la pierna derecha, y al Duende, la vida. Luego se convirtió en científico forense del Departamento de Policía de Nueva York, lo que le permitió luchar contra el crimen sin tener que ponerse siempre en peligro. La familia volvió a la casa de la tía May en Forest Hills y May creció sin saber que su padre había sido el amistoso vecino lanzarredes.

May «Mayday» Parker ya era una estudiante de instituto cuando empezaron a manifestarse sus poderes. Y no podían haber sido más oportunos, ya que Normie Osborn, el hijo de Harry y nieto de Norman, acababa de hacerse cargo del negocio familiar y era la nueva versión del Duende Verde. Normie culpaba a Peter de la muerte de su padre y su abuelo, y, como nuevo Duende, provocó a Peter para que volviera a adoptar su identidad secreta y así tener el honor de matar a Spiderman. Al saberlo, Mary Jane llevó a May a la buhardilla del hogar familiar y le habló del pasado de su padre. Como la Parker que era, May se puso el viejo traje de su «tío» Ben Reilly –el clon de Peter Parker–, quien lo había lucido durante su breve época como Spiderman. Y así nació Spidergirl. Después de plantar cara al Duende Verde y salvar de paso la vida de Peter, May prometió no volver a ser Spidergirl. A tal fin, quemó el viejo traje de Ben y prometió que jamás volvería a llevar una vida de superheroína. Pero esa promesa no iba a durar.

Peter no pudo convencer a su hija de que no siguiera sus pasos, así que al final aceptó su elección de convertirse en la adolescente Spidergirl. Y es que no podía negar que había nacido para ser una heroína.

May, que tenía poderes arácnidos similares a los de su padre, pulió su talento en la calle con su ropa de civil. Además, estudió con Phil Urich, el que fuera un heroico Duende Verde. Phil echaba de menos la vida de vigilante y ayudó con gusto a la joven heroína.

En esta realidad se encuentran los 5 Fantásticos: la Antorcha Humana; su mujer, Ms. Fantástica; el cerebro de Reed Richards; Psi-Lord; y la Cosa.

Normie Osborn se empeñó al principio en destruir a Peter Parker, pero después May lo convenció para que abandonara el mal camino. Ambos se hicieron grandes amigos y cerraron la brecha entre los Parker y los Osborn.

Spiderwoman solo tiene la mitad de superfuerza que su padre, pero lo iguala en acrobacia y agilidad, habilidades muy útiles para enfrentarse a los enemigos con tecnología avanzada del futuro.

Los lanzatelarañas de May se basan en el diseño de Ben Reilly, y los lleva fuera del traje.

Las redes son parte esencial de su arsenal. Le dan la ventaja que necesita en los combates.

Durante la trama Spiderverso, Spidergirl perdió a su padre a manos de los malvados Herederos. Tras ayudar a salvar la vida de su hermanito, Benjamin, Mayday adoptó el traje de su padre para proteger la Tierra-982 como Spiderwoman.

Spidergirl puede repeler un objeto o imantarlo para que se pegue a todo lo que toca.

LOS ROSTROS DEL FUTURO

Además de pelear contra el Duende Verde, Spidergirl luchó contra muchos sospechosos habituales del pasado de Spiderman, como el simbionte Veneno e incluso Kaine. Y cuando no combatía a vestigios de la galería de villanos de Parker, Mayday se procuraba su propia lista de adversarios. Entre ellos se contaban: Don Nadie, un pistolero asesino que se desmaterializaba a voluntad; Killerwatt, extécnico de una banda de rock con poderes eléctricos; y Ocho Loco, un excéntrico villano armado con un abanico letal de bolas ocho. Por suerte, la ayudaban otros héroes del futuro, como Jack, el nieto de J. Jonah Jameson, que era el justiciero enmascarado Zumbido.

FICHA

PRIMERA APARICIÓN: *What If?* (2.ª serie) #105 (febrero 1998)

NOMBRE REAL: May «Mayday» Parker

FILIACIONES: Vengadores, Nuevos Guerreros, Guerreros Araña

PODERES Y HABILIDADES: Al igual que su padre, May se adhiere a las superficies y tiene fuerza, energía, velocidad, resistencia, agilidad, reflejos y aguante superhumanos, así como un sentido arácnido que la advierte de peligros inminentes. A diferencia de él, puede repeler a la gente y los objetos a los que se pega. También es capaz de crear una forma única de «magnetismo» adhesivo en objetos.

SPIDERMAN DEFINITIVO

En una dimensión similar a la del Universo Marvel normal nació un Spidey para una nueva generación con un origen más moderno y detallado. En esta nueva versión, lo que le picó al joven Peter fue una araña mejorada con Oz, una droga revolucionaria creada por Industrias Osborn. Pero el resultado era el mismo que el de la picadura arácnida del clásico Spiderman, y el heroico lanzarredes se columpiaba igual por el mundo del llamado Universo Ultimate (universo definitivo).

PETER PARKER

El Parker del Universo Ultimate era un chico torpe de quince años de edad que pasaba los días bajo el temor a ser humillado por Flash Thompson y sus compinches. Tras adquirir sus poderes arácnidos, ganó seguridad en sí mismo y empezó a defenderse. Pero el mayor estímulo para su autoestima era Mary Jane, su mejor amiga y, por temporadas, su novia.

Peter era un estudiante modelo muy unido a sus tíos, May y Ben, y se quedó destrozado cuando un ladrón mató a su querido tío.

MARY JANE

Con su interés por el periodismo y su madura visión de la vida, tenía sentido que a Mary Jane le atrajera la brillante mente de Peter Parker. A diferencia de en la versión del Universo Marvel clásico, en la del Ultimate, Peter confesó su doble identidad a Mary Jane casi al principio de su carrera. Y, aunque ambos vivieron otras relaciones, Mary Jane jamás dejó de amarlo.

NORMAN OSBORN

Osborn era un empresario sin escrúpulos. Su compañía, Industrias Osborn, era líder mundial en investigación científica, y empleaba a las mentes más brillantes que el dinero podía comprar. Cuando una de las arañas de sus experimentos picó a Peter durante una visita escolar al laboratorio, los abogados de la compañía temieron que la familia Parker pusiera una demanda, y le aconsejaron a Norman que no se hiciera responsable del accidente. Pero Osborn sorprendió a sus letrados al optar por un juego más peligroso. Mandó que pagaran a Peter los gastos médicos y que lo observaran de cerca.

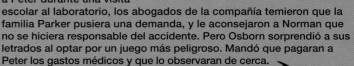

NACE SPIDERMAN

Con una simple picadura de araña, Peter Parker se convirtió en Spiderman. Pero, lejos de contentarse con sus nuevos poderes arácnidos, diseñó una fórmula para crear telaraña basada en las innovaciones científicas que su padre logró antes de su prematura muerte. Cuando asesinaron a su tío Ben, Peter centró su vida en la lucha contra el crimen, y poco a poco se adaptó a su nuevo papel. Se sacó varias fotos actuando como Spiderman y las envió al *Daily Bugle*. Y aunque no se convirtió en un as de la fotografía, tal como esperaba, consiguió un trabajo en la página web del periódico. Poco después, Peter empezó a usar los recursos del diario para, en su rol de Spiderman, rastrear a los criminales de la ciudad.

Tras la picadura de la araña, Peter Parker sentía un gran malestar, pero, gracias a sus poderes, enseguida se encontraría mejor que nunca.

ATRAPAD A PARKER

Norman Osborn le ofreció a Peter una segunda visita de «disculpa» a Industrias Osborn, donde se hizo con una muestra de su sangre, y descubrió que había obtenido poderes físicos a raíz de la picadura de araña. Luego, Norman probó el suero de Oz consigo mismo y se transformó en un monstruo demoníaco que destruyó el edificio de su empresa y, después, quemó su casa. Pero eso no le bastó. Mas tarde persiguió a Peter, y ambos lucharon por primera vez como Spiderman y el Duende Verde. Por desgracia para Peter, esa pelea sería la primera de muchas.

El Spidey del Universo Ultimate era más joven que el del Universo Marvel habitual, pero tenía su mismo ingenio, humor y estilo acrobático.

KINGPIN

Mientras buscaba al hombre que disparó a su tío Ben, Peter descubrió que Kingpin controlaba casi todo el crimen de la ciudad, por lo que el villano se convirtió en su objetivo principal. No era un delincuente fácil de llevar ante la justicia, pero Spidey halló pruebas condenatorias contra él y lo obligó a huir del país.

HOMBRE DE HIELO Y ANTORCHA HUMANA

Según avanzaba su carrera de justiciero, Spidey entabló una auténtica amistad con varios superhéroes de ideas afines, como Antorcha Humana, de los famosos 4 Fantásticos, y Hombre de Hielo, miembro de la Patrulla-X, un grupo de mutantes mucho menos popular. Ambos fueron sus compañeros de piso cuando la tía May los acogió tras los trágicos y destructivos sucesos del llamado Ultimátum.

GWEN STACY

Al final, Gwen puso fin a su relación con Peter porque no estaba segura de lo que sentía por él.

Cuando la astuta Gwen Stacy llegó al Instituto Midtown, Mary Jane vio enseguida que tendría una rival en cuanto al amor por Peter. Sus celos empeoraron cuando la tía May ofreció a Gwen un sitio en casa de los Parker tras el asesinato de su padre, el capitán Stacy. Sin embargo, cuando la combinación de los ADN de Peter y Lagarto dio forma al monstruo vampírico Matanza, este fue al hogar de los Parker en busca de Spidey, pero en su lugar halló a una desprevenida Gwen Stacy y se alimentó de ella, lo que obligó a Peter a lidiar con otra trágica muerte. Después, Gwen volvió en forma de duplicado exacto, obra de Matanza, y Peter la acogió de nuevo en su mundo, y hasta salieron juntos un tiempo.

HARRY OSBORN

Harry era uno de los chicos más populares de la escuela, pero siempre fue bueno con Peter Parker. No obstante, cuando el misterioso Mr. Shaw liberó sus poderes y lo transformó en el Duende, se vio arrastrado como títere involuntario hacia la doble vida de su padre. Spidey lo derrotó en su primer encuentro, pero, luego, Harry murió a manos de su padre durante un épico combate entre el Duende y el Duende Verde.

KITTY PRYDE

Durante una ruptura temporal entre Mary Jane y Peter, Kitty Pryde, de la Patrulla-X, llamó a este para tener una cita. Se gustaron desde el primer momento y, como Kitty también tenía poderes, Peter pensó que podría tener una relación con ella sin miedo a preocuparse constantemente por su seguridad, como le pasaba con Mary Jane. Pero, luego, un clon de Peter estuvo a punto de asesinar a Mary Jane al inyectarle la Fórmula Oz, y el auténtico Peter acudió a su rescate y se besaron. La vieja llama volvió a arder y se acabó lo que tenía con Kitty, que después empezó a salir con el compañero de clase y antiguo abusón de Peter, Kenny «Kong» McFarlane.

189

MUNDO ULTIMATE

La vida de la versión Ultimate de Peter Parker resultó ser tan difícil como la del Universo Marvel corriente. Pero, tras los sucesos del Ultimátum y la fuga de la cárcel del Duende Verde, el mundo de Spiderman cambiaría para siempre.

ULTIMÁTUM

El mutante Magneto ya estaba harto de la raza humana, así que manipuló los campos magnéticos del planeta a una escala que jamás había probado y causó una terrible inundación en Nueva York, entre otros desastres que se dieron en llamar el Ultimátum. Los superhéroes del Universo Ultimate sufrieron muchas bajas, pero asaltaron la guarida de Magneto y lo obligaron a deshacer el daño que había hecho. Durante el caos que se desató, Spidey desapareció y se lo dio por muerto. El editor del *Daily Bugle*, J. Jonah Jameson, tras cambiar de opinión al ver de cerca el heroísmo de Peter, llegó incluso a escribir un conmovedor obituario en honor del joven héroe. Pero, por suerte, Parker sobrevivió para seguir en la brecha.

Los héroes de Ultimate quisieron cortar la lucha de raíz y asaltaron la ciudadela de Magneto. Lobezno descargó toda su ira y apuñaló a Magneto en el pecho, sacrificando su vida para herir de muerte al mutante. Magneto se dio cuenta de su error y restauró el mundo antes de que Cíclope lo rematara.

Cuando halló la máscara de Peter entre las ruinas de Manhattan, Mary Jane supuso erróneamente lo peor.

UN SPIDEY SINIESTRO

En el Universo Ultimate, la agencia gubernamental SHIELD, al mando de Nick Furia, tiene vigilada a la comunidad de superhumanos. Furia se dio cuenta de que su plantilla necesitaba supersoldados, y ayudó a crear a los Ultimates, un equipo de héroes que operaba desde Triskelion, base que también albergaba las celdas de gran parte de la escoria criminal del mundo. Cuando el supervillano Octopus se fugó y, de paso, liberó a sus camaradas el Duende Verde, el Hombre de Arena, Electro y Kraven, Spiderman y los heroicos Ultimates se vieron las caras.

Y es que el Duende Verde chantajeó a Peter para que se uniera al grupo de villanos, amenazándolo con matar a su tía May a menos que los ayudara a asaltar la Casa Blanca. Y así fue como Spidey se convirtió en el sexto miembro de los delincuentes Seis Siniestros y ayudó a atacar al presidente de EE UU, hasta que el Capitán América le aseguró que su tía May estaba a salvo bajo la custodia del gobierno. Una vez libre para luchar contra sus enemigos, Spiderman se alió con los Ultimates para derrotar a los malos.

LA MUERTE DE SPIDERMAN

En el fondo, los seres queridos de Peter Parker siempre supieron que llegaría ese día. Spiderman arriesgaba la vida un día sí y otro también, y tentó al destino desde que empezó su carrera de vigilante. Ni siquiera él iba a poder vivir para siempre, aunque fue muy duro de pelar. Durante la escaramuza superheroica a gran escala que estalló cuando el Duende Verde huyó una vez más de su celda, Spidey recibió un disparo en el vientre mientras salvaba la vida al Capitán América. Se desangró poco a poco, y solo sobrevivió para salvar a su tía de la ira del Duende, a quien derrotó antes de morir como un auténtico héroe.

Cuando Peter falleció en sus brazos, Mary Jane no se permitió llorar su pérdida, sino que empezó a acusar a los responsables de su muerte.

EL NUEVO SPIDERMAN

Once meses antes de que muriera Peter Parker, Norman Osborn ya trabajaba en su Fórmula Oz para recrear el mismo accidente que dio a Peter sus poderes de araña. Sin embargo, la muestra arácnida 42 se escapó de su frasco y se metió en la mochila de un ladrón que estaba saqueando el laboratorio de Industrias Osborn. Se trataba de Aaron Morales, tío de Miles Morales, un joven inteligente que estudiaba en una escuela concertada. Cuando Miles visitó a su tío, la araña le picó, y enseguida empezó a desarrollar extraños poderes, como las habilidades para pegarse a las paredes y camuflarse para hacerse invisible. Rescató a una niña y a su perro de un incendio, pero no deseaba ser un superhéroe, así que siguió con su vida cotidiana. Sin embargo, cuando supo que el auténtico Spiderman había muerto de un disparo, se dio cuenta de que un gran poder conllevaba una gran responsabilidad, e inició su carrera como nuevo Spiderman.

UN CANGURO BOXEADOR

Uno de los primeros supervillanos con quien se enfrentó el nuevo Spiderman fue Canguro, que demostró ser un adversario más duro de lo que sugería su nombre. A Spidey le sorprendió lo difícil que fue abatirlo, pero aún lo inquietó más que el público pensara que su traje era de mal gusto, así que se lo cambió enseguida.

A Miles Morales le llevó un rato habituarse a sus extraños poderes y habilidades, pero fue un perfecto Spiderman en su mundo. Ni se imaginaba que pronto ese mundo no existiría.

SPIDER-ISLAND

¿Se imagina el lector una Nueva York llena de Spidermen y Spiderwomen? Pues eso es lo que pasó cuando uno de los viejos enemigos de Spidey infectó Manhattan con el virus Spider-Island. Millares de personas adquirieron los poderes del trepamuros, pero sin ninguna de sus responsabilidades. Fue una de las peores crisis con las que lidió la ciudad, y, para sofocarla, Spiderman necesitó la ayuda de varios «Asombrosos Amigos».

> **«POR TONY, POR TODOS ELLOS... VAMOS A RECUPERAR SPIDER-ISLAND.»**
>
> **AGENTE VENENO (FLASH THOMPSON)**

El virus letal de Chacal convirtió a Kaine en el grotesco Tarántula, y lo alistó en su ejército de villanos arácnidos.

Tras la infección, los neoyorquinos de a pie obtuvieron asombrosos poderes arácnidos..., pero ningún sentido de la responsabilidad ni instrucción sobre cómo usarlos.

INFESTADOS

Chacal había vuelto. El doctor Miles Warren, instigador de la saga de clones de Spiderman, tenía un nuevo experimento entre manos con la población de Nueva York como conejillos de Indias. Ya era el responsable de la plaga de chinches que incordiaba a los residentes de Manhattan, y ahora los infectó con un virus. El resultado fueron miles de insectos cuya picadura daría a los neoyorquinos poderes idénticos a los del archienemigo de Chacal, Spiderman. Por si fuera poco, el supervillano también supervisó la mutación del recién resucitado Kaine, a quien transformó en el brutal Tarántula.

Pero Warren no dio por sí solo con la fórmula del virus. Un misterioso benefactor lo apoyaba en todo, feliz de dar rienda suelta al científico loco mientras él buscaba reclutas para su nuevo ejército...

PETER PARKER, EL ESPECTACULAR CIVIL

Pocos quedaron a salvo del virus Spider-Island. Hasta la novia de Peter Parker, Carlie Cooper, adquirió habilidades arácnidas. Por suerte, la tía de Peter se había trasladado a Boston con su nuevo esposo, Jay Jameson, y permaneció al margen del caos que asoló Nueva York. Aunque eso apenas consoló a Peter cuando, gracias a las intrigas de Chacal, la ciudad se convirtió en un campo de batalla de miles de superhumanos sin instrucción.

Chacal reclutó a cientos de gánsteres con poderes arácnidos, los vistió de Spiderman y los soltó en Bryant Park. Hasta los Vengadores se vieron desbordados, así que Peter Parker decidió cambiar las tornas y llamó por televisión a otros civiles infectados para enfrentarse a los criminales. Su llamada a las armas dio resultado, y al poco acabó el combate, que ganaron los héroes.

A pesar del caos urbano, Peter estaba viviendo el sueño de su vida. Podía balancearse en público con Carlie a su lado, y la gente ni siquiera lo miraba. Sin embargo, sabía que aquella plaga de Spider-Island era demasiado peligrosa para dejarla pasar, así que empezó a trabajar para dar con una cura y rastrear a Chacal.

La enajenada y peligrosa Adriana Soria se metamorfoseó en la aterradora Reina, obsesionada con crear un nuevo mundo a sus pies.

RECLAMANDO EL REINO

Spidey se hizo con un antídoto que creó Mr. Fantástico en Horizon Labs, y con él revirtió la transformación de Kaine, devolviéndole su aspecto de Peter Parker. Por suerte, de paso, Spiderman recobró su añorado sentido arácnido. Entre tanto, durante una pelea entre el Capitán América y el Agente Veneno, la Reina se convirtió en la horrenda Reina Araña. Kaine se puso el traje invisible de Spiderman y se enfrentó a ella, la mató y, al parecer, acabó con la amenaza que representaba.

Cuando las aguas volvieron a su cauce, los neoyorquinos se curaron enseguida del virus Spider-Island gracias a la vacuna de Mr. Fantástico. Chacal huyó entre el caos, y Kaine también se fue, listo para empezar una nueva vida como Araña Escarlata. Todo volvió más o menos a la normalidad, y Peter regresó a casa para hallar una última sorpresa: Carlie Cooper había deducido su doble identidad como Spidey y no podía perdonarle su engaño, así que rompió con él. De modo que la ciudad estaba de fiesta, pero parecía que el trepamuros no podía rehuir la clásica mala «suerte Parker».

EL REGRESO DE LA REINA

La búsqueda de una solución a la epidemia de Spider-Island se hizo aún más desesperada cuando los que poseían poderes arácnidos –como Carlie Cooper, la novia de Peter– empezaron a evolucionar hacia seres arácnidos con brazos, ojos y colmillos adicionales. Según la ciudad se llenaba de monstruos, salió a la luz el verdadero cerebro creador del virus y villano responsable de la breve transformación de Spiderman en un monstruo: la Reina.

Tras esparcir su plaga de arañas en Manhattan, la Reina –Adriana Soria– se afincó en el castillo de Belvedere, en Central Park.

Diciembre 2012

THE WORLD'S GREATEST SUPER HERO!
the AMAZING SPIDER-MAN #700
MARVEL

THE AMAZING SPIDER-MAN #700

«Sea lo que sea esto... ¡no funcionará! ¡Ahora esta es mi vida!»

DR. OCTOPUS, EN EL CUERPO DE SPIDERMAN

EDITOR JEFE
Axel Alonso

PORTADA
Mr. Garcin

GUION
Dan Slott

DIBUJO
Giuseppe Camuncoli

ENTINTADO
Sal Buscema

COLOR
Antonio Fabela

ROTULACIÓN
Chris Eliopoulos, de VC

PERSONAJES PRINCIPALES: Spiderman (Dr. Octopus); Dr. Octopus (Spiderman); Trampero; Escorpión; Hydroman
PERSONAJES SECUNDARIOS: Mary Jane Watson; fantasmas de amigos y familiares fallecidos de Peter Parker; J. Jonah Jameson; Glory Grant; Carlie Cooper; tía May; Jay Jameson; Max Modell y el equipo de Horizon Labs; Robbie Robertson; Nora Winters; Phil Urich
ESCENARIOS PRINCIPALES: apartamento de Parker; guarida de Doc Ock; aeropuerto JFK; la mente inconsciente de Parker; La Balsa; comisaría del distrito 18 del NYPD; habitación secreta y segura de Spiderman

EN CONTEXTO

Para el trascendental número 700.º de *The Amazing Spider-Man*, el guionista Dan Slott y Marvel decidieron hacer lo impensable: ¡cancelar el título y acabar con la vida de Peter Parker!

En los últimos meses, Spiderman había luchado contra Dr. Octopus. Este se estaba muriendo y quería llevarse a la Tierra por delante aumentando el calentamiento global. Spidey se lo impidió, pero Doc Ock tenía un plan B: había transferido su mente al cuerpo de Peter y atrapado la de este en su frágil cuerpo. Peter, en un último intento por salvarse, usó los contactos criminales de Doc Ock para fugarse de la cárcel y enfrentarse a él.

El número incluía otros relatos: una historia, obra de J. M. DeMatteis, situada en un posible futuro; la proclamación del «Día de Spiderman» en Nueva York por parte del alcalde Michael Bloomberg; un relato de la Gata Negra, de Jen Van Meter, con dibujos de Stephanie Buscema; una galería de portadas alternativas, por Steve Ditko, Marcos Martín, Humberto Ramos y Edgar Delgado, Joe Quesada, Danny Miki y Morry Hollowell, Olivier Coipel y Justin Ponsor, y una galería de las 700 portadas de *The Amazing Spider-Man*.

LA HISTORIA

En este número: ¡Spiderman muere! En el número final de _The Amazing Spider-Man_, el 700.º, el trepamuros no solo se enfrenta a Dr. Octopus, uno de sus enemigos más peligrosos y pertinaces, sino que solo uno sale vivo del encuentro. Y, por una vez, no es el héroe.

Peter Parker, atrapado en el cuerpo moribundo de Dr. Octopus, se acercaba a su fin. Mientras Doc Ock disfrutaba de lo lindo en su cuerpo tratando de reavivar su relación con Mary Jane Watson (**1**), Peter estaba a unas horas de la muerte. Pero no era propio de Parker irse sin luchar. Había contratado a Trampero, Hydroman y Escorpión para que lo sacaran de la megacárcel La Balsa (**2**), y se proponía recuperar su cuerpo y acabar de una vez por todas con la carrera criminal de Doc Ock.

Sin embargo, Dr. Octopus conocía muy bien a su adversario y, para huir de su ira, reservó un billete de avión a Bélgica como Peter Parker (**3**). Por su parte, la mente de Peter se alejó un rato de la realidad y visitó a amigos y familiares muertos en un reino idealizado similar a Forest Hills, en Queens (**4**). Cuando volvió de pronto al mundo real desde ese sereno estado de ensueño, se encontraba más resuelto a sobrevivir que nunca. Y, lo que es más importante, por fin tenía un plan.

Al saber que Doc Ock había utilizado un octobot dorado para intercambiar las mentes, Peter forzó un depósito de pruebas de la policía (**5**) y uso la propia tecnología de Doc Ock para transformar su frágil cuerpo agonizante en una fuerza en la que apoyarse. Su exnovia Carlie Cooper casi lo detiene (**6**), y Spiderman trató de explicarle que era Peter Parker preso en el cuerpo del villano, pero sus palabras cayeron en saco roto, y tuvo que salir pitando con el octobot.

Entre tanto, el apasionado J. Jonah Jameson retó en público a Dr. Octopus a regresar a Nueva York. El villano, en su rol de Spiderman, reunió a sus mejores amigos en una «localización segura» en la Torre Vengadores (**7**). Ello atrajo al auténtico Spidey hasta él bajo la forma agónica de Doc Ock, y ambos empezaron una terrible batalla que parecía la última para los dos (**8**).

Mientras peleaban en lo alto del rascacielos, del que al final acabaron cayendo (**9**), el genuino Spiderman ejecutó su plan. El octobot dorado reprogramado trató de conectarse a la mente de Dr. Octopus, pero no lo consiguió. Y es que Doc Ock había previsto ese ataque (**10**). Mientras se estrellaban contra la acera, un desahuciado Peter recurrió a su último truco: generar los recuerdos de Parker en la mente de Octopus (**11**).

A través de esos recuerdos, Doc Ock revivió el amor y la tragedia que convirtieron a Peter en Spiderman, y el villano comprendió la enorme responsabilidad con la que había cargado el trepamuros. Atrapado en el cuerpo de Doc Ock, Peter parecía ya muerto allí, en la calle (**12**), mientras Octopus se alzaba triunfante sobre Spidey jurando no solo seguir con su legado heroico, sino mejorarlo como el Spiderman Superior.

> **«Prométeme que los mantendrás a salvo.»**
> **EL AGÓNICO PETER PARKER, EN EL CUERPO DE DR. OCTOPUS**

SPIDERMAN SUPERIOR

Parker estaba muerto y, lo que era aún peor, el infame Dr. Octopus lo había remplazado. Con la mente de Otto Octavius al mando del cuerpo de Peter, el villano se dispuso a hacer cambios y «mejoras» en la vida de Parker. Por desgracia para el malvado excientífico, ser Peter Parker tenía un precio: un eterno sentido de la responsabilidad que ni él podía ignorar.

El Spiderman Superior trató de matar a Bumerang durante su combate, pero se contuvo. Lo cierto es que la personalidad de Peter aún habitaba su mente y contrarrestaba el cruel instinto de Doc Ock.

SINIESTRO VERSUS SUPERIOR

Pocas cosas en la vida gustaban más a Dr. Octopus que demostrar su superioridad al resto del mundo. Tenía la oportunidad de vivir como Peter Parker y como Spiderman, y estaba resuelto a dejar en evidencia a su difunto competidor en todos los aspectos.

Primero modificó el traje de Spiderman, adoptando colores un poco más oscuros y añadiendo garras a las puntas de los dedos. Así podía luchar contra el crimen de forma más salvaje, como cuando derrotó a los Seis Siniestros, formados por Bumerang, Conmocionador, Demonio Veloz, una nueva Escarabajo, Turbo (al mando de la Gran Rueda) y el robot llamado Cerebro Viviente. El audaz nuevo Spiderman decidió quedarse a Cerebro Viviente para que lo ayudara como criado mecánico en su trabajo como Peter Parker en Horizon Labs.

¿PETER PARKER 2.0?

Como Peter Parker, Doc Ock hizo lo posible por usurpar la vida del héroe. Trató de reavivar su relación con Mary Jane Watson y seguir con su trabajo en Horizon Labs. Pero Peter aún acechaba en los rincones de la mente de Spiderman, cual ente espectral compuesto por sus recuerdos y su personalidad. Parker se convirtió así en la conciencia de Otto y contenía las tendencias violentas del villano. Por suerte para Peter, al final, Doc Ock acabó su romance con Mary Jane, pues ella notó que se comportaba de un modo distinto.

Frustrado con la carrera sin lustre de Peter, Doc Ock se matriculó en la Universidad Empire State y acabó obteniendo un doctorado para Parker. También conoció a la encantadora e inteligente Anna Maria Marconi, con quien inició una relación. Como Spidey, Doc Ock ayudó al vigilante Cardiaco con su trabajo experimental e ilegal en la clínica HEART (antiguo centro FEAST para los sintecho). E incluso hizo que Peter dejara su labor en Horizon Labs para fundar su propia empresa, Industrias Parker. La vida de Peter Parker se encaminaba al éxito, pero la de Spidey cobró un rumbo muy distinto.

Como Peter Parker, Dr. Octopus era el jefe fanfarrón de Industrias Parker, y gustaba de dar grandes discursos.

Peter no sabía estarse callado, y le hablaba a Doc Ock sin cesar. Por lo general, este no podía oírlo, pero, de vez en cuando, Parker llegaba a su mente y le hacía cambiar de opinión.

EL FANTASMA DE PETER PARKER

A Dr. Octopus le llevó un tiempo percibir la presencia de Peter en el fondo de su mente. Durante todo ese tiempo, Peter trató de recobrar el control de su cuerpo, pero no tuvo éxito. Solo podía mantener a raya los instintos más agresivos de Doc Ock.

Harto de que los Vengadores se metieran en sus asuntos, Spidey los abandonó en un arrebato, atravesando una ventana de la Torre Vengadores, y henchido de su opinión.

NO AL TRABAJO EN EQUIPO

La faceta violenta de Dr. Octopus afloró enseguida en su papel de Spiderman. Era brusco con sus amigos y trataba con desdén a sus compañeros Vengadores. Cuando estos analizaron su cuerpo y mente para comprobar que era el Spidey de siempre, Doc Ock superó sus pruebas. Pero sus tácticas agresivas le causaron más desavenencias con el equipo, y al final lo abandonó. Se alió por breve espacio con el grupo de Luke Cage, los Poderosos Vengadores, con resultados similares.

«EL DOCTOR OCTOPUS HA MUERTO. LARGA VIDA AL SPIDERMAN SUPERIOR.» OTTO OCTAVIUS

EL SPIDERMAN INFERIOR

Doc Ock nunca supo qué significaba ser un héroe. Tras su lucha salvaje contra los Seis Siniestros, hirió de gravedad al Buitre y mató al villano Masacre. Sembró el terror entre el hampa abatiendo a sus enemigos con brutalidad, y utilizó un ejército de spiderbots para vigilar la ciudad y mantenerlo alerta de cualquier crimen. Hasta pareció haber purgado su mente de la presencia de Peter Parker. Se estableció en el penal abandonado La Balsa, que renombró como Spider-Island, y dirigió a una horda de esbirros arácnidos.
     Vestía un traje rojo y negro con piernas mecánicas extensibles, y

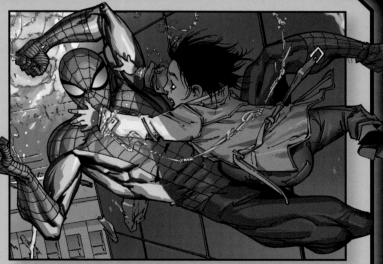

Antes de combatir al Duende Verde y salvar a Anna Maria, Peter Parker reclamó su traje original para demostrar al mundo que Spiderman volvía a ser el de siempre.

acabó con todos los sindicatos del crimen de Nueva York. O eso creía. De hecho, el Duende Verde había vuelto y vivía en la clandestinidad. Reunió a un ejército de duendes y usó el narcisismo de Spiderman en su contra, reprogramando sus spiderbots para que ignoraran a todo el que luciera la máscara o el logo del duende. Se alió a Amenaza, al Duende Phil Urich y a Carlie Cooper (a quien transformó en la villana Monstruo), y al final dio su golpe en Nueva York, sumiendo la ciudad en un caos que Spiderman no pudo detener. No obstante, cuando Osborn secuestró a Anna Maria, Doc Ock ya no pudo más y permitió que el pequeño fragmento de conciencia que aún le quedaba de Peter reclamara su cuerpo, admitiendo al fin que Parker era mejor héroe. Al parecer, Doc Ock murió para que Spidey pudiera atrapar al Duende Verde. Tras recobrar su traje original, Spiderman salvó a Anna Maria, vio que Carlie Cooper había vuelto más o menos a su antiguo ser y obligó al Duende a ocultarse de nuevo. El auténtico Spiderman había regresado, y estaba dispuesto a iniciar una nueva y osada era allanada por Dr. Octopus.

Industrias Parker

Esta empresa es probablemente el mayor logro de Peter Parker, aunque no la fundó él. El breve periodo en que Dr. Octopus intercambió su mente con la de Peter para convertirse en Spiderman Superior le costó a Peter su trabajo en Horizon Labs. Pero, entonces, Doc Ock, en calidad de Peter Parker, reunió a unos cuantos inversores (entre ellos, May y Jay Jameson) y creó Industrias Parker.

Con todo, aunque Peter no fundara su empresa, desde su regreso como Spiderman la ha convertido en un éxito tecnológico global de vanguardia. Gracias a uno de sus enemigos, Peter Parker logró una nueva forma de «gran poder» y, con este, la enorme responsabilidad de ser uno de los ejecutivos e inventores más influyentes del mundo.

El mayor éxito de Industrias Parker es el Webware, un teléfono móvil y de tecnología ponible que brinda un acceso asequible e ilimitado a internet en cualquier rincón de la Tierra.

LA SUCURSAL NEOYORQUINA
Peter Parker fundó una sucursal neoyorquina de Industrias Parker en el Edificio Baxter, antigua sede de los 4 Fantásticos.

Los lanzatelarañas disparan telaraña clásica, espuma, telaraña de Metal-Z, etc.

Las lentes de Spidey se iluminan y ofrecen una visión mejorada.

Los lanzatelarañas se recargan con una orden de voz.

Un blindaje flexible y resistente remplaza el material de tela tradicional del traje.

LA MASCOTA
Spiderman trabaja en Industrias Parker como guardaespaldas de Peter, pero también es el rostro de la empresa, y brinda su marca a los inventos de Parker. Como tal, hace poco adoptó un traje blindado de alta tecnología que ofrece más protección e incorpora varias fórmulas para crear red de telaraña. Ahora es un Spidey preparado, listo para lidiar con casi cualquier peligro.

HARRY LYMAN

Cuando lo nombraron presidente de Industrias Parker en Nueva York, Harry Osborn utilizó el apellido de soltera de su madre. Con ese nuevo cargo e identidad, se distanció de su infame pasado criminal y del de su padre.

MIN WEI

Es la asistente personal de Parker, y hace cuanto puede por mantener su mente en el juego corporativo. Entre tanto, él hace lo posible por desoírla y seguir en secreto con su carrera de Spiderman.

Al dirigir una gran empresa asociada a Spiderman de forma oficial, Peter Parker podía volcarse cuanto quisiera en crear tecnología para el superhéroe. Hizo varios vehículos especializados para él, como el antigravitatorio spidermóvil, una spiderlancha, un spidercóptero y la spidercicleta.

PÁJARO BURLÓN

Bobbi Morse, enlace oficial de Industrias Parker con la agencia pacificadora SHIELD, es la talentosa heroína Pájaro Burlón. Ella es una de las pocas personas que conoce la identidad secreta de Spiderman.

MAX MODELL

Max Modell es el antiguo jefe de Horizon Labs y, junto con su esposo, Hector Baez, está a cargo del Instituto Parker de Tecnología en San Francisco. Como regalo de boda, Peter cambió el nombre de la empresa por el de Universidad Horizon.

CLAYTON COLE

Peter Parker le dio una segunda oportunidad al exsupervillano Clash (Clayton Cole) para que llevara una vida provechosa. Su labor era poner su brillante intelecto y experiencia al servicio del departamento sónico en la sucursal de Nueva York.

SAJANI JAFFREY

Es una de las personas que invirtieron en la fundación de la empresa, y suele discrepar con Peter sobre el rumbo que esta debe tomar. Peter descubrió que ella había saboteado la compañía con la ayuda de Gata Negra y Fantasma, y le compró sus acciones.

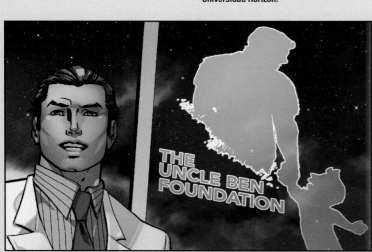

Poco después de que Industrias Parker triunfara en el ámbito internacional, Peter inauguró una filial, la Fundación Tío Ben. La creó en honor al hombre que le enseñó todo cuanto sabía sobre la gestión del poder para ayudar a los menos afortunados del planeta y elevar la calidad de vida donde pudiera.

ANNA MARIA MARCONI

Cuando Doc Ock intercambió su mente con la de Peter Parker y vivió por un tiempo como él, se enamoró de la inteligente Anna Maria Marconi y le ofreció un puesto en su empresa. Hoy, Anna sabe del regreso de Peter y de su doble vida como Spiderman, y dirige la sucursal de Londres.

HOBIE BROWN

Peter empleó a Merodeador, Hobie Brown, para que lo sustituyera como Spiderman. Así, cuando él se ausentaba de Nueva York, la ciudad seguía a salvo, y, además, de ese modo podía guardar las apariencias si Peter y Spidey debían estar en el mismo lugar al mismo tiempo.

SPIDERVERSO

Pocos conflictos de Spiderman han sido tan letales como el que tuvo con el villano Morlun, enemigo que se nutre de la fuerza vital de los llamados «tótems arañas». El trepamuros lo derrotó, pero Morlun volvió con su familia y amenazó no solo a Spiderman, sino a todo tótem arácnido de cualquier dimensión imaginable.

1. Spiderpunk
2. Spiderman Superior
3. Spider-Gwen
4. Spiderman (Peter Parker)
5. Spiderham (Peter Parker)
6. Spider-UK
7. Spiderman (Miles Morales)
8. Spidergirl (Mayday Parker)
9. Spidermono
10. Araña Escarlata (Kaine Parker)

«¿ESTO QUÉ ES? ¿UNA SPIDER-CONVENCIÓN?»
SPIDERMAN

EN LA REFRIEGA

Morlun, el vampírico adversario de Spiderman, tenía sed de arañas, que, en su dimensión, hacían las veces de tótems. Peter Parker era el tótem de su realidad, pero no estaba solo. Acababa de conocer a Seda, una colega con poderes similares a quien había picado la misma araña radiactiva que transformó al aplicado Peter en el héroe Spiderman. La química arácnida los atrajo, y ambos fueron arrastrados a una zona de Nueva York donde se estaban congregando las arañas, entre ellas Spiderwoman, Spidergirl y el Spiderman de 2099, que había sido desplazado a la era de Peter Parker. Las redes de la vida habían reunido a estos héroes para que conocieran al superhéroe Spider-UK, un Spiderman de otra realidad. Spider-UK estaba reuniendo a un equipo para que combatiera la amenaza no solo de Morlun, sino de toda su familia. Junto a la futura Spidergirl (Mayday Parker) y al heroico cerdo parlante Spiderham, los héroes del mundo de Spiderman (también llamado Tierra-616) siguieron a Spider-UK a través de su portal transdimensional hacia lo desconocido.

A Spidey le resultó raro conocer a su versión británica, pero aún se quedó más perplejo ante Peter Porker, el Spiderham con aspecto de dibujo animado.

Los Herederos eran cazadores de caza mayor de la peor calaña. Perseguían y mataban a tótems arácnidos de todo el multiverso por diversión.

LOS HEREDEROS

A medida que Spidey y sus colegas arácnidos del multiverso se reunían en Tierra-13, Peter Parker descubrió que Morlun era solo un miembro de toda una familia de depredadores llamada los Herederos, seres capaces de clonarse después de muertos. Estos habían encarcelado al Maestro Tejedor, un ente que controlaba el tejido temporal y que tenía la forma de una gran red de vida y del destino. Los Herederos usaron su visión para guiarse y atravesar dimensiones en busca de tótems arácnidos con los que saciar su sed. Solus, el padre de todos, era su líder. Morlun era su hijo predilecto, y Karn, el menos querido. Este último le falló a Solus, y fue condenado a viajar de dimensión en dimensión aniquilando arañas con la esperanza de que le permitieran regresar a casa.

Pero los Herederos querían algo más que nutrirse de la fuerza vital de las arañas. Se afincaron en Tierra-001, también llamada Mundo Telar, y buscaron la sangre de tres tótems para adquirir más poder y evitar que nacieran más arañas. Los tres tótems eran El Otro (como llamaban a Kaine, el clon de Spidey), la Novia (etiqueta que dieron a Seda) y el Vástago (Benjamin Parker, el hermanito de Spidergirl, Mayday Parker).

GUERREROS ARAÑA

Una guerra estalló entre Arañas y Herederos. Los héroes arácnidos destruyeron la habilidad de estos últimos para clonarse, y Kaine mató a Solus en combate, pero los Herederos capturaron a Kaine, Seda y Benjamin Parker. En un ataque a Mundo Telar, Spiderman guio a sus tropas de arañas, procedentes de docenas de realidades, y hasta se les unió el marginado Karn. Al final, el Spiderman Superior asesinó al Maestro Tejedor y frustró los planes de los Herederos, que acabaron desterrados al mundo radiactivo Tierra-3145.

Tras ello, Karn se convirtió en el Maestro Tejedor, y se dio cuenta de que, en un extraño giro temporal, el Maestro Tejedor que había muerto era su yo mayor. Con la ayuda del Tejedor, las arañas volvieron a sus dimensiones y líneas temporales, todas salvo Spider-UK y la Spidergirl Anya Corazón, que decidieron proteger la red de vida como miembros fundadores de un nuevo equipo llamado Guerreros Araña.

Peter Parker fue un líder natural para los otros tótems, y, además, era una de las pocas arañas que había vencido a Morlun en el pasado.

UN REGRESO SUPERIOR

Además de unirse a caras familiares como la del Spiderman Miles Morales y la de Araña Escarlata Kaine, Peter Parker también hizo migas con una Spiderwoman de negro y rosa, con la Gwen Stacy de su mundo y el propio Spiderman Superior (Dr. Octopus) atrapado en su cuerpo. Y es que Doc Ock había sido desplazado en el tiempo antes de devolverle su cuerpo a Peter. Así que, aunque este suceso del Spiderverso se dio en el presente de Spidey, para el Spiderman Superior era el pasado.

Peter y Doc Ock se atacaron al instante, y Spidey demostró a su viejo adversario quién era de verdad superior en maña y fuerza.

SEDA

El día en que una araña radiactiva picó a Peter Parker, el aplicado alumno de instituto no estaba solo. Otra estudiante, llamada Cindy Moon, asistió a la misma exposición de ciencias; a ella le picó la misma araña, y obtuvo poderes fantásticos.

ORÍGENES

Al igual que Peter Parker, Cindy desarrolló enseguida poderes de araña, entre ellos, el sentido arácnido. Pero, a diferencia de él, ella proyectaba telaraña orgánica con los dedos, talento incontrolado que sus padres descubrieron de inmediato. Pero todos quedaron aún más sorprendidos al recibir la visita de Ezekiel Sims, rico hombre de negocios con poderes arácnidos. Sims enseñó a Cindy a utilizar sus poderes, y le habló del peligro que entrañaba el villano vampírico Morlun y su horrible familia, los Herederos, que tenían en su punto de mira a los «tótems arañas», gente con poderes arácnidos. Para mantenerse a salvo, Cindy se encerró de manera voluntaria en uno de los búnkeres de Ezekiel.

Pasados 13 años, Spiderman descubrió su cárcel improvisada, y la liberó. Cindy adoptó la identidad de Seda, entabló una estrecha relación con Spidey y juró dar buen uso a sus poderes. Ayudó a vencer a Electro y Gata Negra, y se unió al canal de noticias Fact para obtener información sobre sus padres, que se habían trasladado durante su encarcelación. Cuando Seda dejó el búnker, Morlun empezó a buscarla. Tras la derrota de Morlun y los Herederos frente a la «familia» del Spiderverso, Seda investigó para SHIELD a la organización criminal de Gata Negra, y, entre tanto, iba buscando a su familia.

Spidey descubrió la existencia de Seda cuando las habilidades cósmicas del ojo del Vigilante se proyectaron hacia un grupo de héroes. Luego, Peter localizó su búnker y la liberó.

El primer traje de Seda era enteramente de telaraña. Luego lo cambió porque un colega del Canal Fact se rio de su sentido de la moda.

FACT CHANNEL

Tras salir del búnker, Seda halló un puesto de becaria en el Canal Fact con la idea de localizar a su familia, que se esfumó durante la década en que ella estuvo encerrada.

Su sentido arácnido (o «sedoso») es más potente que el de Spidey.

Seda puede generar telarañas con la punta de los dedos con rapidez.

FICHA

PRIMERA APARICIÓN: *The Amazing Spider-Man* #1 (junio 2014)

ALIAS: Cindy Moon

FILIACIONES: Ninguna

PODERES Y HABILIDADES: Superfuerza; velocidad, reflejos, resistencia y durabilidad mejorados; se adhiere a las superficies; tiene un «sentido sedoso» precognitivo; presiente la ubicación de Spiderman; genera telaraña con la punta de los dedos; puede hacer redes con garras.

Seda y Spiderman sintieron una atracción mutua instantánea y casi incontrolable. Después, Cindy descubrió que se debía a su conexión con los tótems arácnidos y la red de vida.

«Cuando estoy así, llámame... ¡Seda!»

SPIDER-GWEN

En una dimensión distinta a la de Spiderman, la araña radiactiva no picaba a Peter Parker, sino a Gwen Stacy, que usó sus poderes para el bien y se convirtió en la Spiderwoman de su mundo.

La capucha es de quita y pon.

El rasgo más característico de esta nueva Spiderwoman es quizá su inconfundible traje, que, rompiendo con la clásica paleta de colores rojiazul de los Spidermen y Spiderwomen de otras dimensiones, luce los colores fucsia y aguamarina.

Spiderwoman se ha unido muchas veces a los viajeros interdimensionales Guerreros Araña para proteger el multiverso.

La Spiderwoman de Tierra-65 ha combatido a Buitre y a Gata Negra de su mundo, y hasta a un corrupto Matt Murdock.

ORÍGENES

La Gwen Stacy de Tierra-65 tenía una vida agitada. Estudiaba en Midtown y pasaba mucho tiempo con sus amigas Mary Jane Watson, Glory Grant y Betty Brant como batería de su banda de rock, las Mary Janes.

Gwen Stacy no muere a manos del Duende Verde de su mundo, y, además, es a ella, y no a Peter Parker, a quien le pica la araña radiactiva.

Estas no sabían que le picó una araña radiactiva ni que tenía superpoderes asombrosos. Así que, además, Gwen emprendió también una carrera de heroína como Spiderwoman, pese a la aversión que su padre, el capitán de policía George Stacy, sentía hacia la vigilante trepamuros.

Gwen también pasaba mucho tiempo protegiendo a su amigo, el empollón Peter Parker, de los abusones del instituto, pero no imaginaba el profundo odio que este sentía hacia sus despóticos compañeros. Peter era un talento científico, y creó un suero para ser tan especial como Spiderwoman, pero, en lugar de ello, se convirtió en el horrendo y aterrador Lagarto, y, durante una pelea contra la heroína, murió en sus brazos. Su muerte fue un toque de llamada para gente como el magnate de los medios J. Jonah Jameson, que ayudó a poner a la opinión pública en contra de Spiderwoman, a quien culpaba de la muerte de Parker. Incluso su padre llegó a arrestarla, pero, cuando Gwen le desveló que era Spiderwoman, la dejó libre.

Mientras Gwen superaba la pérdida de Peter, decidió seguir su carrera heroica con mayor responsabilidad y ganarse el respeto de aquel público que desconfiaba de sus intenciones.

La adolescente Gwen dio con una manera adecuada de expresar su rebeldía como batería de la banda de rock las Mary Janes.

Al final, el capitán Stacy descubrió la doble vida de Gwen, comprendió la responsabilidad que conllevaba y le dio su bendición a regañadientes.

«Ser un superhéroe es más que enfrentarse a los malos... A veces tienes que enfrentarte a la vida real.»

Spiderham, como la conciencia de Gwen Stacy

FICHA

PRIMERA APARICIÓN: *Edge of Spider-Verse #2* (noviembre 2014)

ALIAS: Spiderwoman; Gwen Stacy

FILIACIONES: Guerreros Araña

PODERES Y HABILIDADES: Superfuerza; velocidad, reflejos, durabilidad y resistencia aumentados; adhesión a las superficies; curación acelerada; «sentido arácnido» precognitivo; lanzatelarañas mecánicos.

Diciembre 2015

THE WORLD'S GREATEST SUPER HERO!

The AMAZING SPIDER-MAN #1

OVERSIZED AND ACTION-PACKED!

SLOTT CAMUNCOLI SMITH GRACIA & MORE!

MARVEL

EDITOR JEFE
Axel Alonso

PORTADA
Alex Ross

GUION
Dan Slott

DIBUJO
Giuseppe Camuncoli

ENTINTADO
Cam Smith

COLOR
Marte Gracia

ROTULACIÓN
Joe Caramagna, de VC

THE AMAZING SPIDER-MAN #1

«No estamos aquí para amasar una **fortuna**. Estamos construyendo el futuro.» PETER PARKER

PERSONAJES PRINCIPALES: Spiderman (Peter Parker); Pájaro Burlón; Leo; Merodeador; Sajani Jaffrey; Piscis
PERSONAJES SECUNDARIOS: Nick Furia; Lian Tang; Dr. Yao Wu; Phillip Chang; Min Wei; Max Modell; Hector Baez; Bella Fishbach; Grady Scraps; Uatu Jackson; Anna Maria Marconi; Dr. Octopus (dentro de Cerebro Viviente)
ESCENARIOS PRINCIPALES: Industrias Parker en Shanghái (China), San Francisco, California (EE UU) y Londres (Inglaterra)

EN CONTEXTO

En julio de 2015, el guionista Jonathan Hickman y el dibujante Esad Ribic sacudieron el Universo Marvel con una crisis cósmica. En su noveno número de la miniserie *Guerras Secretas*, el multiverso quedó hecho añicos y generó cambios en casi todos los títulos de Marvel. Los de Spidey no fueron una excepción, y *The Amazing Spider-Man* comenzó de nuevo con un primer número. Retrató a un Peter Parker que había alcanzado su pleno potencial en el sector de la ciencia y la industria, y sirvió de trampolín para otros nuevos títulos relacionados con Spiderman, algunos presentados en breves relatos secundarios.

Esas series secundarias incluyeron nuevos volúmenes de *Spider-Man 2099*, *Spider-Woman*, *Carnage* y *Spider-Gwen*, y los nuevos títulos *Silk*, *Web-Warriors* y *Spider-Man/Deadpool*. Al elenco se sumó la serie *Spidey*, con las aventuras de instituto de Peter, y *Spider-Man*, la serie propia de Miles Morales, después de que *Secret Wars* lo dejara en el Universo Marvel original. Y es que *Secret Wars* permitió que el Universo Marvel renaciera de verdad, y que Spidey encabezara la acción.

LA HISTORIA

Peter Parker sacaba por fin provecho a su potencial. La misma mente brillante que había creado los lanzatelarañas originales de Spiderman rendía ahora al máximo.

Ahora, Peter era el director de Industrias Parker, con sucursales en todo el planeta. Y no solo eso: Spiderman, el héroe sin suerte, era el rostro de su empresa y su célebre «guardaespaldas» (**1**). Con sus rompedores y exitosos productos, como el Webware, un móvil ponible en forma de reloj, Industrias Parker amasó una fortuna, a la que Peter quería dar un buen uso.

No obstante, la vieja mala «suerte Parker» no acabó del todo con el trepamuros favorito del mundo. Al poco, los miembros de la banda Zodíaco entraron en Industrias Parker de Shanghái y robaron sus servidores (**2**). Parker, que estaba más seguro que nunca de su talento, se puso su uniforme de Spidermen, recién blindado, y se lanzó a la acción. Junto a Pájaro Burlón –también llamada Bobbi Morse, el enlace de SHIELD con Industrias Parker (**3**)–, Spiderman sacó el nuevo spidermóvil (**4**) para dar una vuelta en busca de Leo, agente de Zodíaco (**5**). Durante una vertiginosa persecución por las calles de Shanghái, Spidey puso a prueba la habilidad de su coche para desafiar la gravedad y adherirse a varias superficies. También probó sus cartuchos experimentales de telaraña Metal-Z, capaz de generar corriente eléctrica, y dejó frito el sistema eléctrico del coche de Leo (**6**). Como golpe de gracia, Spiderman también probó su espuma-red expansiva, y, luego, Pájaro Burlón le ayudó a atrapar a Leo y a su banda.

Tras ello, Peter debía volver a los negocios y dar una conferencia de prensa en Industrias Parker, durante la que anunció un proyecto muy querido para él, la Fundación Tío Ben, una iniciativa global dedicada a ayudar a los más desafortunados (**7**).

Sin embargo, su agitada vida no podía limitarse a Shanghái. Así que enseguida viajó a San Francisco, donde, por asombroso que parezca, Spiderman ya estaba patrullando la ciudad. Y es que el trepamuros en cuestión era de hecho Hobie Brown (**8**), otro de los nuevos empleados de Peter. Cuando Peter estaba demasiado ocupado para hacer de Spiderman, el antiguo Merodeador se enfundaba el traje de Hombre Araña para mantener la paz y salvar las apariencias. No obstante, cuando Peter llegó a San Francisco, ambos se tomaron un respiro como superhéroes para asistir a la boda del antiguo jefe de Parker, Max Modell, con su pareja, Hector Baez (**9**).

Cuando la ceremonia dio paso al banquete, Peter aprovechó la oportunidad para dar a Max y a Hector su regalo de boda. Ya había puesto a la pareja al mando de sus operaciones en la Costa Oeste en el Instituto Parker de Tecnología, pero ahora les reveló que había cambiado su nombre por el de Universidad Horizon, como homenaje a la antigua empresa de Max, Horizon Labs. Fue un momento muy conmovedor, pero, al más puro estilo de Peter Parker, acabó con una brusca interrupción.

De pronto, Piscis, un miembro de Zodíaco, irrumpió en la fiesta con una flota de naves invasoras (**10**) con la intención de matar a Parker, y, entonces, Hobie entró en acción como Spiderman. Las fuerzas de Zodíaco fueron demasiado para el trepamuros en ciernes, y los criminales acabaron llevándose el reloj Webware de Peter (**11**), afrenta que los dos Spidermen juraron saldar en una revancha.

Pero la amenaza de Zodíaco no era nada comparada con lo que aguardaba a Peter en Industrias Parker. Y es que, bajo el cuerpo de acero del Cerebro Viviente, aparentemente indefenso, habitaba el malévolo intelecto supremo de Dr. Octopus (**12**), esperando el momento ideal para atacar…

> «Un gran poder... conlleva mayor velocidad, almacenamiento y batería.»
>
> **PETER PARKER**

SPIDERMEN

Tras el evento *Guerras Secretas*, que vio el final del Universo Ultimate, hay dos Spidermen en el Universo Marvel propiamente dicho. Peter Parker continúa con sus aventuras como el trepamuros, pero lo hace a una escala global, mientras que en Nueva York patrulla el joven y nuevo Spiderman, Miles Morales.

SPIDERMAN INC.

Gracias a unos cuantos productos innovadores, como el Webware, un móvil y reloj ponible, Parker colocó Industrias Parker a la cabeza de la tecnología mundial. Abrió oficinas en todo el planeta e incluso «contrató» a Spiderman como guardaespaldas. Aprendió nuevas habilidades para descollar como Spidey, como conducir coches de carreras (lo cual le fue útil para llevar su recién creado spidermóvil) y hablar mandarín (que le fue igual de útil en su sucursal de Shanghái). Junto con Pájaro Burlón, enlace de SHIELD, el héroe se reinventó para una nueva era, cambio que resultaba evidente con solo mirar su nuevo y elegante traje blindado.

Pero los problemas siempre tienen un modo de encontrar a Spidey. Por si no bastaba la amenaza de Zodíaco, la banda criminal reorganizada, Peter también se enfrentó a su viejo enemigo Sr. Negativo cuando este trató de hacerse con las bandas de Shanghái. Y, aunque superó ambos peligros, no se dio cuenta de que Chacal acechaba en las sombras reclutando un ejército de viejos enemigos de Spidey para su misteriosa nueva causa.

ARAÑA VS. HIERRO

Miles era el héroe menos curtido, pero, en el último encuentro entre Iron Man y Spiderman, también fue el más racional. A Peter le molestaba que Tony Stark hubiera contratado a Mary Jane y, por otra parte, era sensible a su competencia en el frente tecnológico, así que no logró reprimir su ira, y ambos se liaron a puñetazos. Sin embargo, cuando el nuevo villano Regente secuestró a Miles, Iron Man y Spiderman dejaron de lado sus diferencias para abatir al poderoso enemigo.

Regente se ocultó a plena vista como Augustus Roman, guardián de la nueva superprisión el Sótano. La comunidad de héroes lo ignoraba, pero Regente estaba utilizando sus celdas para usurpar poderes a los héroes y villanos convictos.

NUEVA YORK, NUEVO SPIDEY

El Universo Ultimate tocó a su fin, pero Miles Morales seguía vivo. Tras los sucesos de *Guerras Secretas*, despertó en el principal Universo Marvel, muy lejos del Ultimate donde creció, y recibió una recompensa por su heroicidad. Su familia estaba intacta y vivía allí, como si el Universo Ultimate no hubiera existido, así que él hizo lo propio y dejó atrás sus aventuras pasadas.

Cuando no combate el crimen en las calles de Nueva York, Miles asiste a la Academia Brooklyn Visions, y trata de equilibrar sin éxito su vida como Spiderman con sus estudios. Tampoco le ayuda mucho Ganke Lee, su compañero de piso, que hace poco desveló su doble vida al tercer compañero de ambos, el antiguo Bolas Doradas de la Patrulla-X. Con una abuela sobreprotectora, una madre más sobreprotectora aún y un padre que conoce su *alter ego*, Miles se las apaña para escabullirse como Spidey e incluso para combatir a Gata Negra y Cabeza de Martillo.

Miles salvó Nueva York del demonio Corazón Negro, y al final se ganó la bendición de Parker para seguir su carrera como Spiderman.

NUEVOS Y DIFERENTES VENGADORES

Como Peter estaba demasiado ocupado para servir en un equipo de superhéroes, dada su apretada agenda en Industrias Parker, Miles decidió sustituir al Spiderman original como miembro del icónico grupo de los Vengadores.

Lo formaban Iron Man, la nueva Thor, la Inhumana Ms. Marvel, Nova, Visión y el Capitán América Sam Wilson, así que el joven Spiderman estaba en buena –y poderosa– compañía, si bien, mientras estuvo con ellos, su joven camarada Ms. Marvel lo distraía de vez en cuando.

PORTADAS ASOMBROSAS

Puede que la imagen más famosa de Spiderman sea la de la icónica portada de Jack Kirby que retrata la primera aparición del héroe en *Amazing Fantasy* #15 (agosto 1962). Es tan célebre que muchos dibujantes le han rendido homenaje emulándola con un toque personal. Se ha publicado en medios que van desde la pintura a los hologramas generados por ordenador, y la han protagonizado sujetos tan variopintos como zombis, villanos y hasta Stephen Colbert, la estrella televisiva de Comedy Central (en *The Amazing Spider-Man* #573). De hecho, para conmemorarla, Marvel ofreció a los libreros de cómics la ocasión de quedar inmortalizados en una edición alternativa de *The Amazing Spider-Man* #669. También cabe destacar la portada original inédita de Steve Ditko para *Amazing Fantasy* #15 (segunda fila, tercera por la izquierda), que carecía del atractivo dinámico que buscaba el editor Stan Lee.

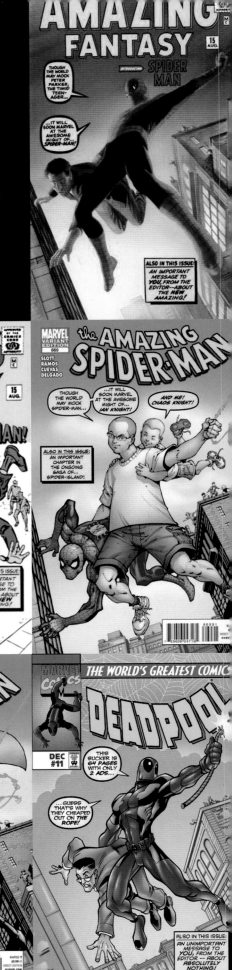

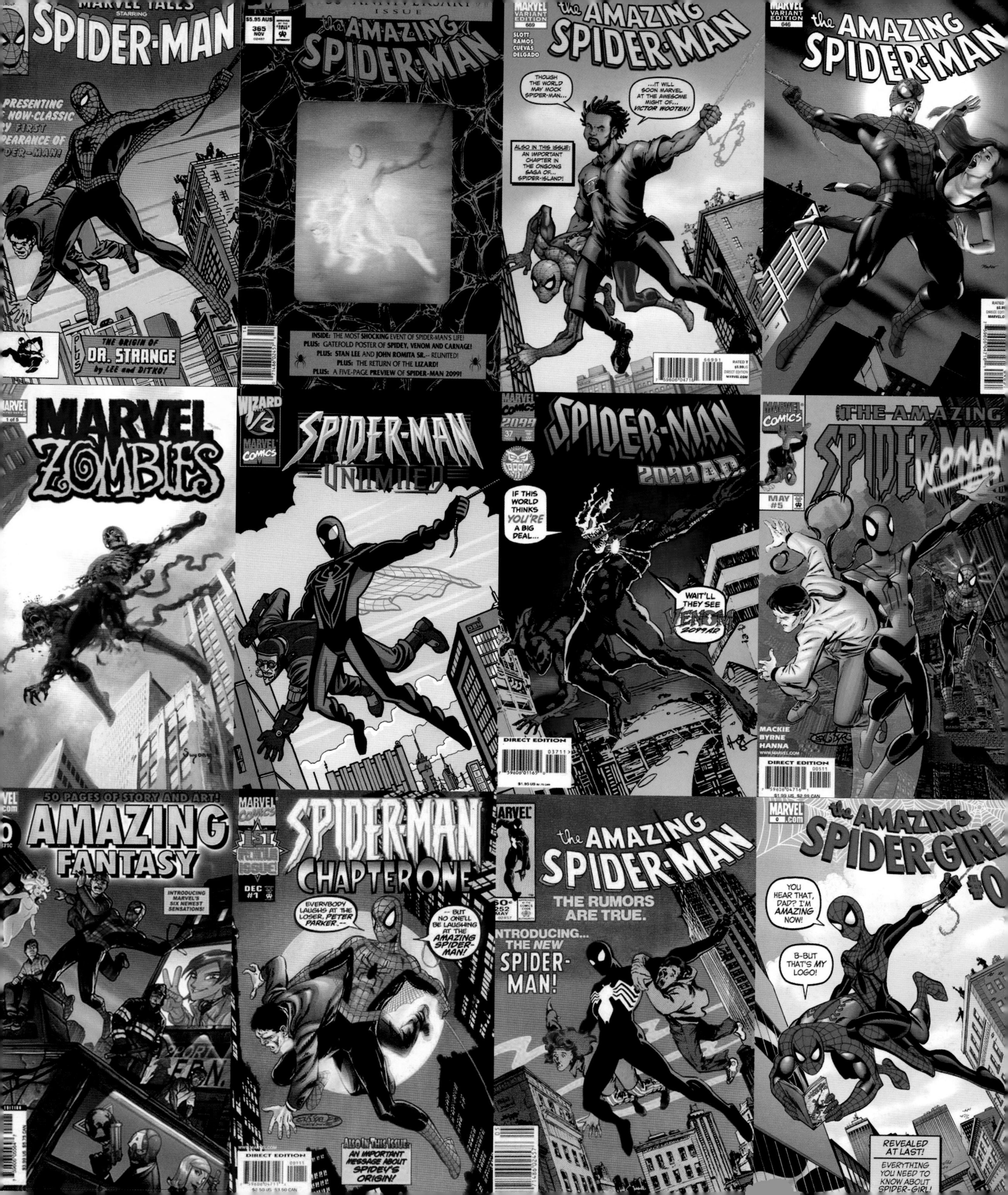
MARVEL TALES
STARRING
SPIDER-MAN
PRESENTING
NOW-CLASSIC
FIRST
PEARANCE OF
DER-MAN!
PLUS
THE ORIGIN OF
DR. STRANGE
by LEE and DITKO!
ISSUE
$5.95 AUS
365
NOV
the AMAZING
SPIDER-MAN
INSIDE: THE MOST SHOCKING EVENT OF SPIDER-MAN'S LIFE!
PLUS: GATEFOLD POSTER OF SPIDEY, VENOM AND CARNAGE!
PLUS: STAN LEE AND JOHN ROMITA SR.-- REUNITED!
PLUS: THE RETURN OF THE LIZARD!
PLUS: A FIVE-PAGE PREVIEW OF SPIDER-MAN 2099!
MARVEL
VARIANT
EDITION
669
the AMAZING
SPIDER-MAN
SLOTT
RAMOS
CUEVAS
DELGADO
THOUGH THE WORLD MAY MOCK SPIDER-MAN...
...IT WILL SOON MARVEL AT THE AWESOME MIGHT OF... VICTOR WOOTEN!
ALSO IN THIS ISSUE: AN IMPORTANT CHAPTER IN THE ONGOING SAGA OF... SPIDER-ISLAND!
MARVEL
VARIANT
EDITION
646
the AMAZING
SPIDER-MAN
MARVEL ZOMBIES
1 of 5
WIZARD
1/2
MARVEL COMICS
SPIDER-MAN
UNLIMITED
MARVEL COMICS
2099
37
SPIDER-MAN
2099 A.D.
IF THIS WORLD THINKS YOU'RE A BIG DEAL...
WAIT'LL THEY SEE VENOM 2099 AD
DIRECT EDITION
$1.95 US
MARVEL COMICS
THE AMAZING
SPIDER-WOMAN
MAY
#5
MACKIE
BYRNE
HANNA
WWW.MARVEL.COM
DIRECT EDITION
50 PAGES OF STORY AND ART!
AMAZING
FANTASY
INTRODUCING MARVEL'S SIX NEWEST SENSATIONS!
MARVEL COMICS
1st
DEC
#1
SPIDER-MAN
CHAPTER ONE
EVERYBODY LAUGHS AT THE LOSER, PETER PARKER.--
--BUT NO ONE'LL BE LAUGHING AT THE AMAZING SPIDER-MAN!
ALSO IN THIS ISSUE: AN IMPORTANT MESSAGE ABOUT SPIDEY'S ORIGIN!
DIRECT EDITION
MARVEL
60¢
252
MAY
the AMAZING
SPIDER-MAN
THE RUMORS ARE TRUE.
INTRODUCING... THE NEW SPIDER-MAN!
MARVEL
0
.com
the AMAZING
SPIDER-GIRL
#0
YOU HEAR THAT, DAD? I'M AMAZING NOW!
B-BUT THAT'S MY LOGO!
REVEALED AT LAST!
EVERYTHING YOU NEED TO KNOW ABOUT SPIDER-GIRL!

EPÍLOGO

Stan Lee escogió el adjetivo perfecto para su héroe, eso está claro. Cuando se observa la popularidad que Spiderman conserva desde su primera aparición, no hay mejor modo de describir su carrera, que no es sino asombrosa.

Hay que tomarse un minuto y preguntarse: ¿quiénes son los tres mayores superhéroes del mundo del cómic? La respuesta es obvia: Superman, Batman y Spiderman. Los tres son indiscutiblemente emblemáticos e increíblemente famosos, y se han convertido en toda una marca por derecho propio. Eso solo ya es un logro casi inalcanzable en el atestado mercado mundial, pero, si se revisan sus historias, se hallará algo aún más impresionante.

Superman debutó en 1938. Al año siguiente se lanzó Batman. Spiderman no apareció en los cómics hasta 1962, cerca de dos décadas y media después. Dos décadas y media repletas de casi cualquier concepto imaginable relacionado con superhéroes. Hasta hubo varios inspirados en arañas, como el personaje Tarántula, de DC Comics, o Alias la Araña, de Quality Comics.

Así que, ¿por qué triunfó Spiderman cuando todos esos héroes arácnidos cayeron en el reino oscuro del cómic? La respuesta es muy simple. No se centraba en la araña, sino en el hombre. Stan Lee se atrevió a dar una nueva dimensión a su superhéroe lanzarredes. Nos dio a Parker, un hombre con una vida teñida por la mala suerte, llena de problemas y errores. Y el mundo perfecto de los cómics empezó a parecerse un poco más al nuestro, aunque aderezado con elementos fantásticos. El auténtico atractivo de leer *The Amazing Spider-Man* era conocer a Peter Parker, y la reacción del público respecto al personaje fue abrumadora.

Quizá sea muy poco original decir que Spiderman es mi héroe favorito de Marvel, pero eso hizo que fuera muy divertido escribir este libro. Y, ya que he sacado el tema, me gustaría dar las gracias a mis editores, Laura Gilbert, Helen Murray, Alastair Dougall y Cefn Ridout, por su entusiasmo con este proyecto, y también a los numerosos diseñadores del equipo de la editorial DK. También me gustaría agradecer a mi esposa, Dorothy, y a mis hijas, Lillian y Gwendolyn, su paciencia frente a las largas horas que tuve que pasar encerrado en mi despacho leyendo y escribiendo. Por otro lado, esta obra sería la mitad de extensa sin el texto original del gran Tom DeFalco, que no solo escribió el libro sobre Spidey, sino muchos de los cómics en que este se basó.

Y, por último, si bien no menos importante, gracias a Stan Lee por crear no solo a Spiderman, sino a Peter Parker. Porque, la verdad sea dicha, no es Spiderman la parte más relevante, sino la de Parker. Lee podría haber ideado a su héroe a partir de cualquier otro animal o motivo heroico. Lo podría haber llamado el Hombre Morsa. Pero, mientras la máscara perteneciera a Peter Parker, el resultado habría sido el mismo: asombroso.

Matthew K. Manning
Asheville (Carolina del Norte)

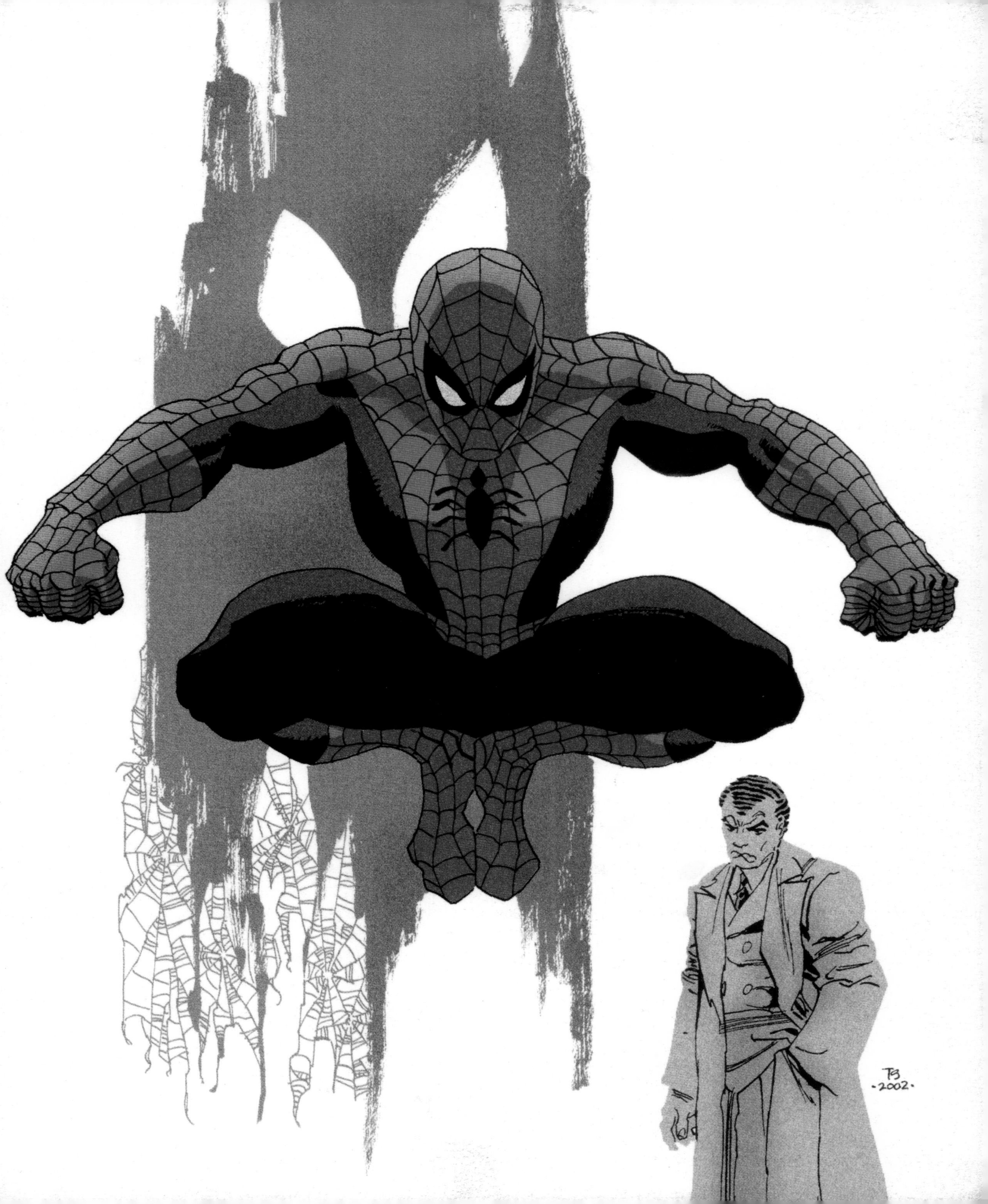
TB
·2002·

Índice

Las entradas principales aparecen en **negrita**.

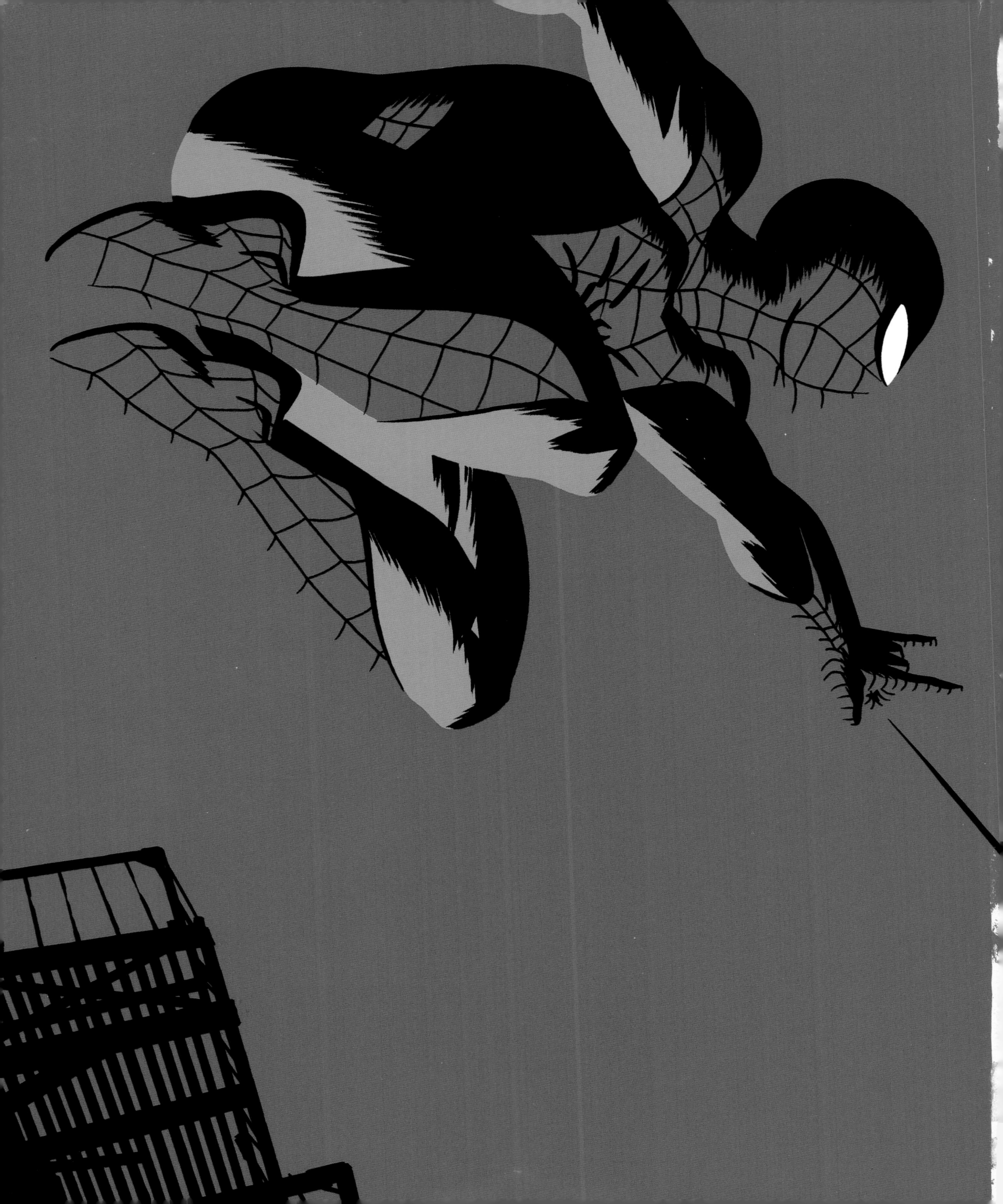